历史视角下的经济与金融
（下篇）
——宏观经济与房地产调控

盛松成◎著

Witnessing China's Economic &
Financial Reform and Development

中国金融出版社

责任编辑：张菊香
责任校对：孙　蕊
责任印制：陈晓川

图书在版编目（CIP）数据

历史视角下的经济与金融．下篇，宏观经济与房地产调控/盛松成
著．—北京：中国金融出版社，2021.7
ISBN 978 - 7 - 5220 - 1188 - 2

Ⅰ.①历…　Ⅱ.①盛…　Ⅲ.①中国经济—文集②宏观经济—中国—文集③房
地产市场—经济调控—中国—文集　Ⅳ.①F12 - 53②F299. 233. 5 - 53

中国版本图书馆 CIP 数据核字（2021）第 102973 号

历史视角下的经济与金融（下篇）——宏观经济与房地产调控
LISHI SHIJIAO XIA DE JINGJI YU JINRONG（XIAPIAN）：HONGGUAN JINGJI YU
FANGDICHAN TIAOKONG

出版
发行　**中国金融出版社**

社址　北京市丰台区益泽路 2 号
市场开发部　（010）66024766，63805472，63439533（传真）
网上书店　www.cfph.cn
　　　　　（010）66024766，63372837（传真）
读者服务部　（010）66070833，62568380
邮编　100071
经销　新华书店
印刷　北京九州迅驰传媒文化有限公司
尺寸　170 毫米 ×240 毫米
印张　15
字数　239 千
版次　2021 年 11 月第 1 版
印次　2025 年 7 月第 7 次印刷
定价　60.00 元
ISBN 978 - 7 - 5220 - 1188 - 2
如出现印装错误本社负责调换　联系电话（010）63263947
编辑部邮箱：jiaocaiyibu@126.com

前言

呈现给读者的这套三卷本的《历史视角下的经济与金融》，是我从已公开发表的130多篇文章和采访稿中选取的89篇。我在硕士研究生学习期间，就在《金融研究》发表了十余篇关于西方货币金融学说的述评文章。从1984年起，我连续三年被《金融研究》聘为特约撰稿人，1985年又在该刊主持了整整一年的《国外货币金融学说评介》专栏。我的博士论文《现代货币供给理论与实践》1993年由中国金融出版社出版。这是我国最早研究西方货币供给理论和政策的专著。所以，我的学术生涯是从研究西方经济思想尤其是西方货币金融学说开始的。

1995年末，我从上海财经大学调到中国人民银行工作，开始直接接触我国金融宏观调控和金融改革开放，研究方向也转为国内实际经济金融问题为主，这是我研究工作的一个转折点。第二个转折点是2010年9月我被任命为人民银行调查统计司司长，直至2016年9月离任。在这6年中，我开阔了宏观经济视野，熟悉了国家经济调控尤其是货币金融调控的政策和措施，我的理论研究也更贴近实际了。

我在人民银行多个岗位工作过，也去过不同城市和地区，工作一直比较繁忙，做研究主要是业余时间的个人爱好，所以并不连贯，也不系统，更不全面，实际上是断断续续的。但我比较喜欢思考，也有些独立的见解，研究的兴趣又比较广泛，除了货币金融，还包括宏观经济运行和房地产调控等。

出版这样一套论文集，我是很犹豫的，既不愿意自己几十年的心血散落在过去的纸堆里，以至于自己都难以找到，又担心以前的文章是否符合现在读者的需要；出版后会受到何种评价，我也是没有把握的。所以，我就一直拖着，直到出版社一再催促，才开始写这篇前言。实际上，文章的收集工作 2020 年 8 月就已完成，因此最近一年来发表的文章都没有收录。

我自以为我的文章的一个特点是观点鲜明，不模棱两可，也不人云亦云。我不轻易下结论，也很少改变自己的观点。我发表的文章都是我当时实际想说的。我也有过不正确的看法，但还感到比较欣慰的是，当时发表的文章绝大多数并没有被后来实际情况的发展所证伪。

我在研究工作中的一个体会，并努力遵循的原则是，经济研究应该依据中国的实际情况和改革的实际需要，而不能照搬国外的理论和经验。我国经济学的概念几乎都是从国外引入的，但引入以后往往"变异"，所以很多概念的内涵，甚至有些统计指标的范围也与西方国家不完全一致，正所谓"淮南为橘、淮北为枳"。如美国的狭义货币供应量 M_1 包含流通中现金和各项活期存款，而我国 M_1 只包括流通中现金和企事业单位的活期存款，并不包括个人活期存款（因为 M_1 是商品交换的媒介和支付手段。西方国家个人活期存款和企业活期存款一样，可以据此开立支票以实现支付，于是成为一种流通手段，而我国只有企业活期存款能够开立支票，个人活期存款一般不能开支票，所以个人活期存款就不包括在 M_1 中，而作为 M_2 的组成部分）。因此，我国 M_1 和 M_2 的剪刀差与西方国家的这一剪刀差的含义并不一样。前者在很大程度上反映了企业的流动性状况，后者则体现了整个社会的流动性。我在讲课中经常提到这一点。

再举个例子，曾经风靡一时的 P2P 平台，其概念和运营模式一开始是从西方国家引入的，但很快就偏离了 P2P 的本源，即从仅仅承担信息中介职能的服务平台，滑向同时承担信用中介职能的机构，这也是我国 P2P 平台历史结局的根本原因。2016 年 5 月，当时我国 P2P 正处在兴盛时期，我就在一次论坛上发表了题为《绝大部分 P2P 平台已偏离信息中介方向》的演讲，首次提出信息中介与信用中介的区别，P2P 平台应坚持信息中介的方向。收录于本书中篇第四章的《绝大部分 P2P 平台已偏离信息中介方向，网贷应回归普惠金融本源》一文，就是那次发言的主要内容。

西方经济学的一些基本理论和结论，很少受人怀疑，也往往被用来解释分析中国的经济运行和经济改革。例如，蒙代尔不可能三角理论几乎已成为国际经济学的基本原理之一，即固定汇率、资本自由流动和货币政策独立性三者只能选其二。有学者沿用不可能三角理论以及利率平价理论等，推演出利率、汇率改革和资本账户开放须遵循"先内后外"的改革次序。事实上，不可能三角理论和利率平价理论具有局限性，并不完全适合我国的实际情况。我国的各项金融改革并不存在严格的时间先后，而是成熟一项、推进一项，并相互创造条件。

收录于本书中篇第二章的《协调推进利率汇率改革和资本账户开放》，是2012年4月，我担任人民银行调查统计司司长时，领衔发表的研究报告。该报告第一次明确提出，利率、汇率的市场化改革与资本账户开放是循序渐进、协调配合、相互促进的关系，提出了金融改革协调推进的理论。2015年，我又和同事刘西合著出版了《金融改革协调推进论》一书。协调推进论对传统的次序论是一个认知上的颠覆。我相信，中国未来的金融改革开放也会是一个协调推进的过程。这一协调推进的经验值得总结，并有必要上升到理论高度，作出理论创新。

现已成为我国金融宏观调控两大指标之一的社会融资规模（另一指标是广义货币供应量 M_2），是我国的独创，是一项从零到一的工作。在我担任人民银行调查统计司司长的6年时间里，组织全司同志创设、编制、改进并积极宣传推广社会融资规模指标是领导交代给我的最为重要、费时最多，也是感受最深的工作之一。10多年来，社会融资规模能成为国家重要指标，并且受到各方面的广泛关注和重视，自有它的内在逻辑和原因，主要就是它不仅从各个侧面反映了社会整体流动性，而且体现了金融与实体经济的关系及对实体经济的资金支持，后者恰恰是我国体制下金融的使命所在，所以，社会融资规模是符合我国实际需要的宏观金融监测和调控指标。多年来，我不仅组织编写了《社会融资规模理论与实践》一书，该书至2016年出了第三版，还在各种刊物和媒体发表了一系列关于社会融资规模的文章。我挑选了其中有代表性的文章收入本书上篇第五章，供读者参考，其中一篇还获"2020浦山政策研究奖"。

我的研究工作是从西方货币金融学说开始的，曾与两位同门学弟合著出版

《现代货币经济学》一书（1992 年、2001 年、2012 年分别出了第一、第二、第三版）。我后又侧重研究中央银行与货币供给，是我国最早系统研究货币供给的学者之一，1993 年出版拙著《现代货币供给理论与实践》，2015 年与我的同事翟春合著出版《中央银行与货币供给》（2016 年做了较多修订并补充了新的内容，出了第二版）。因此，我对货币、货币供给和货币政策的本源还比较熟悉，也有自己的独立见解和观点。我大概是第一个明确提出并深入论述虚拟货币成不了真正货币的研究者，我早在 2014 年 1 月和 4 月就先后发表了《虚拟货币本质上不是货币——以比特币为例》和《货币非国家化理念与比特币的乌托邦》两篇文章。2019 年，天秤币 Libra 产生之初，我就撰文指出它难以获得成功。虚拟货币成不了真正货币的根本原因，在于它们不具备现代货币的基本属性，并与国家货币政策和宏观经济调控相冲突，也不可能解决当前世界货币体系面临的一系列问题。

与此同时，对于任何形式的数字货币，我们都应该深入思考，其如何与现代货币金融制度相契合，如何实现货币政策的有效传导；还应该思考，其经济和社会基础及创设的目的和意义。从几千年人类货币史的演变发展可以看出，任何货币制度和货币形式的诞生都是经济发展的需要和伴随物，也是一个自然的过程。现代货币与传统货币的一个很大区别是前者越来越紧密地与国家宏观经济调控结合在一起，因此不能只是从自然形态去分析货币的使用和功能，而应该更多地从国家调控经济的需要去分析。我们还应该认识到，货币金融的强弱是国家整体实力及各种体制机制的综合体现，不可能通过一项两项技术来实现赶超或改变世界货币格局。历史经验告诉我们，世界货币体系的变革和新体系的形成往往是一个漫长的过程，不可能一蹴而就。我的以上思考是否正确，有待时间检验。数字货币还在演变中，可能需要较长时间，并通过反复的社会实践，人们才能对它获得正确的认识、作出正确的判断。我认为，对于新生事物，我们应该多问几个为什么，多一些独立思考。

还有一篇文章也值得一提，这就是我们 2019 年 6 月发表在《清华金融评论》上的《各国央行盯住 2% 的通胀目标是刻舟求剑——对中长期通胀的思考》一文（收录于本书上篇第三章）。我们在该文中较早提出和分析了西方国家 2% 通胀目标的问题。自 20 世纪 90 年代起，主要国家央行不仅制定、而且长期追求 2% 的通胀目标，但始终未能如愿，原因在于全球经济、科技、社会等方面都发生了深刻变化。所以我们在文中提出，"可以尝试在货币政策目标函数中采用广义价格指数涨幅来替代 CPI 涨幅。当然，如何定义广义价格指数的难度与其重要性一样大"。

新冠肺炎疫情后，主要国家物价高涨，美国 CPI 甚至一度超过 5%。为了容忍高通胀，美联储也开始引入"平均通胀目标制"，主动将短期通胀目标定在 2% 以上。更重要的是，我观察到美联储货币政策目标的重心已经发生了转变，更加侧重于实现充分就业而非物价稳定。这与美国当前面临的国内外形势有关。由于贫富差距与民粹主义日益凸显，美国需要通过增加就业、提高收入来弥合社会分裂。尽快恢复和保持经济增长也是美国应对国际竞争、维持全球领先地位的急迫选择。而市场对美联储货币政策目标的理解还停留在过去的思维，担心通胀形势会引发货币政策提前收紧。实际上，"一切以经济增长为重"已在美国政策制定者中达成共识，体现了美国的国家意志，美国宽松的财政、货币政策已深度捆绑。2021 年 4 月 27 日，我就在《经济参考报》上发表了《美联储货币政策目标重心已发生实质性变化》一文，深入分析了上述现象，该观点也是我第一个提出的。尽管这篇文章没有收录在本书中，但我认为这是最近一年我所发表的最重要的一篇文章，在此将该文推荐给读者，以供参考。

在研究中，我感觉到，货币似乎并不容易被人理解，因为我看到更多的是对货币表象的解释。例如，总是有人提出，货币发行多了是房价上涨的主要原因。但我一直认为，高房价主要并非源于货币因素，而是由于房地产供需失衡使货币之"水"不断流入房地产市场。实际上，任何一种商品需求大于供给都会引致货币流入而使其价格上涨。所以，我始终坚持房地产供需调控相结合的理念，而在不同时期、不同地区可以有不同的侧重点。

本书下篇的第二部分收录了历年来我发表的关于房地产调控的主要文章。我觉得比较重要的一篇是 2017 年 12 月撰写的《高度警惕房地产泡沫出现在三、四线城市　应加快制定房地产市场长效调控机制》。该文较早提出应关注

三、四线城市房地产泡沫问题。2018 年 2 月，该文被某一国家级内参采用并获得党和国家主要领导及有关领导的批示。该文还获 2019 年度上海市决策咨询研究成果一等奖。我记得，我国从 2018 年 5 月开始了对三、四线城市房地产的调控。该文经修订后发表于华尔街见闻（2018 - 09 - 06），题目为《三、四线城市库存风险已经显露，到了该调整的时候》。

此外，我还与人合著，出版了 50 多万字的《房地产与中国经济》一书（中信出版集团 2021 年 1 月第 2 版），有兴趣的读者也可参阅。

本书分为上、中、下三篇，每一篇又分为若干章，下篇还分为第一部分和第二部分，并不是按照文章发表的时间先后，而是以专题来编排的，目的是便于读者阅读，一目了然，读者也可以根据自己感兴趣的内容选择阅读。我还为每一篇加写了导言，主要是介绍当初触发我写这些文章的动因以及我的主要观点。读者也能从导言中对这些文章的经济金融背景略窥一二。

借书稿最终交付之际，我要特别感谢责任编辑王效端和张菊香，她们对时间跨度逾 30 年的旧文一遍又一遍细致地编排和校核，令我感动。我也要感谢我的学生和同事们在文章的收集和校对等工作中给我的帮助。因为是多年来文章的收录，这些文章又是发表在很多刊物中的，疏漏和不当恐难避免，恳请读者不吝批评指正。

盛松成

2021 年 10 月

目录

第一部分 宏观经济形势：分析与预测

第二部分　房地产调控：供给与需求

第一部分
宏观经济形势：分析与预测

导言

改革开放以来，我国实行了一系列经济体制改革和对外开放措施，经济总量迅速扩张，从 1978 年到 2019 年，国内生产总值（GDP）按不变价计算增长了近 40 倍，远高于世界平均增长水平。同时，我国进出口总额从 206.4 亿美元提高到 45761.3 亿美元，实现了跨越式发展。经济学家们致力于探讨中国增长模式背后的源泉，以选择正确的宏观政策，实现经济可持续发展。多年来，我本人也从未停止过对经济金融理论的研究，在繁忙的工作之余，始终关注中西方经济学理论的发展。同时，我结合中国实际情况，对宏观经济形势进行了一系列分析和预测，提出有关政策建议，其中不乏已经在实践中得到验证的意见和预测。

2012 年，我国经济增速从 2011 年的 9.6% 回落至 7.9%，自此进入经济增速换挡期。有学者通过模型测算，认为经济下行除了周期性因素外，也源于我国长期潜在增长率的下降。但是，对于经济理论过度模型化，以及直接用西方经济理论分析中国的情形，我一直保持审慎的态度。如 2020 年 1 月，我在《中国金融》上发表的《西方潜在产出理论离中国实际较远》一文中就指出，现有的潜在产出的估计方法具有一定的缺陷，难以识别结构性因素，且较大程度上忽视了我国体制机制改革和政策有效调整的作用。由于制度改革和政策调整较难被量化，且不具有长期稳定性，因此模型难以识别二者的影响。但理论和实践证明，改革开放及政策调整大幅提升了我国全要素生产率，对经济增长产生了重要而深远的影响。如果估计模型无法涵盖制度和政策的变化，那么会低估潜在全要素生产率，据此制定的宏观调整政策也难以全面和准确。

了解模型的局限性的同时，更重要的是要关注中国经济形势以及经济增长的源泉。当前，除了周期性因素以及外部环境的变化，我国还面临结构性矛盾和发展方式的转变。人口红利下降、资本产出效率降低，都对过度依赖要素投入的增长模式形成一定的约束，中国经济增长将越来越依赖全要素生产率的提高，这意味着我国要比以往更加倚重体制改革和政策的有效调整。中国的经济体制改革尚未完成，仍然有较大的制度创新空间。例如，针对产业结构优化调整，我在《服务业是深化国企改革的方向》（发表于《财新周刊》，2017年第7期）一文中，通过纵向、横向比较，证明我国服务业发展空间依然很大，未来需要将改革的重心从第二产业转向服务业。服务业的发展将促进我国经济增长、提升消费层次、改善经济结构、推动对内对外开放、提高居民生活水平。现代服务业和先进制造业的深度融合，也将推动制造业的转型升级和发展。因此，未来供给侧结构性改革除了去制造业的过剩产能，还应该增加服务业的有效供给，释放服务业的改革红利。

体制改革具有影响深远、范围广泛的特点，政策的有效调整则具有灵活性和针对性，给制度改革提供了保障。正是基于对二者作用的认识，我在把握宏观经济走势、预测经济增长速度方面有了一定的基础，并形成了较为独立的判断。

例如，2019年第三季度，我国GDP同比增速为6%，为2009年以来最低季度增速，加之中美经贸关系紧张，造成大家对于经济增速下降的普遍担忧，形成了对于当年全年经济增速是否能够"保6"的广泛讨论。2019年12月初，我接受《第一财经》的专访《我国经济已达阶段底部区间》。我通过分析各项指标的走势作出预判，中国经济已经"跌无可跌"，全年GDP同比增速将不低于6.1%。2020年1月17日，国家统计局公布，经过核算，2019年全年国内生产总值为990865亿元，比上年增长6.11%（后修订为6%）。

对经济形势进行分析和预测，是为了提出如何调整和完善宏观政策，实现可持续增长。2010年我担任中国人民银行调查统计司司长后，结合当时的经济情况，从11月15日至12月6日，在不到一个月的时间内，接连在《金融时报》发表了《适时向稳健货币政策转变》、《再论向稳健的货币政策转变》和《三论及时向稳健的货币政策转变》，首次建议货币政策应从"适度宽松"转向稳健。2008年，为应对国际金融危机，我国曾明确提出实施"适度宽松"的货币政策。2009年下半年以后，我国经济持续回升向好，CPI也达到历史高值。据此我判断应该及时向稳健型货币政策转变，同时实施积极的财政政策，兼顾抑通胀、调结构和稳增长三大调控目标。2010年12月3日，中共中央政治局会议提出2011年要实施"稳健"的货币政策。宏观政策及时且有效的调整为经济稳定增长提供了保障。

我也曾较早撰文提出应该降低企业税负，提高财政赤字率的建议。《我国企业税负亟待降低》（发表于《金融时报》，2016年3月1日）一文中通过数据证明，我国企业税负较重，而企业在国民收入分配中的占比不断下降。2014年的税收收入中，由企业缴纳的部分占85.5%，而同期企业部门在国民可支配收入构成中所占的比例仅为21.1%。降低企业税负，尤其是小微企业的税收，对于促进企业发展、激活微观经济活力意义重大。但是，一般认为，降低企业税负，会带来政府税收减少。针对这个问题，我在《可较大幅度提高我国财政赤字率》（发表于《金融时报》，2016年2月25日）一文中提出，可增加政府债务发行，提高财政赤字率。2015年，我国的财政赤字率为2.3%，低于《马斯特里赫特条约》提出的3%的标准。但是通过对比分析，并结合我国实际情况，我们认为，3%的标准并不一定适用，如果将赤字率扩大到4%，将为减税、推动供给侧结构性改革创造条件，从而提升市场活力，激励企业创新，甚至会增加税收。这些建议都与之后国家政策基本一致。2019年以来，国家推出一系列减税降费政策，包括个人所得税改革、小微企业普惠性税收减免、深化增值税改革和降低社会保险费率等。2020年5月22日，国务院总理李克强在政府工作报告中提出，当年赤字率拟按3.6%以上安排。

随着国内新冠肺炎疫情得到基本控制，我国经济正在逐步恢复中。但在疫情发生的当下，经济形势较难把握，学界对此表示了较大的担忧，因为对比2003年的"非典"疫情，我国所处的环境和发展阶段已经大为不同。我认为，新冠肺炎疫情对经济的冲击究竟会成为一时的现象，还是将持续更久、影响更大，不仅取决于我国所处的经济发展阶段，也取决于企业是否能顺利渡过目前的困境，并保持就业稳定。因此，疫情发生后，我较早地在《应对疫情也要高度关注经济薄弱环节》（发表于《新华财经》，2020年1月31日）一文中提出为中小企业纾困和稳就业，并针对财政政策和货币政策分别提出了具体的建议，同时提出要稳定房地产行业的投资和销售。2020年4月17日，中共中央政治局召开会议，首次强调保居民就业、保基本民生、保市场主体、保粮食能源安全、保产业链供应链稳定、保基层运转。在这"六保"中，保居民就业放在首位。

疫情控制后，促进经济恢复成为政府的重点工作。这期间，关于财政赤字货币化的问题一时成为讨论的热点。我于2020年5月15日接受《第一财经》专访[1]时，明确表示不赞成财政赤字货币化。首先，有些学者混淆了财政赤字

---

[1] 《专访盛松成：当市场完全失灵时才需要实行财政赤字货币化》，见本书下篇第一部分第二章《财政赤字货币化的要害是缺乏市场约束》。

货币化的定义。我认为，财政赤字货币化只有一种情况，就是央行在一级市场上直接购买政府债券。其次，央行从一级市场认购与在二级市场购买债券具有本质区别。央行之所以不能从一级市场直接认购国债，是因为这将使国债发行无论在数量上，还是在价格上，都失去市场的制约。而且，我国离财政赤字货币化还很远。我国货币政策仍保持稳健，财政赤字率并不很高，未出现严重的市场失灵，不应采取财政赤字货币化。

目前外部形势也较为严峻。一般认为中美贸易严重失衡，是贸易摩擦不可避免的根本原因。事实上，通过对数据的全面分析，我们看到中美贸易逆差实际上没那么大，尤其在服务贸易领域，我国服务贸易逆差逐年扩大，而美国是中国服务贸易逆差的最大来源国，并且这一逆差还可能被低估①。这一现象反映出中国国内市场高端服务商品有效供给不足。因此，当前的国内外形势为产业升级提供了契机，未来发展的关键依然是做好自己的事情。我国仍需要坚持结构调整和深化改革，进一步扩大对外开放，从而实现高质量增长。

---

① 在中美贸易摩擦伊始，我就发表了《中美贸易逆差实际上没那么大》一文。

第一章

改革开放与经济增长

◎浅谈价格放开必须具备的几个条件

◎东亚模式与中国经济发展战略的思考

◎促转变、调结构、改善收入分配要求加快垄断行业改革

◎服务业是深化国企改革的方向

◎区域经济差距趋势分析

◎中美贸易逆差实际上没那么大

◎我国经济已达阶段底部区间

◎西方潜在产出理论离中国实际较远

浅谈价格放开必须具备的几个条件^①

中共中央政治局第 10 次会议原则通过的价格、工资改革的初步方案中所讲的"少数重要商品和劳务价格由国家管理，绝大多数商品价格放开，由市场调节"，指的是经过五年或更长一点时间的努力才能达到的长远目标。为什么放开价格，由企业根据商品供求状况自由定价是一个需要经过长期努力才能达到的目标呢？因为要达到这一目标，必须创造一系列的条件。本文拟就价格放开不至于引起物价的大幅度上涨，谈几个前提条件。

一、控制货币供应量和调节货币流通速度

实现既放开价格又保持物价基本稳定的首要条件是国家能有效地控制货币供应量和调节货币流通速度。价格放开以前，国家至少有三个控制物价的手段：一是直接控制商品价格，二是控制货币供应量和调节货币流通速度，三是通过凭票供应等办法控制对商品的需求。放开价格以后，这三个手段只剩下一个了，即控制货币供应量和调节货币流通速度。因此，如果价格放开以后，国家不能有效地控制货币供应量和调节货币流通速度，则很可能引起物价的大幅度上涨。

目前，我国还没有形成强有力的控制货币供应的机制。我们认为，形成这一机制的最基本的要求是建立独立行使职能的中央银行，因为在一定时期中，政府要达到的经济和社会目标是多方面的，有时为了达到其他目标而往往牺牲稳定货币的目标。这从别的方面来看未必不妥，但对于稳定货币却是很不利的。建立起相对独立的货币发行机关，它将根据经济预测自主地决定货币发行，并以此对政府行为起一定的钳制和约束作用，美国等一些西方国家的做法就是如此。目前我国的中央银行作为国务院的一个附属机构，完全听命于政府，货币发行也直接为行政当局的经济和社会目标服务。如近年来我国中央银

① 本文作者霍文文、盛松成，发表于《财经研究》，1989 年第 1 期。

行或受命以货币发行弥补财政赤字，或身不由己地满足经济过热增长对货币的需求。何况我国发行货币并不像西方国家那样需要以黄金、外汇或有价证券作保证，而是根据货币发行计划执行，而发行计划的约束力日渐软化，货币发行连年突破计划，近年来我国物价快速上涨同货币的连年超额发行有着直接的关系。

我们认为，要有效地控制货币供应量，仅有独立行使职能的中央银行还不够，还必须使各地方银行、专业银行摆脱地方政府干预，取得独立经济法人的地位，真正实现自主经营。因为，尽管中央银行也能向社会供应货币，但绝大部分的货币是由各专业银行的分支机构创造并向社会提供的。目前我国专业银行地方分支行受地方政府的摆布程度与中央银行相比有过之而无不及。各级地方政府为追求产值翻番和完成财政包干，为增加本届政府任职期间的政绩，往往对银行施加压力，迫使各级银行用增加货币供应的办法扶助地方经济上项目、铺摊子。在这种情况下，银行实际上成了地方政府发展地方经济的"钱袋子"。此时，中央银行对各专业银行采取的种种政策手段显得苍白无力，鞭长莫及。最后，中央银行被迫接受多发货币的既成事实。因此，为了稳定物价，有必要建立一个相对独立的中央银行，并实现各级专业银行的真正企业化经营。

同货币供应量增加一样，货币流通速度加快也会促使物价上涨，只是后者不易为人们察觉而已。当物价上涨幅度较大时，人们急于将货币脱手，换成实物，从而加快了货币流通速度，并促使物价进一步上升。市民纷纷提取储蓄存款争购各种日用消费品，提取的现金大部分通过商品销售当日或近日流回银行就是典型的实例。货币流通速度加快，使同量货币发挥了更大的作用，对物价的影响和增加货币供应量是相似的。从某种意义上说，货币流通速度加快比增加货币供应量对物价的影响还要大。因为增加的货币供应不一定都成为流通中的货币，其中的一部分可能会成为暂时不媒介商品流通的贮藏货币；而货币流通速度加快，意味着同一货币在媒介商品流通中发挥着更大作用。货币流通速度加快1倍，一个单位的货币发挥了原先两个单位货币的作用，等于流通中的货币量增加了1倍。货币流通速度非正常的加速对物价上涨的威胁是显而易见的。

必须强调的是，我国目前货币流通速度变化的突出表现是，在流通领域内货币流通速度加快的同时，生产领域内的货币流通速度反而减慢了。资金使用效益低、生产和基建周期长、原材料供应不足、生产者积极性不高等原因，使得资金周转速度大大减慢，从而减慢了货币在生产领域内的流通速度。货币在生产领域内流通速度的减慢，使同一单位的货币在生产过程中产生的效益比以前少得多，其直接后果就是产品供应的减少，一方面生产领域内货币流通速度减慢而造成商品供应的减少，另一方面流通领域内货币流通速度的加快而造成对商品需求的增加。这样就同时从供需两个方面拉开了总需求和总供给的缺口，这是我国目前物价较大幅度上涨的重要原因。

诚然，货币流通速度取决于政府、企业、居民的行为，从根本上说，取决于收入周期、收入水平、消费结构等因素，国家无法直接控制。但国家仍可以采取一些办法影响和调节货币流通速度，从而缓冲货币流通速度加快对物价上涨的压力。其中，可供采取的一个有效措施就是提高银行存款利率，使之不低于物价上涨幅度。从理论上说，只要物价上涨幅度超过利率达到一定程度，人们对货币的需求就会变得无穷大，从而大大加快货币流通速度。我国目前的银行存款利率远远低于物价上涨率，这不仅使银行难以吸收流通中的货币，而且还会诱发储蓄存款的下降，而储蓄存款下降对物价上涨又将进一步起推波助澜作用。最近中国人民银行开办了保值储蓄，使三年以上的存款利息不低于甚至略高于同期物价上涨幅度，这确实是稳定物价的一个有力措施。尽管可能会因此而带来一些弊端，如同时提高对企业的贷款利率，加重企业负担，但在目前的社会和市场形势下，这一措施无疑是利远远大于弊的。

二、打破生产领域和流通领域的垄断

我们认为，放开价格而又不使物价大幅度上涨的又一个条件是打破流通领域和生产领域的垄断，让企业在公平的市场条件下竞争。通过竞争，促使资金和资源合理配置，理顺经济结构和价格关系，使商品价格能正确反映和调节供需关系。近几年国家逐步放开了大部分生产资料和消费资料价格，很大程度上打破了过去高度集中统一经济体制下的国家垄断。但在新旧体制的转换过程中，在流通领域和生产领域中又出现了新的垄断。这种垄断已成为国家部分放开价格后许多生产资料和消费资料价格不断大幅度上涨的重要原因。因为只要存在这种垄断，放开价格就只能给垄断者制造高额垄断价格提供机会，而不可能使商品价格随供求关系而自行调节。垄断对物价稳定会带来损害，必须尽快打破。

目前流通领域中的垄断现象很严重。一部分人和单位利用行政的、经济的

或社会的特殊地位，控制着钢材、有色金属等重要原材料和其他生产资料。他们操纵市场、操纵价格，进行非法交易，并巧立各种名目在高价以外再收取现金，造成原材料价格成倍上升。这使很多企业面临"无米下锅"，生产难以为继的困境。由于垄断，一些生产资料价格的上涨已超过了正当合法经营企业的承受能力，严重影响了企业的生产积极性，严重影响了生产的正常进行。企业无法消化过高的原材料价格，只得向外转嫁，这样，又以成本推进方式推动了其他商品价格上涨。流通领域的垄断者"官倒"们还凭借手中权力控制着部分紧俏的消费资料，这些商品经多次转手，层层加码，由于供不应求，奇货可居，价格已上涨到令人咋舌的地步，远远超过了一般居民的经济承受能力，并带动了其他消费资料的价格上涨。很显然，"官倒"们借价格放开、经济体制尚不健全之机，垄断流通，哄抬物价，中饱私囊，已成为稳定物价、深化改革的主要障碍。仅仅为控制物价，国家也有必要采取强有力的措施，打破这种利用行政权力在流通领域中的垄断。

同时，我们也不能忽视生产领域内的垄断。生产领域的垄断主要表现为行业垄断、部门垄断和地区垄断。我国现阶段生产领域的垄断与流通领域的垄断不同，前者往往不是垄断者蓄意制造的，而是由于其特殊的生产经营地位造成的。这种特殊地位是长期以来在计划经济体制下，借助于国家力量而逐渐形成的。而目前由于种种原因一时还难以产生与之竞争的力量。一旦放开价格，在同一行业中，处于这种垄断地位的企业，就可以利用其有利的生产经营地位，挤垮其他企业，并进而创造其产品的垄断价格。

还需要指出的是，目前企业间仅有的那么一点竞争，主要也只是在生产部门内部进行的，远远未达到整个社会高度竞争状态。由于我国企业的部门所有制，企业的资金很难从一个部门转移到另一个部门。目前尽管存在着那么多的产品供不应求、利润率较高的企业，也同时存在着那么多的濒临倒闭、产品无人问津的企业，但后者的资金却无法转移到前者中去。前者产品的供不应求未见缓和，后者的产品无人问津也依然如故。一旦价格放开，这种部门内部的竞争就很可能变成部门垄断，首先是产品价格的垄断。

如果说行业垄断、部门垄断和旧的经济体制尚有一定的历史联系的话，与此不同的是，随着改革、放权，地区垄断在这几年表现得尤为突出。形成地区垄断的直接动因是追求地方经济的高度发展。近年来地方保护主义严重，各地为实现地方经济翻番的目标，大搞地区垄断，各自为政，壁垒森严。各地一方面用种种办法（主要是行政命令办法）阻止资金、生产资源、紧俏商品外流，另一方面又不顾当地的生产条件和宏观经济效益发展"小而全"的地方经济；一方面为争夺原材料而发起一次次"蚕茧大战""烟叶大战""羊毛大战"等，另一方面为保护地方市场而拒兄弟省市的产品于"省门之外"。由于争夺资源而将原材料价格一次次哄抬上去，又由于不顾经济上的比较利益而使各地产品价格居高不下。这样发展地方经济，虽然也能形成一定的生产能力，但却无法取得资金的合理流动、资源的最优配置和良好的社会经济效益。这种地方垄断也是我国目前价格放开以后物价不断上涨的重要原因。

生产领域内形成垄断的根本原因在于我国企业的部门所有制、地方所有制。打破这种垄断的最好对策是改革企业的所有制，实行股份制，让企业面向市场向社会集资。在这一筹资过程中，实际上已实现了资金从一个生产部门向另一个生产部门的转移。国家应当允许和鼓励企业资金的转移，努力打破部门垄断，逐步形成全社会的高度竞争状态。生产领域的垄断对物价的影响是在长期中逐渐发生的，因而不容易引起人们的注意。打破生产领域的垄断也是一项长期而艰巨的任务，所以从现在起就应该予以重视。

三、促进生产增长、社会供应增加

我们认为，放开价格而又不使物价大幅度上涨的再一个条件，就是价格放开以后能促使商品供应增加。放开价格并不是为了回笼货币，而是希望通过供求关系的调节，由市场自动理顺价格关系，以促进生产、增加供应，并通过供应的增加进一步平抑物价。增加供应不仅是放开价格的最终目的，也是稳定物价的最有效手段之一。要使价格放开后能增加有效的社会供应，首先必须使生产者成为价格放开的直接受益者。因为放开价格实际上会打破旧有的分配格局，对收入实行再分配。使生产者首先受益，既可解决长期以来产品价格不能正确反映价值、各类产品比价不合理的问题，又可使生产者扩大生产能力，提高生产积极性，从而促进生产、增加供应。供应增加则有利于平衡供需关系，平抑市场价格，使消费者最终受惠。我国目前的情况是价格放开后，少数人在流通领域内转手倒卖、从中得利，而生产者受益不多，国家财政收入增加很少，消费者更饱尝乱涨价之苦。显然，这种状况是不利于价格进一步放开的。其次，价格放开必须有步骤地进行。某种产品的价格是否应该放开的标准之一，就是能否增加产量。根据这一标准，供给对价格弹性大的产品，价格应该首先放开；供给弹性一时较小的产品，价格只能逐步放开；部分缺乏供给弹性的产品，则价格暂时不宜放开。在消费资料中，应先放开一般消费品和耐用消费品的价格，暂缓放开基本生活资料的价格；在生产资料中应先放开加工产品和中间产品的价格，不宜先放开原材料、燃料等初级产品的价格。因为受生产条件的限制，一些基本生活资料和原材料、燃料的产量一时很难大幅度提高，如果首先放开这些产品的价格，可能会产生"多米诺骨牌效应"，引起其他产品价格轮番上升。

由上可见，完全放开价格的条件目前在我国尚未成熟。所以，把绝大多数商品价格放开，由市场调节作为一个长远的目标是正确的，而我们现在面临的任务是要促使这些条件的成熟，为放开价格创造一个良好的环境。

东亚模式与中国经济发展战略的思考[①]

亚洲金融危机爆发以后，人们对于东亚模式的讨论不断深入。我们认为，这一讨论至少有两方面的意义：一是有助于推进对亚洲金融危机的深层次思考，因为透过亚洲国家货币、金融失控的表象，可以看到亚洲经济的结构性失衡，而在这一失衡的背面，又隐藏着经济发展的战略性问题；二是有助于对中国经济发展做战略性的调整，因为中国经济发展战略带有东亚模式的许多烙印，因而对东亚模式的重新检讨和思考对中国经济的跨世纪发展是十分重要和迫切的。

一、东亚模式的赶超型本质

所谓"东亚模式"，是指经济相对落后的东亚国家为了在短时期内赶超发达国家而采取的不同于一般西方国家的经济发展模式，这种模式是建立在东亚国家传统的经济、文化背景基础之上的。

目前，对东亚模式的评论有多种多样，概括起来主要有以下三种观点。

第一种观点："全盘否定论"。这种观点以"克鲁格曼挑战"为代表。这种观点一方面否认"东亚奇迹"的存在，另一方面又认为东亚经济增长是不可持续的，因为东亚模式使东亚经济发展缺乏后劲。除日本之外，东亚经济高速发展依靠的是动员和投入更多的资源，而不是技术进步和效率提高，这必然引起"报酬递减"。用现时流行的经济语汇来说，东亚模式是所谓"资本经济"而非"知识经济"的发展模式，由此造成亚洲经济体系的落后性。因此，面对 21 世纪，东亚模式已经过时，而应予以全盘否定，亚洲经济需要新的发展模式。

第二种观点："全盘肯定论"。这种观点认为，所谓亚洲模式死亡和亚洲

---

① 本文作者盛松成，发表于《金融研究》，1998 年第 8 期。

奇迹结束都纯属谬论。东亚模式所创造的"亚洲奇迹"的历史存在是抹杀不了的。亚洲金融危机只是单纯的经济运作问题，而与东亚模式并无直接联系，更不能由此证明东亚模式的终结。

第三种观点："调整论"。这种观点认为，世界上没有一无是处和一成不变的经济发展战略和增长模式，东亚模式也不例外。东亚模式对亚洲的崛起固然功不可没，但它的成功有其特定的历史条件。如今已事过境迁，如果亚洲仍抱着原来的模式不放，这将对亚洲经济发展造成很大危害。亚洲金融危机已敲响了东亚模式调整的警钟。而且，亚洲模式过去的成功，并不能掩盖亚洲经济发展战略的缺陷，更不能避讳因国际经济环境变化而对亚洲经济进行战略性调整的必要。调整论认为东亚模式不存在本质性的缺陷，只要予以适当调整，这一模式仍不失为一种独树一帜的经济发展模式，对后进国家实现经济赶超仍将具有重要的意义。

我们认为，对东亚模式应该有一个全面客观的评价，无原则的认同与全盘否定都是不科学的。为此，首先需要认识东亚模式的赶超型本质。

近代由工业文明推动的经济发展起源于西欧，后转向美国。亚洲国家由于受历史、文化及地理等诸多因素的影响，发展缓慢，同欧美发达国家的差距很大。1950 年，西欧和北美的人口占世界人口不到 20%，其 GDP 则占全球的 60%；而占世界人口 60% 以上的亚洲，其 GDP 还不到全球的 20%。如果亚洲国家不寻求适合自身发展特点的现代化模式而跟在发达国家后面亦步亦趋，且不论欧美的发展模式是否适应亚洲的经济，单从量上的差距来看，亚洲国家要想赶上甚至超过欧美发达国家几乎是不可能的。事实上，20 世纪 60 年代以来，由于东亚国家采取了不同于一般西方国家的特殊的发展模式，它们所创造的奇迹已大大缩短了它们与发达国家间的距离。日本已跻身世界强国之林。新加坡在 80 年代末就实现了人均国民生产总值超万美元。韩国、泰国、马来西亚和印度尼西亚已进入中等收入国家之列。我国改革开放以来，也已提前实现了国民生产总值翻两番的目标。今天，占世界人口 1/3 的东亚国家的 GDP 已占世界 GDP 总额的 40%。东亚经济创造了自产业革命以来的最高增长速度。

二、东亚模式的四大特点

东亚模式归纳起来大致有以下四个主要特点。

第一，政府推动。东亚国家政府大都对经济活动干预范围广、程度深，在整个经济生活中发挥着至关重要的指挥、管理和监督职能。从宏观的国民经济发展计划的制定到微观的企业集团的组建和发展，甚至于企业的经营，都离不开政府的作用。这与欧美国家历来崇尚的"大经济"、"小政府"和所谓"看不见的手"的传统形成了鲜明的对照。

在我国，政府对经济的推动，不仅来自中央政府，而且来自各级地方政府（甚至包括城市的街道和农村的乡、镇这样的基层政府）。我国各级地方政府对经济的巨大推动作用，在世界上是很少有的。所以，我国政府对经济的推动，在广度和深度上都超过其他东亚国家。

第二，高储蓄、高投资。东亚国家储蓄率一般高达35%～40%，大大高于欧美国家平均不到20%的水平。东亚经济在近30年时间内基本处于"高储蓄率—更高的投资率—高经济增长率—高储蓄率"的循环中。

第三，外资导入型。外国资本在亚洲国家的国内资本中所占的比例已经变得越来越高。1986年至1991年，中国外资占国内资本的比重为2.3%，东亚新兴工业国和地区达6.2%，东盟国家占5.2%。目前，我国已成为世界第二大外资引入国。

第四，出口导向型。东亚国家以"贸易立国"的方略，利用劳动力相对丰富和价格低廉的比较优势，发展劳动密集型产业，鼓励出口，积极参与国际市场竞争。东亚国家的外贸依存度一般都在30%左右，而美国则为15%。我国的外贸依存度，1978年仅9.8%，最近5年则平均高达40%。

上述特点的形成无不顺应了东亚的经济、文化背景和历史条件，它们也为东亚经济腾飞提供了基本保证。高储蓄率和更高的投资率是亚洲国家实现经济持续高增长的基本条件之一；高储蓄率与更高投资率之间的差额通过大量利用外资来弥补；伴随高出口而带来的巨额贸易顺差使快速的资本积累成为可能；而面对起步晚、基础差的经济现实，政府推动是亚洲国家实现经济快速增长的必然选择。

然而事物往往是一分为二的，这些特征所伴随的弱点一旦处理不当，便会引来灾难，亚洲金融危机也正源于此。分析、认清这些特征的两面性，对有着相近文化、地域背景的中国经济的发展至关重要。

三、东亚模式与中国经济发展战略

政府推动型经济发展的最大特点，就是政府能集中全国人民的意志，统一各项方针政策，集中全国的财力、物力，促使一个部门、一个地区，甚至一个国家的经济在短期内迅速发展起来。这对经济相对落后的发展中国家来说，是省时而有效的发展手段。若非政府行为，韩国断不能在短期内把 30 家企业推入世界 500 强。若非政府推动，深圳这样的现代化城市绝不可能在 10 年内建成，我国也不可能在短短的十几年时间内实现国民生产总值翻两番。若非政府推动，亚洲国家同西方发达国家的差距就不仅仅是现在这样。

在政府推动型经济发展中，由于政府与经济有着千丝万缕的联系，所以很容易产生腐败。权钱交易的后果是让本国人民对政府失去信心，这是亚洲金融危机的根源之一。

在政府推动型经济发展中，政府过多干预企业，企业过度依赖政府，致使微观主体失去活力、主动性和竞争力，就像个永远也长不大的"孩子"。为什么我国目前难以形成一大批真正的企业和真正的企业家，原因之一就在于此。

从我国目前的情况来看，政府推动经济发展是必不可少的，事实证明也是行之有效的。但其中的教训不能不引起重视：第一，政府推动也要符合经济规律，尤其要讲求投资效益；第二，要健全监督制约机制；第三，政府干预应随市场经济的发展逐渐退出，政府不该永远留在"运动场"上充当"运动员"；第四，政府直接参与的只能是非竞争性行业的投资与经营，如基础设施建设，而不应参与竞争性行业投资，如证券市场、房地产等。

高储蓄高投资并不是坏事。亚洲国家普遍储蓄率高，与人们讲求节约的传统美德有关，与儒家文化渊源相通。这与西方国家的奢侈和享乐主义形成了鲜明的对照。根据经济学原理，高储蓄必定高投资。投资高当然有利于经济发展，但当前是要讲投资效益，不能盲目投资、重复投资。

在我国，投融资体制改革的滞缓是造成盲目投资、重复投资现象的重要原因。只有花大力气改变以政府或变相以政府为投资主体的投融资体制，真正建立起以企业和个人为投资主体的投融资体制，才能使国民储蓄高效率地转化为投资。

外资导入也是亚洲经济发展的需要。东亚国家有丰富的劳动力资源，但缺乏资金与技术，不大量利用外资，经济就不可能在较短的时间内迅速发展起来。历史已经决定了东亚国家不可能重复欧美国家走了上百年的资本原始积累的道路。所以，东亚国家以外资导入作为发展战略是符合其实际情况的。但是，引进外资一定要注意结构。从期限上看，短期外债不宜过多；从结构上看，直接投资应占较大比重，而证券投资和信贷应占较小比重。东亚诸国外资结构的失衡正是亚洲金融危机的主要原因之一。1年以内的短期外债占外债总额的比率，韩国和泰国分别高达58.8%和47.7%。从东盟国家的整体外资结构来看，贷款占34%，证券投资占29%，直接投资只占35%。短期投机资本借助日趋发达的通信设施和电子网络，在日益国际化、一体化的金融市场流动中，易对发展中国家造成难以抵御的经济、金融动荡。

在这次亚洲金融危机中，我国几乎是"一枝独秀"，原因之一就是我国的外资结构比较合理。我国引入的主要是长期资本，而且直接投资占了主要部分，短期投机资本的比率极小。在我国的外债总额中，88%是长期债务。

选择出口导向的发展战略，也是由东亚国家特殊的经济和社会条件决定的。由于大多数东亚国家本国市场相对较小，国内消费能力有限，为了保持高速增长，它们不得不依靠出口拉动经济。然而，这种战略的缺陷在于国内经济受世界经济变动的影响较大，往往缺乏主动权，而不能完全掌握自己的命运。可以说，亚洲金融危机在某种意义上正是近年来多数发达国家经济萧条的直接后果。

与这些国家相比，我国有着广阔的国内市场，沿海与内地的发展很不平衡，区域经济差别很大，因而有扩大内需的巨大潜力，所以没有必要把精力过多地放在出口上。即使在实行出口导向战略的时候，也要有新调整、新思路。

首先，在世界经济贸易竞争日益加剧的条件下，我国通过产业升级、科技兴国，改变经济结构的努力固然重要，但是不可否认，我们与西方发达国家相比，在科技和信息技术方面，具有先天不足、差距显著的弱点。因而，对于我们这样一个发展中大国来说，更不能完全丢掉自身赖以生存的比较优势。尽管劳动密集型产业从世界经济发展趋势看，是属于所谓的夕阳产业，但之所以将它纳入夕阳产业，就是因为其附加值低，那么我们是否可以换一个思路，突破劳动密集型产业必然是低附加值的传统认识，比如运用中国传统的精湛手工技艺，发展高附加值的劳动密集产业。这对于中国这样有着悠久传统文化和丰富劳动力资源的国家，具有巨大的现实意义。这种将世界经济、产业发展趋势与中国国情相结合的策略，对于我国制定跨世纪发展战略也具有极大的启示意义。

其次，我国在实施出口导向战略的同时，要将本国的外贸依存度控制在适度范围内。这种适度性表现为依存比例要与承受能力相对称。外贸依存度的提高将使一国经济受国际经济环境的影响显著增强，如果其承受力或抵御外部干扰的能力跟不上，由此积聚起来的经济、金融风险对这一国家来说，将是灾难性的。

四、东亚模式的扬弃

综上所述，面对世纪之交，中国在制定跨世纪发展战略时，对东亚模式要适度扬弃，合理调整。对于东亚发展中国家，如果囿于西方传统的发展模式，如果把经济增长仅保持在国内储蓄和国内购买力所能实现的范围内，如果耐心地等待市场的自我完善与成熟，哪年哪月才能实现经济的现代化、赶上甚至超过西方发达国家呢？因而，亚洲经济发展的赶超型宗旨不能丢。

如上所述，政府主导、高储蓄高投资、外资导入以及出口导向等政策都是亚洲国家实现经济赶超的重要保障和基本途径。这些政策是特定历史条件和特定环境的产物，也具有一定的理论与现实的合理性，因而亚洲国家如果完全抛弃这些适合自身发展的基本政策显然是不明智的。当然，也要看到这些政策同时也具有不少弱点，在具体实施过程中，如果运用不当，可能带来很大的负面作用，酿成难以收拾的经济、金融风险。因此，我们在坚持东亚模式合理内核的同时，也应对模式本身及相关政策做适当的调整。

最重要的调整在于，东亚模式应该是一种不仅能够实现，而且能够保持高增长的发展模式。为了保持较长时期的高增长，整个经济的发展就要以企业效益的提高为前提，也就是要夯实宏观经济的微观基础。牺牲企业效益的经济增长，缺乏微观基础的宏观经济发展，都是不可能持久的。

为了保持较长时期的高增长，就应以技术进步为先导。大量资源投入而不同时伴随技术进步的发展，是一种高成本、高消耗，因而不可能持久的发展。可见，"科教兴国"应该成为一项根本性的经济政策。

为了保持较长时期的高增长，还应该防范各种经济风险，尤其是金融风险。金融新技术革命和金融自由化、一体化发展在促成经济高速增长的同时，也迅速培养了动摇经济增长根基的力量。巨额的失去羁绊的资本流动、日益紧密联系的各国经济和金融市场，使金融风险很难避免。面对全球金融自由化的浪潮，东亚国家在跟上潮流的同时，不应毫无防范地放弃现代经济所必须的一些制约，而应建立起一些"护栏"或"围墙"，以与自身的经济金融发展阶段、监管能力及管理水平相适应。

　　我们相信，东亚模式在保持经济赶超的合理内核的同时，对原有的基本政策作适当的调整，将成为下个世纪亚洲经济进一步繁荣的保证。同时我们也必须看到，对这些基本政策的调整已经到了刻不容缓的地步，否则，东亚模式将难以为继。

促转变、调结构、改善收入分配要求加快垄断行业改革①

我国经济的很多问题，深层次原因就在于市场化不够彻底，行业垄断就是其中突出的表现。

一、"促转变"和"调结构"迫切需要加快垄断行业改革

温家宝总理在政府工作报告中强调，"转变经济发展方式刻不容缓。要大力推动经济进入创新驱动、内生增长的发展轨道"。而行业垄断从三个方面阻碍了"促转变"和"调结构"。

一是行政垄断容易导致经济结构"偏重"，即经济增长依赖大企业、资本密集型企业、重化工业、第二产业。改革开放 30 年间，我国平均 9.8% 的经济增长率只带来平均 1.81% 的就业增长率，就业弹性不仅低于同时期美、日、德等发达国家，而且低于印度尼西亚、马来西亚等发展中国家。造成这一现象的主要原因之一，就是我国产业结构和企业结构不合理，过多倚重重化工业和大企业。

二是行政垄断容易阻碍竞争和创新。垄断企业具有的政策优势、资金优势与垄断优势，既削弱了其自身的创新动力、阻碍了经济发展方式的转变，又挤压了民营企业的生长空间，还导致一些民营资本由于实体经济投资机会受限而去炒股、炒房，推高了资产价格。

三是我国经济发展中面临的中小企业融资难问题、能源价格问题、弱势群体受教育问题与百姓"看病难"等问题，都与相关行业长期存在的垄断有关。如正是由于能源、教育和医疗行业基本处于垄断地位，缺乏竞争与活力，其提

---

① 本文作者盛松成，发表于《金融时报》，2010 – 03 – 13。本文系作者担任第十一届全国人大代表期间，对《政府工作报告》的学习体会文章。

供的产品和服务价格高于一般消费者承受能力，才导致能源价格偏高、弱势群体受教育难、"看病难"等问题。

二、"改善收入分配、促进社会公平"迫切需要加快垄断行业改革

温家宝总理在政府工作报告中指出，"合理的收入分配制度是社会公平正义的重要体现。我们不仅要通过发展经济，把社会财富这个'蛋糕'做大，也要通过合理的收入分配制度把'蛋糕'分好"。而加快垄断行业改革至少能从两个方面改善收入分配、促进社会公平。一方面，加快垄断行业改革，有利于治理部分垄断行业中存在的不合理、不正常的高收入现象。事实上，我国收入分配方面存在的突出问题之一，就是垄断行业与其他行业的收入差距过大。另一方面，加快垄断行业改革、允许民营资本进入、放宽市场准入，有利于优化产业结构和企业结构，增加就业，促进社会公平。

三、放宽市场准入是加快垄断行业改革的重中之重

目前，垄断行业改革面临的一个突出问题是，以各种名目的行政垄断理由限制民营资本的市场进入。这些理由包括"国计民生"、"经济安全"、"意识形态"、"刚性需求"、"必需品"和"自然垄断"等。但细究起来，这些理由基本都不成立，现实中也几乎不存在民营资本完全不能进入的领域。粮食生产最关乎国计民生，而粮食生产恰恰是最市场化的。

实践也证明，越是与垄断相联系的部门，其提供的产品和服务的性价比越低，而引入市场竞争的部门则往往相反。如在民营企业进入之前，我国民族汽车工业在外国汽车公司冲击下举步维艰。直到1997年吉利汽车等民企出现后，中国汽车消费者才越来越得到实惠。再如，在公交汽车完全国营垄断的年代，一二百人挤乘一辆大公交车的例子比比皆是，而随着民营资本的引入，公交车数量和线路增多、公交服务水平上升，更不再像以往那样拥挤不堪。既然公交行业能够打破垄断，让人民得到实惠，铁路等类似行业为什么就不行？还有，银行业以往限制民营资本进入，但近年来民营资本进入地方商业银行和新型金融组织，都有利于改善中小企业和"三农"金融服务环境。而且，由于民营资本是自己的钱，他们也比较重视风险管理。

正因为"促转变、调结构、改善收入分配"等任务重大紧迫，正因为加

快垄断行业改革对于完成这些任务很关键，正因为允许民营资本进入垄断行业参与竞争还面临不少障碍，所以，当前迫切需要加快垄断行业改革，以放宽市场准入为核心，形成多元化竞争格局。温总理在政府工作报告中也指出，要"打破行业垄断和地区封锁"，"加快推进垄断性行业改革"，"切实放宽市场准入"，"着力营造多种所有制经济公平竞争的市场环境"。

四、加快垄断行业改革的几点建议

一要坚持十七大的"两个毫不动摇"（"毫不动摇地巩固和发展公有制经济，毫不动摇地鼓励、支持、引导非公有制经济发展，坚持平等保护物权，形成各种所有制经济平等竞争、相互促进新格局"），贯彻国务院关于发展非公有制经济的精神，认真清理部门、行业行政性法规、条例、规章，消除市场准入障碍。二要严格界定垄断企业经营范围，限制其利用垄断地位获取超额利润的权力。三要强化对民营经济的配套服务，保障民营资本不仅有平等竞争的机会，而且有平等竞争的条件。要在财税、土地、经贸、金融等方面给予民营经济同等待遇。以金融服务为例，一方面，要深化金融产品、工具、组织、制度和管理方式创新，加强对民营经济的支持。另一方面，要加强对新型金融机构的研究、管理和扶持。这样，不仅能强化对民营经济的金融服务，而且能为民营资本进入金融领域提供机遇，促进"草根金融"的蓬勃发展，一举两得。四要增加社会力量对垄断行业改革的主导和推进，因为目前我国行业改革基本上由主管部门主导，其有利之处在于主管部门对情况熟悉，而不利之处则在于容易形成部门保护和部门利益。

服务业是深化国企改革的方向[①]

服务业在我国国民经济中的地位持续上升，2016年上半年服务业占GDP的比重达到54.1%，服务业吸纳就业人口数是第二产业的1.5倍。同时，第二产业占GDP的比重降至40%左右，其中第二产业中国有企业的比重降至20%左右，因此国有工业企业对GDP的贡献率仅为8%左右。相比之下，服务业占GDP的比重不断提高，而服务业中国有企业的比重仍达50%或更高。如果国有企业改革的重心还放在第二产业，那么后续改革空间以及能够释放的改革红利都很小，未来有必要将改革的重心从第二产业转向服务业。长期以来服务业劳动生产率偏低，仅为我国工业的1/3，为美国服务业的1/4，说明过去服务业改革不到位，未来需要加快推进服务业改革。所谓改革的"玻璃门""旋转门"主要体现在三产上。服务业改革符合供给侧结构性改革的大方向，对稳增长、促就业、提升消费层次、满足人民需要、改善经济结构、吸引外资促进国际收支平衡以及提高国民素质都有积极意义。目前我国经济中的产能过剩主要集中在制造业，而大部分服务业供给不足，未来需要积极推进服务业供给侧结构性改革，扩大服务业对内和对外开放，增加服务业有效供给，释放服务业改革红利。

一、我国三大产业的 GDP 构成

在我国GDP的构成中，三大产业的地位发生了深刻变化。新中国成立初期我国是农业国，1952年农业占GDP的比重高达50.5%，之后逐渐下降，到2015年农业占GDP的比重已降至8.9%。新中国成立后到改革开放前，第二产业占GDP的比重从20.8%上升至48.1%，改革开放后第二产业的比重基本在40%~50%，到2015年第二产业占GDP的比重为40.9%。改革开放后我国

---

① 本文作者盛松成、谢洁玉，发表于《财新周刊》，2017年第7期。

服务业（第三产业）占 GDP 的比重逐渐上升，持续从 1980 年的 22.3% 提高到 2015 年的 50.2%。2013 年服务业占 GDP 的比重首超第二产业，2015 年服务业占比首次超过 50%，2016 年上半年服务业占比达到 54.1%。另外，由于服务业采用收入法（劳动者报酬、生产税净额、固定资产折旧、营业盈余）统计，核算不全易造成服务业增加值低估，因此服务业的真实比重可能更高，或达到 55%。服务业不仅在经济总量上占据优势，自身构成也非常丰富，在国民经济行业分类中包括除了农业、制造业等五大实物商品生产部门之外的所有其他十四个产业部门。服务业既包括批发和零售业、住宿和餐饮业等劳动密集型服务业，也包括金融业、信息传输、计算机服务和软件业、科学研究、教育、卫生、文化等知识密集型服务业，涉及国民经济的方方面面。所以，现代服务业已不是传统意义上的狭义的服务业，而是现代化经济的重要组成部分。

虽然近年来中国服务业发展迅速，服务业占 GDP 比重逐年提高，但与其他国家相比仍然偏低，说明中国服务业未来还有很大的发展空间。从国际上看，在经济总量排名前 15 的国家中，2015 年服务业占 GDP 的比重平均为 69.9%，中国服务业占 GDP 的比重最低。即使与巴西、俄罗斯等同等收入水平的金砖国家相比，中国服务业的比重也较低（见图 1）。产业结构转型理论和国际经验均显示，随着一国收入水平的提高，服务业占 GDP 的比重也会上升。因此，推进服务业改革，挖掘服务业发展潜力，释放服务业活力，有着重要的意义。

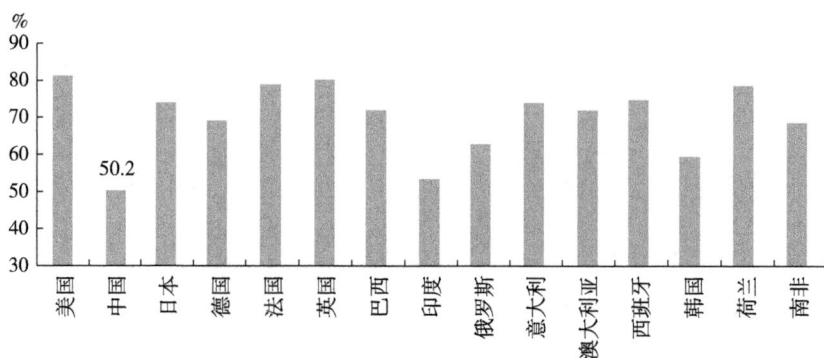

图 1 2015 年各国服务业增加值占 GDP 的比重

（资料来源：世界银行、各国统计局）

二、国有企业在第二产业中的比重持续下降

目前第二产业占 GDP 的比重已降至 40% 水平，经历多年的国企改革，第二产业中国有企业的比重也在持续下降。由于工业企业的所有制类型众多，包括国有及国有控股企业、集体企业、私营企业、股份制企业和外商及港澳台商企业等，之间可能存在交叉重叠，难以严格区分国企和非国企成分，因此我们着重考察工业企业中国有及国有控股企业的比重变化。营业收入、利润总额以及资产规模等指标均显示，工业企业中私营企业的比重不断上升，而国有及国有控股企业的比重在下降。从营业收入贡献率来看，2012—2016 年私营企业营收占全部工业企业营收总额的比例从 30.86% 上升到 35.54%，而同期国有及国有控股企业对全部工业企业营收的贡献从 27.07% 下降至 20.31%。从利润贡献率来看，2011—2016 年私营企业利润占全部工业企业利润总额的比重从 30.47% 上升到 35.00%，而国有及国有控股企业的比重从 27.48% 下降至 18.58%。从资产总额来看，2011—2015 年私营企业资产占比从 18.90% 提高至 22.38%，而同期国有及国有控股企业的资产从 40.66% 降至 37.45%（见表1）。之所以当前国有企业的资产总额比重相较于营收比重、利润比重要高一些，是因为国有企业中存在的僵尸企业仍然占据着大量资产。

表 1　　　　　　　　　工业企业中国有及国有控股企业的比重

年份	营业收入		利润总额		资产总额	
	私营工业企业	国有及国有控股工业企业	私营工业企业	国有及国有控股工业企业	私营工业企业	国有及国有控股工业企业
2011	—	27.07	30.47	27.48	18.90	40.66
2012	30.86	26.48	32.70	25.48	19.85	39.82
2013	32.04	25.09	33.23	24.18	20.55	40.29
2014	33.76	23.38	34.49	21.64	22.27	36.95
2015	35.01	21.38	36.54	17.22	22.38	37.45
2016 年前三季度	35.54	20.31	35.00	18.58	—	—

资料来源：Wind 资讯。

整体来看，国有企业在第二产业的比重已经降至 20% 左右，而目前第二产业占 GDP 的比重约为 40%，因此国有工业企业对 GDP 的贡献率仅为 8% 左

右，而未来该贡献率还可能进一步下降。以资产回报率（利润与资产的比率）来衡量企业的经营绩效，可以发现，自2011年起国有工业企业资产回报率连续五年下降。2015年国有工业企业资产回报率仅为2.87%，远低于全部企业资产回报率的均值6.47%，更低于私营企业的10.59%（伍戈和郝大明，2017）。按照这个速度，我们大致测算，2020年国有工业企业对GDP的贡献率仅为5%左右。如果未来国有企业改革的重点还放在第二产业，那么后续改革空间将很小，能够释放的改革红利也很少，因此在继续推进国有工业企业改革的同时，应该将服务业作为未来改革的方向。

三、我国服务业劳动生产率偏低

虽然我国服务业占GDP的比重显著提高，但与第二产业或国际水平比较，其劳动生产率仍然偏低，说明过去我国服务业改革不到位，未来积极推动服务业改革意义重大。

（一）与第二产业的比较

以各产业的名义增加值除以就业人数来衡量劳动生产率可以发现，我国第二产业的劳动生产率持续高于服务业。2015年第二产业劳动生产率为12.36万元/人，服务业劳动生产率为10.48万元/人，即第二产业劳动生产率是服务业的1.18倍。鉴于过去三十几年服务业价格的上涨幅度远超过第二产业，以1980年不变价格指数换算得出实际劳动生产率，发现2015年第二产业劳动生产率是服务业的3.33倍，即两者的比较劳动生产率达到3.33。服务业的劳动生产率增速也低于第二产业。从1980年到2015年，第二产业劳动生产率年均增速达7.8%，而服务业劳动生产率年均增速为5.4%。

由于服务业难以标准化，规模效应不显著，服务过程需要劳动者直接参与，劳动密集型产业属性强，其劳动生产率天然地低于第二产业，但是我国第二产业与服务业之间日益扩大的劳动生产率差距，恰恰反映出我国第二产业和服务业改革不同步的现实。服务业改革明显滞后，导致服务业劳动生产率比第二产业劳动生产率低得多。

（二）国际比较

中国服务业劳动生产率与发达国家差距较大。根据国际劳工组织（International Labor Organization）测算，以2011年PPP（购买力平价）不变价格折算，2014年中国服务业劳动生产率为24724美元/人，而美国服务业劳动生产率约为中国的4.1倍，日本为2.8倍，德国为3.2倍，英国为3倍，俄罗斯为1.7倍，巴西服务业劳动生产率也略高于中国，为1.1倍（见图2）。然而，中国第二产业的劳动生产率与别国差距却小一些。例如，日本第二产业劳动生产率是中国的2.3倍，德国为2.9倍，英国为2.6倍，俄罗斯为1.7倍，巴西第二产业劳动生产率与中国持平。总体来看，中国与别国在服务业劳动生产率上的差距要大于第二产业，说明我国服务业劳动生产率有待提高。

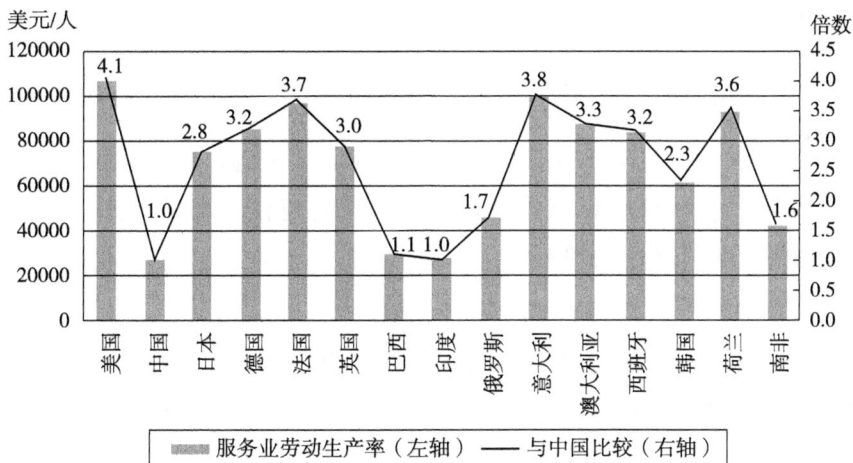

图2　各国服务业劳动生产率及与中国的比较
（资料来源：国际劳工组织、世界银行）

从1998年起我国服务贸易连续处于逆差的状态从侧面反映我国服务业劳动生产率偏低的事实。2015年我国货物贸易顺差为5700亿美元，而服务业贸易逆差为1824亿美元。以"服务贸易进出口差额"除以"服务贸易进出口总额"表示服务贸易竞争力指数，可以发现我国服务贸易总体竞争力指数一直为负。虽然近年来建筑服务、通信服务、计算机和信息服务等行业贸易竞争力指数上升，但运输、旅游、保险、金融、专利费和特许费等行业的国际竞争力偏弱。

四、加快服务业发展意义重大

服务业在我国国民经济中的地位越来越重要，是我国稳增长、保就业、调结构、促转型的重要方向，对促进我国经济增长、提升消费层次、改善经济结构、对内对外开放、提高居民生活水平都有十分重要的意义。

（一）促进经济增长与就业

服务业发展能够促进经济可持续增长，吸收就业。2015 年我国 GDP 较上年增长 6.9%，其中服务业增长 8.3%，对经济增长的贡献度为 53.7%，首超第二产业。在当前环境污染、能源消耗、劳动力供给减少、产能过剩等对传统制造业约束加强的情况下，推动服务业改革，释放服务业改革红利，提高服务业增加值能够在一定程度上对冲第二产业产出增速下滑，促进经济可持续增长。服务业是典型的劳动密集型产业，吸纳就业的能力优于其他产业。我国服务业就业占比稳步提升，从 1994 年起服务业就业占比超过第二产业，2011 年起服务业就业占比超过第一产业。2015 年服务业就业占比达到 42.4%，吸纳就业人口是第二产业的 1.45 倍，是第一产业的 1.5 倍。2015 年美国服务业就业比重为 82.5%，日本和德国为 70.4%，说明随着未来我国服务业的发展，它将成为吸纳就业的主要渠道。

（二）推动向消费型经济升级

服务业发展有利于提升消费层次，促进内需增长。2000—2015 年消费对经济增长的贡献率平均为 52.3%，投资贡献率平均为 51.1%，净出口贡献率平均为 -2.4%。较长期以来，我国消费对经济的贡献平稳，近两年有上升势头。随着居民收入增长，大量中产阶级产生，居民消费结构升级，人们不仅需要好的产品，还需要好的服务，新型服务消费需求增长很快。通常居民消费可分为耐用品消费、非耐用品消费和服务类消费。我国居民在餐饮、交通通信、居住、教育、文化娱乐、医疗等方面的服务类支出占居民总支出的比重从 2005 年的 30.2% 上升到 2014 年的 47.3%。2014 年美国居民的服务类支出占居民总支出的比重为 66.5%。未来在居民消费结构的升级演进中，人们对优质教育、医疗、养老、文化娱乐服务的消费需求会进一步提高。2014 年我国居民在教育、医疗、文化娱乐服务上的支出占居民总支出的比重为 15.2%，美国为 22.5%。持续优化服务业结构，稳步提升服务质量，增加居民所需要的服务业供给，推动供需结构有效匹配，有利于进一步释放国内需求潜力，提高消费对经济增长的拉动作用。

（三）提高对内、对外开放水平

进一步放开服务业准入限制，推动服务业有序开放，有助于打破垄断，倒逼改革，加快构建开放型经济新体制，提升我国整体开放水平。

1. 对内开放

加快服务业对内开放，降低非国有资本的服务业准入限制，有利于促进国内要素有序自由流动、资源高效配置和市场深度融合。长期以来服务业国企改革落后于第二产业，服务业中国有企业比重远超过第二产业。2015 年工业企业中国有企业的比重已降至 20% 左右，而在 A 股服务业上市公司中，国有企业的营业收入、利润总额和净利润的占比分别为 60.68%、52.8% 和 50.95%。在服务业中占比最高的批发和零售业中，2014 年国有企业的资产、主营业务收入和利润总额的比重分别为 38.5%、37.5% 和 40.1%。在住宿和餐饮业中，国有企业的利润总额占到全行业的 48.5%。在金融业中，2015 年底四大国有商业银行占所有上市银行的资产、营业收入和利润总额的比重分别为 61.3%、62% 和 66%，城商行、证券公司、保险公司、信托公司、基金管理公司的第一大股东或实际控制人均为国资背景。所谓改革的"玻璃门""旋转门"，主要体现在第三产业上。近年来，互联网金融领域违约、跑路等乱象频生，其背后固然有监管、法治等多重因素，但准入管制与国资垄断导致的低质量金融服务也是基本原因之一。进一步扩大服务业对内开放，积极引入社会资本，可以倒逼国企改革，激发市场良性竞争，从而改善服务质量，加速服务业发展。

2. 对外开放

以往我国对外开放的重点是制造业，服务业的对外开放步伐慢于制造业。2001 年中国加入世界贸易组织（WTO）时，外商直接投资中实际投向第二产业的比重高达 80.8%，而投向服务业的比重仅为 17.1%。对外开放对我国制造业增长的贡献约为 28%，而对服务业增长的贡献仅为 7% 左右（江小涓，2011）。然而，随着土地、能源、劳动力等制造业成本上升，外商直接投资开始转移至其他国家或地区。在规模以上工业企业中，自 2007 年起外商投资企业的资产、主营业务收入占比持续下滑，利润总额占比从 2003 年起开始下滑，2015 年外商投资企业的资产、主营业务收入、利润总额占比分别为 11.5%、13.4% 和 15%。另外，当我国制造业成本优势减弱时，国内企业"走出去"的步伐加快，对国际收支平衡造成一定压力。2015 年外商直接投资仅增长 5.6%，而对外直接投资增长了 18.3%。从国际收支平衡表看，直接投资差额从 2011 年最高峰的 2316 亿美元下降至 2015 年的 620 亿美元，仅与 2004 年水平相当。近年来我国对外直接投资逐渐从资源丰富的发展中国家转向发达国家，从工业转向服务业。由于发达国家服务业较高劳动生产率、利润率颇具吸引力，从2000年至2016年上半年，在我国对美国的直接投资中，平均有20%投资于美国的房地产业，17%投资于信息通信业，13%投资于能源行业，9%投资于娱乐业，5%投资于金融和商务服务业。

尽管我国制造业对外商直接投资吸引力下降，但近五年外商直接投资中实际投向服务业的比重开始上升。2011年外商直接投资中投向第二产业的比重下降至48.1%，而投向服务业的比重达到50.2%，首超第二产业。2015年外商直接投资投向服务业的比重已快速上升至64.3%。从2011年至2015年，在服务业14个子行业中，外商直接投资集中于房地产业、批发和零售业、租赁和商务服务业，投资比重分别为42%、15%和15%，而在教育、医疗、文化服务上的投资比重仅分别为0.03%、0.13%和1.07%，说明这些领域的对外开放程度远远不够。未来随着服务业对外开放步伐的加快，结合我国巨大的服务消费需求，外资流入的数量和速度都会加快，并通过竞争和示范效应促进国内服务业整体效率的提高，有利于将消费留在国内，防止资本外流，对促进国际收支平衡、保持人民币汇率在合理均衡水平上的基本稳定都有积极意义。

（四）增强国民素质与国家软实力

服务业覆盖面广，与人口素质、国民生活息息相关，丰富多样的教育、文化、娱乐服务都是提高人力资本、增强国民素质的重要途径。我国教育水平与发达国家相比有较大差距。2010年人口普查数据显示，我国25岁以上人口中拥有大学专科及以上学历的比例仅为8.8%，而同期美国为41.9%。教育行业以国有事业单位为主，民营资本的积极性未被充分调动。2014年民办学校数量占高等教育、中等教育、初等教育、学前教育学校的比重分别为25.8%、12.0%、2.6%和66.4%，较2009年几乎无增长。目前我国文化娱乐产业占GDP比重仅为0.66%，而美国文化娱乐产业占GDP比重为1%。匮乏的文化娱乐服务供给难以满足居民日益丰富的文体需求。教育、卫生、文化、体育等行业的繁荣不仅可以带动经济上行，更有利于增强国民素质，增加人力资本，提升国家整体软实力，奠定经济长期增长的基础。

五、释放服务业改革红利

首先，服务业改革符合供给侧结构性改革的方向和要求。目前我国经济中的产能过剩主要集中在制造业，而大部分服务业则供给不足，未来供给侧结构性改革不仅应该去制造业的过剩产能，还应该增加服务业的有效供给。鉴于国有工业企业对 GDP 的贡献率已降至 8% 左右，而服务业中国有企业对 GDP 的贡献率达到 25%，因此我国国企改革的重点应该更多向服务业转移，通过深入推进服务业供给侧结构性改革，实施有效的政策措施、构建良好制度环境，释放服务业改革红利，促进我国经济提质增效。

其次，扩大服务业的对内和对外开放，能提高服务业劳动生产率，增加服务业有效供给。过去我国制造业的对内和对外开放都走在服务业前面。从制造业的经验来看，放松进入管制，引入竞争机制，扩大开放后，制造业劳动生产率明显提高，因此服务业的改革也可以从中汲取经验。近日国务院连续发文，扩大养老、健身休闲等产业的社会资本准入，完善国有资本退出机制，研究国家持股金融机构的合理比例。在扩大对外开放方面，提出服务业重点放宽银行类金融机构、证券公司、证券投资基金管理公司、期货公司、保险机构、保险中介机构外资准入限制，放开会计审计、建筑设计、评级服务等领域外资准入限制，推进电信、互联网、文化、教育、交通运输等领域有序开放。进一步扩大服务业的对内对外开放已有一些实质性举措，例如 2017 年初中国联通、中国铁路总公司纷纷试水混合所有制改革，当然关键在于落地执行。

最后，协调好服务业与第二产业的共生关系。服务业改革发展与第二产业的发展不仅是不矛盾的，而且是相互促进的。没有先进的服务业，很难有先进的制造业。近年来美国"再工业化"与我国的"增服务业"表面上看似并不一致，但实则是在纠正各自的经济结构失衡。当前我国服务业发展滞后，难以适应工业部门专业化外包的生产性服务需求，对制造业带动作用较弱。2014 年以金融、交通运输、信息传输、租赁和商务服务业为主的生产性服务业占服务业的比重仅为 34.9%，而 2015 年美国服务业占 GDP 的比重高达 81.1%，其中生产性服务业占服务业的比重达到 49.5%。因此，需要促进服务业与第二产业的协调共生发展，实现经济的稳健增长。

区域经济差距趋势分析[①]

中国区域经济发展不平衡一直颇受关注。地区间经济发展差距随着改革的深化不断拉大。为了统计需要，本文将全国 31 个省（自治区、直辖市）分为四个地区。东部地区包括北京、天津、河北、上海、江苏、浙江、福建、山东、广东和海南；中部地区包括山西、安徽、江西、河南、湖北和湖南；西部地区包括内蒙古、广西、重庆、四川、贵州、云南、西藏、陕西、甘肃、青海、宁夏和新疆；东北地区包括辽宁、吉林和黑龙江。采用 Dagum 基尼系数分解方法，度量 1982—2014 年中国地区经济差距的变化情况。

一、中国区域经济发展差异的总体特征

（一）经济总量差距明显，东部地区占据一半

从地区生产总值看，东部地区生产总值规模占了全国一半多，随着经济发展，东部地区在全国经济中的地位日益上升，东北地区占比下滑明显，中、西部地区占比变化不大。

东部地区在全国 GDP 中的占比先升后降，从 1978 年的 43.6% 上升至最高点 2006 年的 55.5%，再回落至 2014 年的 51.2%；中部和西部地区占比先降后升，中部地区从 1978 年的 21.6% 逐渐降至最低点 2003 年的 18.5%，再回升至 2014 年的 20.3%；西部地区从 1978 年的 20.9% 逐渐降至最低点 2005 年的 17.1%，再回升至 2014 年的 20.2%；东北地区占比总体下行，从 1978 年的 14% 下降至 2014 年的 8.4%（见图 1）。

（二）产业结构水平东部领先

如表 1 所示，从产业结构看，东部地区第一、第二产业比重下降，第三产业比重快速上升。第三产业比重由 1981 年的 21.5% 上升至 2014 年的 48.8%，同期第一

---

① 本文作者盛松成、石春华，发表于《中国金融》，2015 年第 17 期。

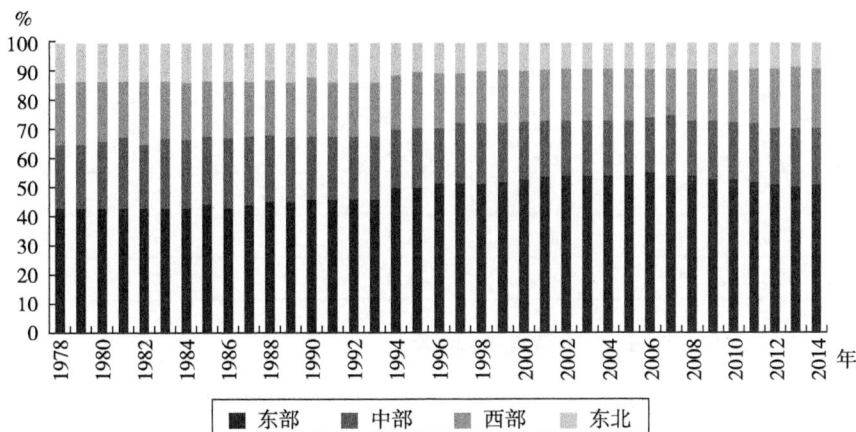

图1 1978—2014年各地区产业结构年均占比

（资料来源：根据各省地区生产总值数据整理）

产业和第二产业比重分别下降20.3个和7个百分点至5.8%和45.5%。从2013年起，东部地区第三产业比重超过第二产业，成为东部经济增长的主要支撑。

中、西部地区产业结构变化近似，第一产业比重下降，第二产业和第三产业比重上升，第二产业仍是经济发展的主要动力。中部地区第一产业比重由1981年的42.3%下降至2014年的11.1%，同期第二产业和第三产业比重分别上升11个和20.2个百分点至49.9%和39.1%。西部地区第一产业比重由1981年的40.2%下降至2014年的11.9%，同期第二产业和第三产业比重分别上升9.5个和18.8个百分点至47.9%和40.2%。

东北地区第一产业、第二产业比重下降，第三产业比重上升，第二产业仍是东北经济发展的主要动力。东北地区第三产业比重由1981年的17.6%上升至2014年的41.5%，同期第一产业和第二产业比重分别下降11.3个和12.6个百分点至2014年的11.2%和47.3%。

表1　　　　　　　　各地区产业结构年均占比　　　　　　单位：%

年份	东部			中部		
	第一产业	第二产业	第三产业	第一产业	第二产业	第三产业
1981—1990	25.3	48.6	26.1	37.7	39.1	23.2
1991—2000	15.2	48.4	36.4	26.2	41.2	32.4
2001—2010	7.8	49.8	42.4	16.0	46.9	37.1
2011—2014	6.1	47.2	46.7	11.8	52.1	36.1

年份	西部			东北地区		
	第一产业	第二产业	第三产业	第一产业	第二产业	第三产业
1981—1990	36.7	37.5	25.8	20.9	55.4	23.7
1991—2000	26.4	38.9	34.6	16.7	49.2	34.1
2001—2010	16.7	43.9	39.3	12.3	49.3	38.5
2011—2014	12.4	49.6	38.0	11.2	50.2	38.6

（三）人均地区生产总值东部居首

从人均地区生产总值看，东部和东北地区超过全国水平，中、西部地区人均生产总值低于全国水平。观察各地区人均生产总值与全国平均水平之比，东部地区从1982年的1.31逐渐升至最高点2005年的1.67，之后逐渐下降至2014年的1.44；中部和西部地区先降后升，均在1994年降至最低点0.63和0.61，之后逐渐上升，至2014年分别达到0.82和0.81；东北地区总体下行，从1982年的1.43逐渐下行，在1991年被东部地区超过，之后下降至2014年的1.12（见图2）。从人均生产总值的规模看，东部地区最大，其次是东北地区，然后是中部地区，西部地区最小。

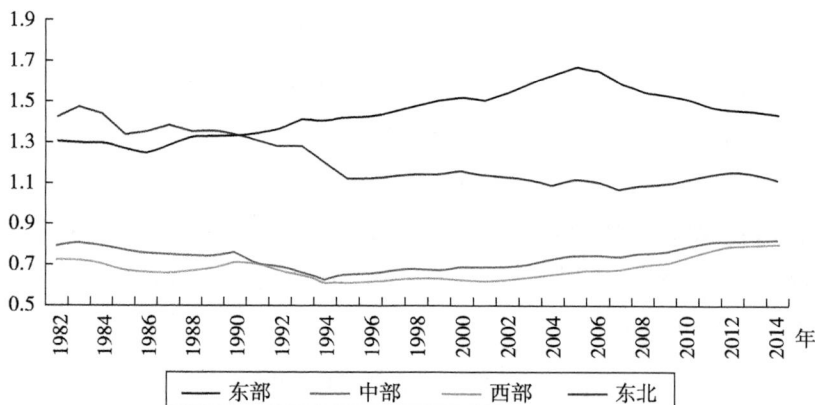

图2　各地区人均生产总值与全国人均GDP比值

二、地区经济发展差距变化的度量

直观上从地区生产总值规模和人均地区生产总值的变化看，地区经济差距在2005年之前不断拉大，之后有所减小。但地区间的差距变化和地区内的差距变化直观上并不容易判断。从不同理论假说、区域划分、指标选择和测度方法等出发，诸多文献对地区经济发展差距变化是收敛还是发散存在争议。

　　人均地区生产总值是验证地区间经济差距变化较好的一个指标，它剔除了不同省份、区域的行政和人口规模的影响，而且又能比较全面衡量产出水平。本文用 Dagum 基尼系数分解方法，以现价人均地区生产总值为验证指标，计算 1982—2014 年全国基尼系数 G，并将其分解为三个部分：区域内差距的贡献 Gw、区域间差距的净贡献 Gnb 和区域间超变强度（the intensity of transvariation）的贡献 Gtr。表 2 给出了全国及区域内和区域间的基尼系数。基尼系数在 0 到 1 之间，数值越大说明收入差距越大。

表2　　　　　　　　　1982—2014 年人均生产总值的基尼系数

年份	总量	区域内				区域间					
		东部	中部	西部	东北	东—中	东—西	东—东北	中—西	中—东北	西—东北
1982	0.301	0.357	0.090	0.103	0.106	0.393	0.407	0.306	0.099	0.252	0.268
1983	0.296	0.352	0.072	0.106	0.094	0.382	0.400	0.296	0.096	0.267	0.289
1984	0.294	0.335	0.092	0.113	0.101	0.379	0.398	0.284	0.110	0.258	0.284
1985	0.292	0.330	0.078	0.130	0.109	0.379	0.398	0.279	0.111	0.241	0.261
1986	0.287	0.320	0.074	0.122	0.115	0.372	0.393	0.269	0.105	0.256	0.278
1987	0.283	0.301	0.068	0.114	0.096	0.371	0.395	0.251	0.098	0.276	0.301
1988	0.278	0.278	0.065	0.115	0.089	0.377	0.393	0.235	0.097	0.274	0.288
1989	0.269	0.261	0.070	0.106	0.104	0.369	0.385	0.223	0.092	0.266	0.283
1990	0.261	0.264	0.075	0.102	0.098	0.363	0.370	0.221	0.091	0.254	0.261
1991	0.271	0.259	0.077	0.106	0.106	0.393	0.383	0.223	0.096	0.274	0.263
1992	0.281	0.245	0.072	0.107	0.112	0.413	0.409	0.222	0.093	0.278	0.275
1993	0.298	0.239	0.059	0.115	0.131	0.440	0.439	0.233	0.094	0.296	0.295
1994	0.305	0.231	0.053	0.128	0.115	0.454	0.454	0.232	0.098	0.294	0.295
1995	0.303	0.233	0.044	0.131	0.099	0.443	0.457	0.246	0.097	0.255	0.273
1996	0.300	0.234	0.045	0.122	0.088	0.434	0.459	0.244	0.094	0.245	0.273
1997	0.305	0.242	0.047	0.126	0.097	0.435	0.463	0.253	0.099	0.241	0.274
1998	0.307	0.248	0.050	0.119	0.100	0.442	0.465	0.263	0.094	0.238	0.266
1999	0.312	0.253	0.043	0.113	0.103	0.454	0.471	0.272	0.087	0.242	0.263
2000	0.317	0.258	0.052	0.120	0.095	0.454	0.477	0.271	0.096	0.245	0.272
2001	0.314	0.259	0.052	0.123	0.095	0.450	0.472	0.276	0.097	0.235	0.261
2002	0.315	0.259	0.053	0.126	0.091	0.452	0.472	0.283	0.099	0.228	0.252
2003	0.319	0.259	0.062	0.138	0.085	0.455	0.475	0.295	0.110	0.214	0.238

续表

年份	总量	区域内				区域间					
		东部	中部	西部	东北	东—中	东—西	东—东北	中—西	中—东北	西—东北
2004	0.314	0.257	0.063	0.141	0.072	0.443	0.470	0.304	0.113	0.185	0.219
2005	0.314	0.250	0.071	0.151	0.081	0.440	0.469	0.302	0.123	0.187	0.229
2006	0.307	0.242	0.068	0.156	0.077	0.433	0.456	0.297	0.123	0.184	0.224
2007	0.298	0.234	0.072	0.161	0.078	0.415	0.441	0.288	0.128	0.172	0.221
2008	0.283	0.220	0.074	0.176	0.087	0.392	0.414	0.268	0.137	0.171	0.221
2009	0.277	0.210	0.062	0.183	0.101	0.382	0.404	0.258	0.138	0.173	0.226
2010	0.262	0.196	0.058	0.186	0.101	0.355	0.382	0.240	0.138	0.164	0.219
2011	0.246	0.185	0.056	0.187	0.098	0.331	0.355	0.218	0.139	0.165	0.215
2012	0.237	0.180	0.056	0.180	0.103	0.320	0.337	0.208	0.135	0.169	0.210
2013	0.231	0.177	0.055	0.169	0.110	0.317	0.327	0.209	0.129	0.167	0.200
2014	0.227	0.175	0.060	0.163	0.112	0.316	0.322	0.212	0.127	0.161	0.190

从表2可以看出，全国整体经济差距经历了先缩小后扩大再缩小的过程。在1990年之前，全国整体经济差距逐步缩小，1991年开始差距重新扩大，2003年达到历史最高点0.319，之后差距再次缩小。

从区域内部经济差距比较看，东部地区各省间经济发展差距较大，但其差距整体呈缩小趋势（见图3）。直至2014年，东部地区省份间的经济差距仍高于其他区域。中部地区各省经济差距最小，历年变化不大。西部地区经济差距在2000年前变化不大，但2000年之后差距明显扩大，这可能是因为西部各省在西部大开发战略中获益程度不同。东北地区经济差距也较小，仅高于中部地区，历年变化不大。各区域经济差距水平变化并没有统一的方向，说明在中国不存在所谓的"俱乐部收敛"。

从区域间经济差距比较看，东部地区与中、西部地区经济差距较大，总体呈先扩大后缩小趋势，特别是2003年经济差距达到历史最高点，之后开始缩小；中、西部地区间经济差距较小，但2005年之后中、西部地区经济差距有所扩大；东北地区与东部地区经济差距与全国总的经济差距变化类似，呈先缩小后扩大再缩小趋势；而东北地区与中、西部的经济差距在1994年前缓慢扩大，之后经济差距开始减小，特别是2003年开始收敛速度加快。

从基尼系数贡献率分解看，区域间经济差距对中国整体经济发展差距的贡

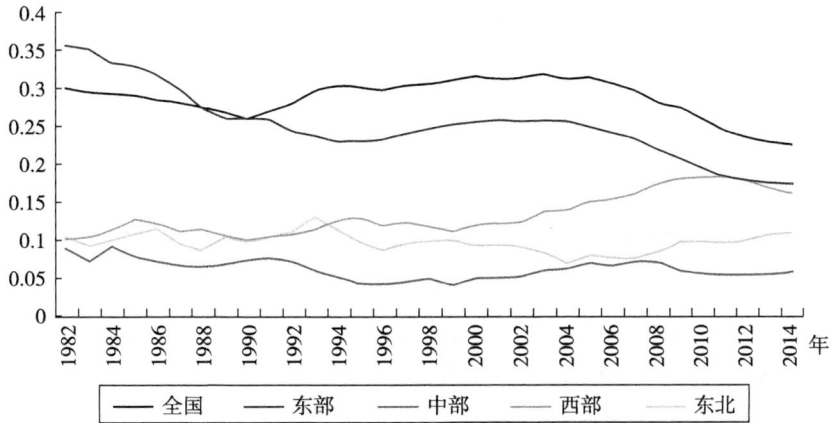

图3 1982—2014 年全国和地区内基尼系数

献最大，约占70%，其中最大年份是1996年，达到79.3%，最小年份是2012年的67.2%（见图4）。区域内经济差距对中国整体经济发展差距的贡献约占20%，其中最大年份是1982年的23.7%，最小年份是1994年的17.7%。区域间超变强度对整体经济发展差距的贡献最小，约占10%，最大年份是2012年的11.8%，最小年份是1999年的2.9%，且在2000年前超变强度贡献不断减小，说明区域间经济差距存在明显的分界，即贫穷地区中富裕省份所占比例很小，但2007年之后超变强度贡献明显增加，说明贫穷地区中富裕省份所占比例上升，仅通过地理位置划分经济区域的合理性受到挑战。

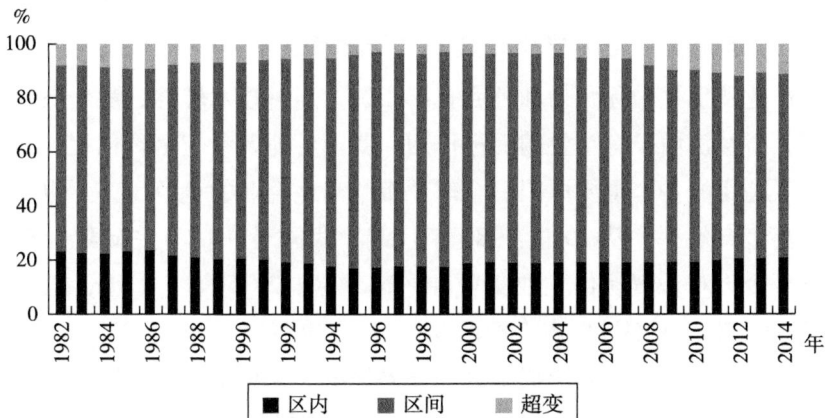

图4 1982—2014 年全国基尼系数贡献率分解

三、形成区域经济发展差异的原因分析

许多因素可以被认为是造成中国地区经济差距的原因，如政府政策倾向、人文地理因素带来的资源禀赋差异、要素流动性和流向不同、参与全球化程度不等。这些因素相互交织影响，很难明确地区经济差距的根本原因。本文总结了三个主要影响因素。

（一）地区发展战略对各地区政策倾向不同

地区发展政策往往被认为是形成地区差距的主要原因，但从本文计算的地区基尼系数和地区间基尼系数看，政策因素并不是地区发展差距的一个充分必要条件，可能只是形成地区差距的一个必要非充分条件。

我国地区发展政策经历了许多变化。在本文考察的时间段（1982—2014年）中，"六五"（1981—1985年）和"七五"（1986—1990年）时期，政府强调地区发展战略以比较优势为基础，鼓励沿海地区积极参与国际贸易，吸引外商投资，扶持外向型产业，鼓励内陆地区发展能源、交通和原材料产业以支持沿海地区。其间东部地区人均生产总值的基尼系数明显下降，但其他地区人均生产总值基尼系数并无显著变化。"八五"（1991—1995年）时期及之后，地区发展战略转向促进地区经济的协调发展和地区差距的缩小上。1999年中央还提出了西部开发战略。但西部地区在2000年之后，人均生产总值基尼系数反而显著上升，而且中、西部相对东部的收入差距在2003年之前一直在扩大，直至2003年之后差距才有所缩小。

（二）各地区参与全球化程度和市场化程度不同

全球化特别是国际贸易和外商直接投资，通过技术转移、溢出效应、乘数效应等，对经济增长有重要的促进作用。我国各地区参与全球化程度的不同是形成地区差距的一个重要原因。全球化带给当地企业的竞争压力，也促使本土企业提高生产效率。从20世纪80年代起，我国对外贸易主要集中在东部地区。直至今天对外贸易仍主要集中在东部地区。2015年上半年，东部出口占全国的83.1%，东部进口占全国的87.7%。

市场化深度不同也是形成地区经济差异的一个重要因素。国民经济研究所市场化指数课题用25项客观指标对各省进行市场化度量，结果显示东部地区

市场化程度远超中、西部和东北地区。许召元和李善同（2006）^①通过计量研究证实市场化程度是导致地区经济增长速度差异的一个重要因素。东部地区市场化程度高导致增长率高于全国平均水平 1.5～1.75 个百分点，但 2002 年之后随着其他地区市场化程度的提高，这一优势缩小至 0.93 个百分点。

由于东部地区对外开放程度和市场化程度高于其他地区，东部地区的经济活力强于内陆其他地区。

（三）要素市场存在地域扭曲

如果生产要素在地区内和地区间可以自由流动，那么地区间的要素收益率最终应趋同，经济增速收敛至同一水平。经济学理论表明了劳动力总是从边际劳动生产率低的地区流向高的地区，这有助于提高劳动力资源的利用率。劳动力流动，不仅为流入地提供了丰富的人力供给，使其保持较低的工资成本和较高的国际竞争力，也给流出地带来大量资金（劳动报酬）回流，提高了迁移者和流出地的人均产出水平，改善资源配置情况。王小鲁和樊纲（2004）^②的研究也证实了跨地区劳动力流动提高了劳动输出地和输入地的边际产出，对缩小地区差距有显著贡献。但由于过去中国实行的二元户口制度，以及跨省养老、社保等福利制度迁移不便等因素限制，劳动力跨省、跨地区流动规模并不大。有研究表明中国劳动力流动仅有 16% 是跨地区的，劳动力市场扭曲是形成地区差距的一个重要原因。2013 年，我国流动人口规模是 2.45 亿人，比 2000 年增加 1.24 亿人，假定新增流动人口一半跨地区流动，则 2013 年跨地区流动人口约占总流动人口的 35%，人口流动仍有较大空间。

资本要素市场也同样存在扭曲。在 20 世纪 80 年代及 90 年代早期，中国采取财政投资分权化的政策，这虽然扩大了地方政府积累资本的自主权，却降低了中央政府分配资金的能力，使沿海和内陆在投资上产生差异。经济增长速度快的东部省份固定资产投资增长快，投资资金受财政预算限制少，更多地投向投资回报率高的非国有企业，而中、西部一些经济增长速度慢的省份固定资产投资较多地依赖中央拨款，投资资金更多地被效率低下的国有企业占用。王小鲁和樊纲（2004）^③研究发现在资本流向上，市场主导的资本流动和政府主

---

① 许召元，李善同. 近年来中国地区差距的变化趋势 [J]. 经济研究，2006（7）：106－116.
② 王小鲁，樊纲. 中国地区差距的变动趋势和影响因素研究 [J]. 经济研究，2004（1）：33－34.
③ 同①。

导的资本流动呈两个不同的方向。前者在利润驱使下主要流向东部地区，这改善了资本配置效率，但也扩大了地区经济差距；后者在缩小地区差距的政策导向下主要流向中、西部地区，但在缩小地区经济差距的成效上收效甚微。当前这种资本流动方向并没有发生根本改变，2014 年东部地区社会融资规模增量仍占全国一半以上。

四、结论

全国整体经济差距经历了先缩小后扩大再缩小的过程。从区域内经济发展差距看，东部地区最大，中部地区最小；从区域间经济发展差距看，东部与中、西部地区差距最大，中、西部之间差距最小。从基尼系数分解看，地区间经济差距是中国整体经济差距的主要来源。政策倾向、对外开放程度、市场化深度、要素市场扭曲等因素是形成地区经济差距的主要原因。各区域应立足于自身比较优势发展相关产业，通过东、中、西部和东北地区协调发展，逐渐缩小区域经济差距。取消生产要素流动壁垒，促进改革深化和生产效率提高。

中美贸易逆差实际上没那么大[①]

美国总统特朗普于当地时间3月22日签署总统备忘录，将对涉及金额约达600亿美元的中国商品大规模征收关税，中美贸易摩擦引发市场高度关注。有观点认为，中美贸易失衡严重，是贸易摩擦不可避免的根本原因。这一分析不够全面和准确。实际上，国际贸易不仅包括货物贸易，也包括服务贸易。多年来，中国对美国积累了大量贸易顺差，但主要是在货物贸易领域；而在服务贸易领域，我国服务贸易逆差呈逐年扩大之势，是世界上仅次于美国的第二大服务贸易进口国，而美国是我国服务贸易逆差的最大来源国。所以，应全面看待中美贸易关系，并通过扩大对外开放和服务业供给侧结构性改革，进一步提升我国在服务贸易领域的竞争力。

一、美国是中国服务贸易逆差的最大来源国

从经常账户整体看我国国际收支，可以发现，我国经常账户顺差在2008年达到4206亿美元的峰值后回落，其中，货物贸易顺差在2015年达到历史高点（5670亿美元），而服务贸易逆差仍然呈逐年扩大之势。国家外汇管理局数据显示，2017年全年，我国经常账户顺差1720亿美元。其中，货物贸易顺差4761亿美元，较上年下降179.8亿美元；服务贸易逆差2612亿美元，较上年扩大170.4亿美元（见表1）。而美国是中国服务贸易逆差最大来源国。从中美服务贸易差额总规模来看，中国的服务贸易逆差几乎与美国在国际贸易中获得的全部服务贸易顺差相当（见表2）。

如果从中美双边贸易的视角重新计算两国对彼此国际收支差额的贡献，2016年中美贸易逆差实际上不到2000亿美元（见表2），相当于我国货物贸易顺差的39.4%，美国货物贸易逆差的25.9%。从货物贸易看，在美国高达

---

① 本文作者盛松成、龙玉，发表于《华尔街见闻》，2018-04-03。

7500 多亿美元的贸易逆差中，向中国购买的货物仅占 1/3。从服务贸易看，据中国商务部统计，2016 年，中国对美服务贸易逆差高达 557 亿美元，占中国服务贸易逆差总额的 23%，占美国服务贸易顺差总额的 22%。2006 年至 2016年，美对华服务出口额由 144 亿美元扩大到 869 亿美元，增长了 5 倍。①

表 1　　　　　　　　　我国服务贸易逆差逐年扩大　　　　　　　单位：亿美元

年份	经常账户差额	货物贸易	服务贸易
2007	3531.83	3117.15	-36.79
2008	4205.69	3598.86	-110.54
2009	2432.57	2435.46	-234.16
2010	2378.10	2464.26	-234.02
2011	1360.97	2287.01	-467.97
2012	2153.92	3115.70	-797.25
2013	1482.04	3589.81	-1236.02
2014	2774.34	4350.42	-1723.55
2015	3306.02	5669.98	-1823.56
2016	1963.80	4940.77	-2441.63
2017	1720.00	4761.00	-2612.00

资料来源：国家外汇管理局。

表 2　　　　　　　　　2016 年中美经常账户分解　　　　　　　单位：亿美元

项目	中国	其中：对美国	美国	中美贸易差额占比（中国，%）	中国贸易差额占比（美国，%）
	A	B	C	B/A	B/C
货物贸易差额	4940.8	2506.8	-7525.1	51	33
服务贸易差额	-2441.6	-557	2477.1	23	22
经常账户差额	1963.8	1949.8	-5047.9	99	39

资料来源：国家外汇管理局、中国商务部、美国经济分析局。

因而，仅从中国的大量货物贸易顺差和美国的逆差来讨论中美贸易失衡，而忽略了两国货物贸易和服务贸易的全貌，是有失偏颇的。

二、隐藏在服务贸易里的中美货物贸易

国际收支平衡表中，我国居民出境旅行的商品购买也计入了服务贸易的旅

---

① 数据来源：《商务部关于中美经贸关系的研究报告》。

行项中。这意味着一部分货物贸易隐藏在服务贸易中，中美货物贸易顺差事实上被高估了。而旅行项下的逆差恰恰是对我国服务贸易逆差贡献最大的。2017年，我国2612亿美元的服务贸易逆差中，旅行项为2209亿美元，占服务贸易逆差总额的84.6%

旅行服务贸易不只是旅游，而是包含了更加广义的活动。国际收支平衡表中，旅行服务贸易支出包括"我国居民境外旅行、留学或就医期间购买的非居民货物和服务"。根据国家外汇管理局对国际收支平衡表的数据诠释，自编制2016年全年国际收支平衡表正式数起，国家外汇管理局全面采用旅行收付渠道数据来编制旅行收入和支出数据。旅行收付渠道涵盖银行卡（含信用卡和借记卡）、汇款和现钞花费，其中，银行卡和汇款数据均为全数统计；现钞花费数据通过年度个人调查获得的银行卡与现钞花费比例进行估算。这一估算方法意味着，居民出境旅行的各项花费均被计入旅行服务贸易项下，包括购买商品。

众所周知，我国居民出境旅行在高端消费品购买等方面的支出较大。这部分高端商品的购买，实际上应包括在我国对外货物贸易逆差的来源中，因为，如果没有这些高端商品的携入，就需要通过我国货物进口来弥补。2016年第四季度，我国旅行项下服务贸易借方金额同比增长21.6%，而出境游客人次同比仅增长4.7%。我国出境旅行支出的增速远高于出境人次的增速，我国居民人均境外消费在不断增加；在出境游人次中，赴美旅行人次同比增速为6.6%，较出境游人次总数的增速高1.9个百分点。2016年全年，我国旅行社组织出境游客人次达5587.9万，旅行服务贸易借方金额为2611.3亿美元，按此计算得到人均花费为4673美元。在出境游人次中，赴美旅行达到30.3万人次。假设我国居民出境旅行中30%的支出用于购物，那么2016年旅行服务贸易项下的对美货物贸易逆差可达145163万美元。而这很可能是一个低估的数据。比数据本身更重要的是，数据背后反映出中国国内市场高端消费品领域有效供给不足。

三、中国通过服务贸易对美国收入、就业和经济增长的贡献

美国长期保持对我国保持服务贸易顺差，这不仅增加了美国的收入，也促进了美国的就业。

从收入的角度举例一二。据中国商务部测算，2016年中国游客在美人均

花费约 1.3 万美元，远超其他国家游客在美花费，当年旅游支出高达 352.2 亿美元，平均每天为美创造约 9700 万美元收入。此外，美国为中国学生出境留学第一大目的国。中国在美留学生 2016 年人均花费约 4.5 万美元，为美贡献约 159 亿美元收入。美国联邦移民执法局的报告显示，中国在美留学生数量约 35.3 万人，占在美国际学生总数 34%。此外，美国是目前中国技术进口第一大来源国。2016 年，中国自美国技术进口合同为 1189 份，合同金额涉及 96.38 亿美元，占中国技术进口合同总金额的 31.36%。这些收入显然也支撑了美国第三产业较高的劳动生产率。从绝对数值看，美国服务业劳动生产率大约是我国服务业劳动生产率的 4 倍左右。

从就业的角度，无论是旅行、教育还是医疗服务，都促进了当地劳动力市场的繁荣。服务业本身是劳动密集型行业，所创造的就业岗位远超制造业创造的就业岗位，尤其是在如今高科技时代。美国是典型的消费驱动增长的经济体，服务业占其 GDP 的比重高达 80% 左右，而服务业的就业占比更是高达 82.5%。

在我国服务贸易逆差较大的领域中，除旅行外，运输服务、知识产权使用费、保险服务也存在较大逆差，逆差额分别为 561 亿美元、239 亿美元和 74 亿美元。随着中国新兴产业的快速发展，知识产权使用费逆差仍有扩大空间。美方对华高技术出口管制实际上降低了我国对美国的服务贸易逆差。如果美方不对中方实施这些管制，从经常账户整体看，中国对美国的贸易顺差会小得多。

事实上，这些数据反映出的更多的是中美贸易的互利共赢，而不是相互剥夺。在服务贸易领域，中国对美国的大量逆差也符合当前两国的比较优势。比较优势理论从绝对优势发展到相对优势，已经证明有贸易会好过无贸易，而贸易的方向由双方禀赋的差异决定。由于一方的生产力水平发展而带来的双方相对优势的改变，是可以通过改变贸易方向而使双方受益的。中国更加需要的，是进一步深化改革，提高自身在服务贸易领域的竞争力。

四、贸易摩擦可能反而是产业升级的契机

中美贸易摩擦使曾经美国对日本发起贸易战的历史再度进入公众的视野。事实上，日本在贸易领域并没有被当年日美之间的贸易战打垮。

从 20 世纪 60 年代到 80 年代，日美间的大型贸易战就有多次，涉及钢铁、纺织、彩电、汽车、半导体和电信等多个行业。从汽车业和半导体行业看，日

本直到 20 世纪 90 年代，这两大行业依然一直保持较强的贸易盈余能力。电子行业直到 2000 年后才开始由于中国台湾地区和韩国电子产业的崛起而式微，而日本汽车在美国市场的份额，即便是在贸易战期间，也在不断提升，美国本土汽车公司在美国汽车市场的份额则是下降的。

以 1987 年到 1991 年的日美半导体战为例。在半导体行业早期，日本凭借低价芯片对美国产业造成重大冲击，从 1984 年到 1989 年，日本半导体在美国的市场份额从 14.3% 提高到 26.6%，而美国在日本市场的份额一直徘徊在 10% 上下。美国以反倾销、反投资、反并购等手段进行贸易保护，最高时对相关产品加收 100% 关税，最终，日本接受了美方的要求，对美出口产品进行价格管制，提高了日本产品在美国的价格。在这个过程中，日本在半导体工业发力，实施了超大规模集成电路的共同组合技术创新行动项目（VLSI），投资 720 亿日元，最终实现了半导体产业核心共性技术的突破。日本在微电子领域的技术水平很快赶上美国，日本公司也借此抢占了芯片市场的先机。

回顾这段历史，值得玩味的是日本寻求突破的路径：

首先，低价不能卖了，要卖出高价，就要提供更好的商品。这里的含义是，当价格被限制在高位的时候，低价低质的产品就被拒绝了。一如当年美国对中国香港的服装实行进口配额，劣质品就没有了出口优势，中国香港向美国出口服装转而走高端路线，优质品迎来了腾飞，造就了香港服装业的繁荣。也就是说，高价产品不仅仅是价格定得高，而且要有足够的内涵以支撑这个价格。高限价为产品提供了一个高租值空间，使高内涵得以充实到产品中去。

其次，日本花大力气在技术上寻求突破，也是与美方在美国市场上竞争倒逼的结果。努力提供更好的商品，也为其抢占技术先机提供了机会，一旦成功，就可以完全不受制于贸易制裁了，因为我能提供的你没有能力提供，而不仅仅是我的比你的便宜的问题。正是因为抢占了芯片市场先机，日本才得以在全球大型计算机市场快速发展（催生了对 DRAM 芯片的大量需求）的过程中，凭借 VLSI 项目的技术成果，在世界范围内迅速取代美国成为 DRAM 芯片的主要供应国。

在贸易摩擦层面上，中国的赢面在于，美国对中国越限制，中国出口到美国的产品就越优质，这将推升中国的产业升级。

五、扩大服务业对外开放、深化服务业供给侧结构性改革

在同样的汇率水平下，竞争力强的产业，往往顺差就会多。两国经济结构、产业竞争力和国际分工都是贸易平衡的重要决定因素。在服务贸易领域，我国除部分行业（如计算机、建筑等）服务贸易为顺差，其他服务贸易领域的国际收支多为逆差。目前，我国服务贸易出口以运输、旅游、咨询、计算机、建筑为主，进口以运输、旅游、保险、咨询、知识产权使用费为主。

我们计算了我国第三产业各细分行业相对于制造业的劳动生产率，其中教育、卫生、社会保障和社会服务业、科学研究、技术服务业，以及文化、体育和娱乐业的劳动生产率都不及制造业。这些行业同时也是我国在服务贸易中逆差较大的。提升我国服务贸易竞争力需要通过进一步推动第三产业供给侧结构性改革来实现。

历史和实践表明，扩大对外开放，往往有利于通过竞争和示范效应促进我国相关产业整体效率的提高。服务领域也是如此。可喜的是，我们看到近日中国银行间市场交易商协会发布实施细则，正式接受境外评级机构以独资企业的身份进入我国债券评级市场。长期看，这将有助于我国债券评级服务的完善，推动国内外评级体系标准趋于一致，提高评级结果的可比性和参考性，有利于评级行业整体水平的提升。

此外，为应对可能的贸易摩擦对经济的冲击，也需要推进第三产业改革，满足居民多层次的生活需要，释放内需，增强对贸易冲击的应对能力。

总而言之，如果全面考虑货物贸易和服务贸易，即从经常账户看，中美贸易失衡并没有一般统计的那么大。此外，中美在国际收支上的失衡也有美方对中方专利技术购买进行限制，以及国际贸易统计中对中美货物贸易顺差的高估等原因。中美贸易关系，应从经常账户整体和更加全面的视角来看待。对我国来说，应更重视我国服务业对外开放和推进第三产业供给侧结构性改革，提高我国在贸易领域的竞争力。

当然，在这个过程中，中美的相对比较优势也可能会变化，也不可避免会迎来新的摩擦，这是因为中美比较优势的变化会冲击美国国内相关产业部门的利益。除了生产率决定的比较优势之外，汇率的变化也会通过价格直接影响两国的比较优势。对此，我国在宏观层面需要有审慎的应对。

我国经济已达阶段底部区间[①]

2019 年第三季度，我国 GDP 同比增速为 6.0%，为 2009 年以来最低季度增速。主要经济指标也出现了较大幅度下行。这引起了大家对经济增速下降的普遍担忧和对下一步政策方向的讨论，尤其是关于加大逆周期调控措施、"保6" 稳增长，还是提高对经济增速下行的容忍度、审慎采取更加宽松的政策以支持经济转型升级之间的争论。

还记得 7 月底的中央政治局会议指出，"当前我国经济发展面临新的风险挑战，国内经济下行压力加大，必须增强忧患意识，把握长期大势，抓住主要矛盾，善于化危为机，办好自己的事"。当时我国经济下行的压力确实比较大。

随着我们加大宏观经济政策的逆周期调节力度，下大力气疏通货币政策传导，以及实施更加积极的财政政策，各项政策措施逐步落地，目前经济运行已出现一些积极信号。刚刚召开的中央经济工作会议指出，"我国经济稳中向好、长期向好的基本趋势没有改变"，"实现全年预期目标，要坚持稳字当头……"，"必须善于通过改革破除发展面临的体制机制障碍，激活蛰伏的发展潜能，让各类市场主体在科技创新和国内国际市场竞争的第一线奋勇拼搏……"。从这些表述看，我认为主要集中在三个方面，一是稳字当头，二是深化改革，三是发挥全社会的积极性。

我认为，我国经济已达阶段底部区间。预计 2019 年全年我国 GDP 同比增速将不低于 6.1% 甚至略高。

所以 "保6" 与否的问题可能并不存在。重要的是深化改革、扩大开放，推动经济转型升级，提高全社会积极性，提升长期潜在生产率。

---

① 本文为盛松成于 2019 年 12 月 13 日接受《第一财经》专访的报道。2019 年第三季度 GDP 增速为 6.0%，引发市场的部分担忧，认为经济可能还有进一步的下行压力，作者率先于 12 月初判断目前中国经济已经 "跌无可跌"。

一、投资将触底回升

2019 年前三季度，资本形成总额对 GDP 增长的贡献率为 19.8%，处于最近 20 年以来的低位。随着积极财政政策的落实、经济结构调整和转型升级的持续推进，投资将触底回升。

第一，基建投资有望持续上行。

9 月 4 日的国务院常务会议确定加快地方政府专项债券发行使用的措施，带动有效投资支持补短板扩内需，具体包括根据地方重大项目建设需要，按规定提前下达 2020 年专项债部分新增额度。2019 年地方政府专项债额度已基本用完，预计第四季度基建投资对固定资产投资的增速贡献有限，但增量资金即将到位，从 2020 年第一季度开始，基建投资上行的可能性较大。

此外，11 月 13 日，国务院常务会议决定降低部分基建最低资本金出资比例，提高了基础设施项目对资金的撬动作用。基础设施领域和其他国家鼓励发展的行业项目，在不超过项目资本金总额 50% 的范围内，可通过发行权益型、股权类金融工具筹措资本金。

我们不仅要看到基础设施建设的资金投入增量，也应看到在项目选择和资金投放机制方面的变化。可以说，目前的政策思路在增加逆周期调节力度的同时也兼顾财政可持续性，在增量投资方面要求项目投资回报机制明确、收益可靠、风险可控，在资金筹措方面提高财政资金撬动社会资本的杠杆作用。更加有效的基础设施建设投资有利于进一步释放经济发展的潜力。

第二，房地产投资的下行趋势或将扭转。

一是房地产融资占比已恢复到正常年份的水平，融资进一步收紧的可能性不大。9 月末人民币房地产贷款同比增速较上年末回落 4.4 个百分点，已连续 14 个月回落，房地产贷款余额占全部人民币贷款的 28.9%。2019 年前三季度新增房地产贷款占同期人民币贷款增量的 33.7%，较上年低 6.2 个百分点。房地产企业表外融资也大幅萎缩。截至 2019 年第三季度末，投向房地产的信托资金余额为 2.78 万亿元，较第二季度减少 1480.67 亿元，环比下降 5.05%。这是自 2015 年第四季度以来首次出现新增规模环比负增长。无论是从存量还是增量看，我国房地产融资占比已基本恢复到正常年份的水平。

二是我国城镇化进程仍有相当大的空间。目前我国常住人口城镇化率为 53.7%，远低于发达国家 80% 的平均水平。根据国务院发布的《国家人口发展规划（2016—2030年）》，2030年我国城镇化率将达到70%，因而新建住宅市场仍然存在较大的需求。此外，我国家庭结构趋于小型化，导致城市户数增加，房屋需求也由此提高。而如果考虑到住房改善的需求，我国未来的新房建设需求会更大。

三是房地产投资的持续下行可能影响未来供应。为平衡供需缺口、平抑房价波动，也需要保持房地产投资的合理增速。

第三，高技术投资有望保持较高增速。

尽管我国固定资产投资增速整体在下行，但有一个例外，就是高技术投资。2019年1—10月，我国高技术产业投资增速达到14.2%，高于固定资产投资整体增速9个百分点，较1—9月提高1.2个百分点。2019年以来我国高技术产业投资总体处于持续上行的状态。分行业看，1—10月，制造业投资中计算机通信和其他电子设备制造业、专用设备制造业、化学原料及化学制品制造业、医药制造业四个高技术行业的投资增长贡献了整个制造业投资增长的89%。

与此同时，我国也出台了推动先进制造业发展的改革措施。2019年11月，国家发展改革委等15个部委联合发布《关于推动先进制造业和现代服务业深度融合发展的实施意见》，推动先进制造业和现代服务业相融相长、耦合共生。两业融合将为推动制造业高质量发展提供重要支撑，实现高质量发展。当然，高质量发展模式对经济增速的拉动不如"老模式"那么快。2018年全国"三新"经济（新产业、新业态、新商业模式）增加值相当于GDP的16.1%。

二、消费将保持平稳

我认为有不少因素为消费的平稳和增长提供了长期支撑：

第一，减税增加了居民边际消费倾向。2019年开始实行新的个人所得税制度，前三个季度个人所得税减税4426亿元，累计人均减税1764元。同期全国居民人均可支配收入同比实际增长6.1%，尤其是农村为6.4%（高于GDP增速6.2%）。减税的效果将在未来几年持续显现。人民银行储户问卷调查结果显示，2019年第三季度，居民收入感受与收入信心指数、就业预期指数均有不同程度的提高，倾向于"更多消费"的居民占比较上季上升1.3个百分点。

第二，我国第三产业有很大发展空间，居民消费对服务业的需求不断提高。中央经济工作会议指出，"要充分挖掘超大规模市场优势，发挥消费的基础性作用和投资的关键性作用"；"推动生产性服务业向专业化和价值链高端延伸，推动生活性服务业向高品质和多样化升级"。

伴随居民消费结构升级，人们不仅需要好的产品，还需要好的服务。据国家统计局测算，目前服务性消费已超过居民消费支出的 50%，居民人均服务性消费的增长超过 10%，综合考虑服务消费和实物消费的消费增速超过 9%。

三、中美经贸关系缓和，全球经济下行风险下降

中美经贸关系是影响我国对外贸易的一个重要因素。从目前中美经贸谈判的进展看，对外贸易的下行也几乎见底。经过中美两国经贸团队的共同努力，双方在平等和相互尊重原则的基础上，已就中美第一阶段经贸协议文本达成一致。

物价和经济增速指标显示全球经济衰退的风险下降，外需可能将有所好转。目前，美国、欧元区、日本制造业采购经理人指数（PMI）显示经济景气度有所回升，这一趋势已经延续了两三个月。11 月美国非农就业大增 26.6 万人，失业率为 3.5%，再创半个世纪新低。

第一，汇率掣肘因素变少。2019 年以来，受中美贸易摩擦影响，人民币汇率双向浮动特征明显。数据显示，前三季度，人民币对美元汇率整体波动幅度较大，波动区间为 6.68~7.17。8 月，人民币对美元跌破 7，但随着人民币汇率市场化形成机制的逐步完善，外汇市场对于波动的适应性增强，市场主体日趋成熟，"破 7"后市场预期平稳。在外汇储备方面，截至 2019 年 11 月末，我国外汇储备规模为 30956 亿美元，较年初上升 229 亿美元。一阶段协议达成将缓解市场的担忧情绪，利好市场稳定预期，人民币汇率基本面稳定，减少了贸易摩擦的束缚和外部不确定性的牵绊，汇率弹性将更加自如，未来外汇市场操作以及中间价定价机制的透明度也将进一步提升。

第二，有利资本项目稳步开放。2019 年以来，一系列对外开放新举措接连落地。特别是在推动资本项稳步开放方面，金融再开放的红利深度释放。例如，为了进一步满足境外投资者对我国金融市场的投资需求，9 月，国家外汇管理局全面取消合格境外投资者投资额度限制；目前银行、证券、保险业的市场准入已大幅放开，2020 年将全面放开外资股比限制等。尽管此前中美贸易

不确定性仍存，但资本项开放稳步推进的节奏并未发生变化。在一阶段协议达成后，外部不确定性因素降低，将更有利于资本项目的开放。"对外开放是持续进行的，中美第一阶段贸易协议达成更有利于开放政策的落地推进，吸引外资走进来，也便利我国企业走出去，融合共济，双向流动将变得更加顺畅。"

四、近期经济运行边际改善

作为经济运行的一个前瞻性指标，PMI 数据出现了明显改善。

11 月财新制造业 PMI 录得 51.8，较 10 月微升 0.1 个百分点，连续五个月回升，为 2017 年以来最高。11 月我国官方制造业 PMI 录得 50.2，比上月提高 0.9 个百分点，重回景气区间。两个数据的一致性比较高。

从官方 PMI 的分项指标看，生产、新订单、新出口订单指数均较上月提高，进口和采购量增加、产成品库存下降，这表明企业有从被动去库存转向主动补库存的趋势。

11 月，工业品出厂价格指数（PPI）同比增速的降幅有所收窄，从此前的 -1.6% 修复至 11 月的 -1.2%，收窄了 0.4 个百分点。11 月，我国进口增速回升至 0.3%，较 10 月大幅提高 6.5 个百分点。这与制造业 PMI 所显示的内需改善也具有一致性。交通运输部科学研究院最新发布的中国运输生产指数显示，11 月中国运输生产指数同比增长 5.6%，增速较 10 月回升 1.6 个百分点。其中，货运指数回升更多，同比增长 7.4%，增速较 10 月提高 2.4 个百分点。

各项数据都显示经济目前的运行出现好转。

还有其他积极的信号。从金融数据看，一是 M_1 同比增速继续提升，表明企业活跃度有所提升。11 月末，M_1 同比增长 3.5%，增速分别比上月末和上年同期高 0.2 个和 2 个百分点。二是实体融资需求有所改善，企业中长期贷款增长显著，表明企业投资意愿提高。11 月当月，非金融企业及机关团体贷款增加 6794 亿元，同比多增 1030 亿元，主要是因为中长期贷款同比多增（非金融企业及机关团体短期贷款增加 1643 亿元，中长期贷款增加 4206 亿元，同比多增 910.8 亿元）。三是表外融资继续恢复。从社会融资规模看，表外融资合计减少 1061 亿元，同比少减 831 亿元。其中，委托贷款减少 959 亿元，同比少减 351 亿元；信托贷款减少 673 亿元，同比多减 218 亿元；未贴现的银行承兑汇票增量由负转正，增加 571 亿元，同比多增 698 亿元。需要强调的是，未贴现银行承兑汇票的大幅增长反映了中小企业生产经营活跃度的提高。

此外，我国吸收外资继续保持稳定增长。根据我国商务部数据，2019 年 1—11 月，我国实际使用外资同比增长 6.0%。事实上，中国已连续 27 年成为吸收外资最多的发展中国家。在全球利用外资普遍下降的 2019 年，我国对外资仍保持较大吸引力，这是世界对中国经济未来发展信心的一个反映。

五、深化改革将提高经济潜在增速

我国经济正处于由高速增长向高质量发展的阶段。最近一段时间我国经济的下行，除了周期性的因素，更主要的是我国面临结构性矛盾和发展方式的转变，需要坚持经济结构调整，深化改革和进一步扩大对外开放。货币政策和财政政策无法改变经济潜在增长率，主要起到逆周期调节的作用，但各项改革措施的持续推进和技术进步则有望使中国经济释放更大的潜力，提高我国经济的潜在增速。例如，我国改革开放 40 多年来，几次重大的改革所释放的制度红利在很大程度上促进了经济的发展。我们认为，这是讨论宏观调控政策选择的一个基本前提。

有不少专家测算了我国经济的潜在增速，但结果莫衷一是。从理论上讲，潜在生产力为资源充分使用情况下的产出，在宏观理论均衡模型中经常采用，但其不可观测，需要依赖一定假设进行估算，所以误差往往很大。尤其在我国，体制机制改革和政策的有效调整将影响潜在生产率，所以潜在生产率理论离我国的现实较远。深化改革和扩大开放将极大提高我国潜在生产率。

从周期性因素看，我国经济目前已达阶段底部区间。预计 2019 年全年我国 GDP 增速将不低于 6.1%，甚至略高。

从结构性的因素看，我国坚持深化改革、扩大开放，提高我国经济潜在增速。我国经济稳中向好、长期向好的趋势没有变。

西方潜在产出理论离中国实际较远[①]

潜在产出和产出缺口是宏观经济学的重要概念，常用来分析宏观经济运行态势，并在一定程度上作为政府制定宏观经济政策的依据。在短期，估算产出缺口可以评估通货膨胀压力；在中期，估算潜在产出有助于了解实际经济增长的水平和空间，从而为调整宏观政策的方向和着力点提供一些依据。不过，在实践过程中，潜在产出和产出缺口对现实的指导作用可能差强人意，尤其对我国而言。目前潜在产出理论的研究离我国的实际较远。

一、潜在产出理论及其估计方法缺陷

"潜在产出"被 Okun（1962）定义为一个经济体在所有资源被充分利用时的最大可能产出，"产出缺口"则定义为实际产出与潜在产出的差值。此后学者和机构围绕着定义内涵以及估计方法进行了深入研究。目前学术界对于潜在产出的内涵界定还不完全一致，有的按凯恩斯理论来定义，有的按新古典理论来界定（Scacciavillani and Swagel，1999）。由于潜在产出和产出缺口不可观测，估计方法就成为潜在产出理论研究的重点和热点。20 世纪 60 年代至今，潜在产出估计方法可以大致分为三种，分别是统计趋势法、结构关系法和混合法。各估计方法的核心都是通过计量模型来识别经济增长中有多少是趋势性、结构性的增长，有多少是周期性、过渡性的变化。前者便是潜在产出，后者便是产出缺口。

国际上，各个国家或国际机构［如国际货币基金组织（IMF）、经济合作与发展组织（OECD）］应用的潜在产出和产出缺口估计方法并不完全相同，而且潜在产出和产出缺口理论面临着越来越多的挑战，其中以 Robin Brooks 为代表。潜在产出和产出缺口估计方法的缺陷主要体现在三个方面：一是潜在产

① 本文作者刘斌、盛松成、蒋一乐，发表于《中国金融》，2020 年第 1 期，本文还收录于新华文摘《论点摘编》。

出估计很难识别结构性因素，从而导致产出缺口可能既包括周期性因素，也包括结构性因素；二是潜在产出估计具有"顺周期性"，因为大多研究是用过去多年的拟合来估计潜在产出；三是不同的潜在产出估计结果差异较大，可靠性和稳定性值得怀疑。因此，在经济政策分析时应谨慎使用潜在产出和产出缺口理论。如果不能有效解决这三个问题，仅根据潜在产出和产出缺口理论制定出的宏观调控政策是低效和无效的，有时甚至是错误的。

二、潜在产出估计模型离我国实际较远

我国对潜在产出的研究始于 20 世纪 90 年代末，估计方法基本与国际类似，如刘斌和张怀清（2001）、郭庆旺和贾俊雪（2004）、徐忠和贾彦东（2019）等。从他们的研究结果也可以看到，不同方法对产出缺口估计结果确实存在明显的不同，而且大多数方法的估计结果对数据修正较敏感（郑挺国和王霞，2010）。之所以会出现这一现象，是因为中国经济有自己的特点：我国社会主义市场经济是一个不断演化的动态系统，制度变迁、经济转型、财政和货币政策目标的改变、金融中介的发展等都会带来投入—产出关系的变化（Wen and Zeng，2005）。这些都会进一步放大西方估计模型固有的差异和不足：统计趋势法无法识别时间序列包含大量不稳定或者瞬时的特征，如突发事件；结构关系法中的生产函数对数据质量要求较高，且容易受到经济结构调整的影响而不稳定；动态随机一般均衡方法过于复杂，容易导致模型参数难以识别，从而影响估计结果并导致统计结果出现偏差（杨天宇和黄淑芬，2010；潘敏和缪海斌，2012）。

一般来讲，拉动潜在产出有三大要素，分别是劳动投入、资本投入和全要素生产率，其中全要素生产率是指扣除了资本投入和劳动投入的贡献以外，其他所有能够实现经济增长的因素贡献的总和。这其实是个黑箱子，包括了技术进步、资源配置效率提高和我们现在不清楚的其他各种因素。早在 2003 年，易纲等（2003）便指出，在测算新兴经济体全要素生产率时需要考虑到经济体特殊性：一方面，新兴经济国家投资的相当一部分用于基础设施建设，这些投资要在若干年后才能发挥其生产力；另一方面，新兴经济国家前期技术进步主要靠引进技术，从发达国家购买设备。这两个因素都会低估真实的全要素生产率。除非能够得到充足数据剔除这两个因素，否则就难以准确估计出全要素生产率。如果全要素生产率几乎无法被准确估计，那么潜在全要素生产率和潜

在产出则更是如此。

更为重要的是，现有潜在产出和产出缺口的估计方法较大程度上忽视了我国体制机制改革和政策有效调整的影响，这会进一步放大潜在产出估计和预测结果偏差，尤其对一个处于体制转型中的发展中国家来说更是如此。改革开放及政策调整都可以通过影响全要素生产率，来影响实际产出及长期潜在产出。

三、改革开放对我国长期生产率带来了深远的影响

改革开放以来，我国实施了一系列制度改革和对外开放措施，对我国长期生产率带来了深远的影响。

（一）制度改革

改革开放以来的制度改革可以归纳为供给侧改革和需求侧改革，前者包括要素端和生产端的改革，后者包括消费、投资、出口体制改革。制度改革必然对中国产生巨大的影响，并会促进和推动经济增长。一方面，改革意味着消除生产要素流动的体制障碍。1978 年改革开放开启，这一时期全要素生产率提高中相当大的一部分来源于资源重新配置，比如劳动力从生产率低的产业转向生产率高的产业，"家庭联产承包责任制"、非公有制经济发展等一系列制度改革是将人口红利转化为经济增长的充分条件（蔡昉和林毅夫等，2018）。早在 2000 年，王小鲁（2000）便发现，与改革前的 1953—1978 年相比，1979—1999 年要素对经济增长贡献率增加了 2.4 个百分点，生产率的贡献率增加了 1.7 个百分点。更为重要的是，生产率的提高主要不是来自技术进步，而是源于改革导致的资源优化配置。这意味着深层体制改革是我国经济发展的核心动能，并非克鲁格曼所说的"投入带动型的经济增长"（Krugman，1994）。易纲等（2003）也对克鲁格曼的结论提出了很大质疑。乔榛等（2006）利用 1978—2004 年的数据证明了土地制度、价格和财税制度改革是中国改革开放后农业增长的决定性因素。都阳等（2014）实证证明了劳动力流动有利于扩大劳动力市场规模和提高城市经济的全要素生产率，即使考虑了对资本产出比和工作时间的负面影响，其仍对经济发展带来非常大的收益。

另一方面，改革意味着市场在配置资源中的作用越来越大。1992 年邓小平南方谈话是我国经济改革的一个关键转折，社会主义市场经济制度的确立为劳动力的流动创造了条件，也为工业经济的发展提供了动力。据樊纲等（2010）测算，市场化改革贡献了 1997—2007 至少 39.23% 的全要素增长率

增长。张军和金煜（2005）发现，1978—2001 年中国金融深化改革对生产率具有显著正向影响，从而推动了经济增长，这里的金融深化改革特指国有银行部门市场化程度的加深。林毅夫和孙希芳（2008）也发现中小金融机构市场份额的上升对经济增长具有显著正向影响。干春晖等（2011）发现 1978 年以来我国产业结构调整阶段性较强，而且产业结构合理化和高级化均对经济增长有显著影响。

经历了多年的高速增长，2010 年我国劳动年龄人口达到了顶峰，之后资本投资效率也有所下降，并且中长期性不合理现象日益突出。习近平总书记在 2015 年中央财经领导小组会议上首次提出了"供给侧改革"，明确提出"在适度扩大总需求的同时，着力加强供给侧结构性改革，着力提高供给体系质量和效率，增强经济持续增长动力"。与"里根经济学"不同，我国供给侧结构性改革的核心是经济结构的调整和发展方式的转变，通过增加供给的适应性和灵活性，提高全要素生产率（胡鞍钢等，2016）。目前我国仍处于从高速增长向高质量增长的过渡期，需坚持"创新、协调、绿色、开放、共享"五大发展理念，完成"三去一补一降"五大核心任务，通过降风险、调结构、促转型、稳增长，为这一平稳过渡提供制度基础和制度保障，进一步激发和释放结构红利和改革红利，从而提高我国长期潜在生产力。

实际上，从 2010 年我国经济增速下行开始，学者们就开始讨论中国经济增长新动能，不少学者一致认为改革是未来经济增长的关键，如张晓晶（2012）、魏杰和汪浩（2016）等。据陆旸和蔡昉（2016）测算，如果在"十三五"初期各项改革发挥作用，综合的"改革红利"将达到年均 1 ~ 2 个百分点。

（二）对外开放

改革开放以来，我国对外贸易规模显著增长、资本项目逐步开放，对外开放进程在 2001 年加入世贸组织后明显加快，这为我国带来了新一轮快速增长。对外开放使得中国参与到世界经济的分工和合作中来，有利于发挥我国经济的比较优势。此外，利用"后发优势"，发展中国家可以以较低的成本和较小的风险，实现技术进步和产业升级，取得比发达国家更快的经济增长，这也是改革开放后我国高速增长的最重要原因之一（蔡昉和林毅夫等，2018）。

在经常项目开放中，沈坤荣和李剑（2003）发现，国际贸易通过提升国家要素禀赋结构和加快制度变革进程从而对人均产出带来了正面影响。不过杜修立和王维国（2007）发现，1980 年至 2003 年间，我国出口贸易的技术结构并没有显著上升，并且呈现阶段性特征，在 1987—1991 年、1995—2003 年呈明显上升趋势。他们尤其指出，世界其他经济体出口贸易基础结构都保持相对稳定，而中国阶段性特征非常独特。如果忽视了这一特征，仅根据某一时期判断中国出口贸易技术结构变化趋势，容易得出误导性的结论。

在资本项目开放中，我国先在直接投资领域开放，后在证券投资领域开放；先吸引境外资金，后放宽境内主体对外投资。根据 IMF《汇兑安排和汇兑限制》年报中的数据，截至 2016 年初，我国部分可兑换和基本可兑换的项目合计达到了 90%。江小涓（2002）、魏后凯（2002）、王红领等（2006）均发现，作为资本存量、知识和技术的结合体，外商直接投资推动着中国经济的持续增长，提高了中国经济增长的质量。此外，Rajan 和 Zingales（2003）发现，对外贸易和资本开放可以激发竞争，削弱境内企业与金融机构的垄断和相关利益集团的力量，从而有利于促进本国金融市场的发展、提高企业融资的可得性和公平性。从这可以看出，我国对外开放的进程不断加快、覆盖面不断拓宽，有利于我国技术提升、结构优化、金融市场发展，从而提升我国经济发展的长期潜力。在一项较早的研究中，傅晓霞和吴利学（2002）测算得出，1982—1999 年制度改革与对外开放等制度变迁对经济增长的贡献高达 35.28%。

（三）政策有效调整为制度变迁提供长期保障

除了制度改革和对外开放，我国还根据形势变化调整短期政策。例如，国际金融危机期间，为了应对外部负面冲击，我国实施了四万亿刺激政策；近些年为了防范和化解系统性金融风险，我国实施了金融去杠杆政策，这些都体现了我国经济发展在稳增长和防风险之间、短期目标与长期目标之间的平衡。不过我们也要注意到，虽然短期政策可以灵活调整、调控效果明显，但也带来了一些负面作用。如我国宏观杠杆率增长过快，并可能会触发杠杆率与经济增长动态平衡的紧缩机制（刘晓光等，2018）；影子银行收缩速度偏快，可能已低于影子银行适度规模，从而影响了实体经济融资（盛松成，2018；盛松成等，2019）。因此，短期政策实施需要把握好力度和方式，加强政策协调，密切关注、评估政策实施效果，努力实现金融防风险与服务实体经济的有机统一和动态平衡，这样才能促进可持续增长，从而为制度改革及未来长期经济增长提供更好的保障。

四、总结

总的来说，理论和实践证明，制度改革大幅提升了我国全要素生产率，具有影响深远、阶段性强、范围广泛的特点；政策调整为制度改革提供了长期保障，具有灵活性强、针对性强、调控明显的特点。这意味着我国制度改革和政策调整并不具有长期稳定的特征，而且较难被量化、被模型化，因此估计模型既难以识别二者发挥的作用，更无法预测未来这些外生冲击变化。而且，现有潜在产出估计模型很可能将我国制度和政策变化测算为周期性因素，从而会低估潜在全要素生产率。这些都导致理论估计与实际情况存在较大误差。如果估计模型无法完整体现我国制度改革和政策调整的特点和作用，那么潜在产出和产出缺口的估计对现实是缺乏指导意义的。因此，潜在产出理论离我国实际情况较远。

相比之下，我们更应该关注中国实际经济增长的源泉。在我国劳动年龄人口已过顶峰、资本产出效率趋弱的情况下，中国经济增长将越来越依赖全要素生产率的提高，这意味着我国要比以往更加依赖体制机制改革和政策有效调整。而中国的体制改革尚未完成，仍有较大的制度创新空间，蔡昉（2010）、樊纲等（2010）、乔榛等（2006）、干春晖等（2011）、盛松成和谢洁玉（2017）分别对长期的人口红利改革、市场化改革、农村经济制度改革、产业结构调整、服务业改革等方面提出了建议。只有进一步深化改革，才能获得提高潜在生产力必要的制度条件。同时，制度改革和政策调整的作用是多方面的，因而处理好改革、发展和稳定的关系，才能保证制度改革及政策调整对经济增长促进作用的发挥。

最近一段时间我国经济的下行，除了周期性的因素，更主要的是我国面临结构性矛盾和发展方式的转变，未来需要坚持经济结构调整，深化改革和进一步扩大对外开放，各项改革措施的持续推进和技术进步有望使中国经济释放更大的潜力，实现中国经济高质量增长。

第二章

宏观政策的选择

◎适时向稳健货币政策转变

◎再论向稳健的货币政策转变

◎三论及时向稳健的货币政策转变

◎可较大幅度提高我国财政赤字率

◎我国企业税负亟待降低

◎国民收支分配结构与企业去杠杆

◎应对疫情也要高度关注经济薄弱环节

◎财政赤字货币化的要害是缺乏市场约束

适时向稳健货币政策转变[①]

2010 年 10 月的经济数据显示，我国经济继续较快发展，主要指标增长强劲，但居民消费价格指数（CPI）也达到最近 25 个月以来的最高值。同时，有许多因素可能推动通胀风险进一步上升。从各方面情况考虑，货币政策应适时从"适度宽松"转向"稳健"。

一、我国经济发展的主要矛盾已发生变化

长期以来，我国货币政策一直在促进经济增长与控制通货膨胀之间有所侧重，究竟选择哪个目标作为重点，取决于哪方面的问题更突出。

2007 年底，中央根据当年投资和信贷增速较快、CPI 涨幅较高的实际，决定从 2008 年开始实行从紧的货币政策。2008 年下半年，受国际金融危机的影响，我国经济出现明显下滑势头，第四季度 GDP 增速仅 6.8%。同时，CPI 高位回落，12 月跌至 1.2%。在这种情况下，"保增长"取代"防通胀"，成为货币政策的优先目标。为此，党中央、国务院果断决定实行适度宽松的货币政策。两年多来，适度宽松的货币政策为我国经济平稳较快发展作出了突出贡献。实践证明，2008 年下半年开始实行的适度宽松的货币政策是完全正确的。

而从 2009 年下半年以来，我国经济持续回升向好，目前已经基本摆脱了国际金融危机的影响。2010 年前三季度，国内生产总值（GDP）增长 10.6%，比 2009 年同期加快 2.5 个百分点。与此同时，CPI 涨幅也不断攀升，10 月同比上涨 4.4%，达到两年内的新高。尤其是，目前存在多种不利因素：一是美

---

① 本文作者盛松成，发表于《金融时报》，2010 – 11 – 15，系作者履新中国人民银行调查统计司司长后，结合当时经济运行情况，首次建议货币政策应从"适度宽松"转向稳健。本文连同 2010 年 11 月 30 日发表的《再论向稳健的货币政策转变》以及 2010 年 12 月 6 日发表的《三论及时向稳健的货币政策转变》是作者一个月内对货币政策应转向稳健的连续三次评论。为应对 2008 年国际金融危机的冲击，2008 年 11 月 5 日国务院常务会议明确提出实施"适度宽松"的货币政策。随着经济形势的好转，2010 年 12 月 3 日中共中央政治局会议提出 2011 年要实施"稳健"的货币政策。

国新一轮量化宽松政策的影响。一方面，这一政策将导致美元继续走软，国际大宗商品价格势必显著上涨，我国面临的输入性通胀风险增加。近期国际市场原油价格已连续上涨，11 月 11 日达到每桶 87 美元左右，创两年来的新高；另一方面，在人民币升值预期的刺激下，美国新一轮量化宽松政策释放的流动性很可能以"游资"形式大量涌入，对我国的货币供应造成巨大压力。9 月，我国外汇储备增加了 1005 亿美元，为有统计数据以来的最高值。二是上游价格向下游价格传导。10 月，工业品出厂价格指数（PPI）同比上涨 5.0%，涨幅比 9 月扩大 0.7 个百分点。这意味着企业成本压力加大。如果企业通过涨价化解成本压力，必然进一步推高 CPI。三是居民通胀预期强烈。由于实际利率已连续多月为负，居民存款意愿持续降低，导致 10 月全国住户存款锐减 7003 亿元。

上述情况表明，抑制通货膨胀开始成为我国经济平稳发展所需要解决的主要矛盾，货币政策的优先目标再次面临转换，即中央银行必须对通胀给予更多的关注，并及时作出政策响应。10 月以来，人民银行已经两次上调法定存款准备金率、一次上调存贷款基准利率。

二、为什么应适时转向"稳健"

这里的"稳健"，与 2008 年之前实行的稳健货币政策内涵有所不同。2008 年之前的稳健货币政策，内涵是随着情况的变化而变化的：1998—2002 年间，强调适当扩张货币以应对通货紧缩，并强调处理好防范金融风险与支持经济增长的关系；2002 年以后，主要是针对流动性过剩情况，适当收回流动性，适当紧缩银根。而本文所说的"稳健"，指货币政策介于宽松和从紧之间的一种中间状态。具体讲，它意味着货币政策既要改变宽松的基调，又不能"急刹车"。

一是维护当前经济发展良好势头的需要。过去两年，我国经济增长主要由投资拉动，而贷款尤其是中长期贷款的较快增长发挥了巨大支撑作用。2010 年前 10 个月，人民币中长期贷款增加 5.9 万亿元，占新增人民币各项贷款的 85% 以上。由于目前仍有大量在建项目，货币政策必须考虑这些项目的后续资金问题，否则许多项目可能因资金链断裂而成为烂尾工程。同时，2010 年以来我国消费旺盛，民间投资活跃，出口增长加快，经济发展的自主动力逐步恢复，但恢复时间还比较短。为此，也需要保持货币信贷供应基本稳定。

二是加快转方式、调结构的需要。国际金融危机使我国经济发展方式落后、经济结构严重失衡的问题更加凸显出来，转方式、调结构的任务变得十分紧迫。而无论是鼓励自主创新，还是培育战略性新兴产业，都需要有良好的货币信贷环境，能够为相关行业提供低成本、大规模的融资。

三是房地产等资产价格"软着陆"的需要。10月，全国70个大中城市房屋销售价格同比上涨8.6%，环比上涨0.2%，而全国商品房销售面积环比9月大幅下降11.2%，销售金额下降7.7%，出现了价涨量跌现象，房地产市场调控进入了关键时期。在这种情况下，既要防止房地产市场过剩资金加速退出，转而涌向消费品市场，形成新的CPI上涨动力，又要防止开发商大范围出现资金链断裂，危及银行信贷资产质量。为此，货币政策必须在宽松与紧缩之间寻求平衡，也就是要适时实施"稳健"的货币政策。

四是加强宏观审慎管理的需要。宏观审慎管理本质上是宏观流动性管理，要求不仅关注传统意义上的货币供给，还要考察整体流动性状况以及流动性在各部门之间的分布和流动。应对国际金融危机以来，我国经济率先复苏，但国内复杂的通胀形势和流动性现状提出了加强宏观审慎管理的要求。在当前情况下，货币政策适时转向"稳健"，既是加强宏观审慎管理的重要内容，又能够为宏观审慎管理的逆周期调节创造良好条件。

总之，货币政策转向"稳健"，主要是为了避免货币政策出现过分陡峭的"拐点"，引起经济金融运行发展的较大波动，从而增加政策调整的成本。1998年以后，除了两次金融危机形成意外冲击，迫使货币政策必须迅速应对之外，我国的货币政策调整总体都是渐进的，平滑经济波动的效果很好。从这方面看，"稳健"应该成为我国货币政策的常态。

三、货币政策转向"稳健"一举多得

首先，有利于管理通胀预期。当前，经济主体的通胀预期强烈，已经成为威胁我国经济社会稳定与发展的重要因素。而通胀预期的形成，与近年来尤其是实行适度宽松货币政策以来，货币信贷过快增长有关。因此，及时宣布货币政策转向"稳健"，可以明确宣示中央银行反通胀的决心，弱化公众通胀预期，阻止通胀在预期作用下自我循环、自我加强。

其次，有利于增强我国货币政策的独立性。主要着眼于国内经济金融的稳定与发展，是货币政策独立性的重要标志。美国实行新一轮量化宽松政策，主

要是为了解决其国内的高失业率问题，而我国当前面临的主要问题是防通胀和调结构。如果我国货币政策跟随美国一起宽松，将使国内通胀和资产泡沫不可收拾，调结构的任务也难以完成。人民银行行长周小川近期提出了"池子"理论，我理解这里所谓的"池子"也就是中央银行为流动性修建的"水库"。当流动性泛滥时，可以通过这一水库"吸洪"，以防止实体经济受到严重冲击；而当流动性不足时，则可通过水库"放水"。央行"吸洪"或"放水"的手段，就是调整存款准备金率和发行央行票据等政策。当前，流动性过剩已成共识，因此，应发挥"池子"的"蓄水"作用。

最后，有利于进一步树立我国作为负责任大国的良好形象。过去 10 多年来的两次国际金融危机中，我国所采取的应对政策获得了国际间的普遍赞誉，提升了我国在国际经济中的影响力和话语权。此次美国新一轮量化宽松政策，虽可解决美国的高失业率问题，但对国际经济的副作用很大，是典型的"以邻为壑"政策。我国把货币政策转向"稳健"，而不是与美国针锋相对，有助于避免所谓的"货币战争"成为现实。无论从短期利益还是长期利益看，这都是一种理性选择。

再论向稳健的货币政策转变[①]

一、物价上涨已成为当前经济运行的主要矛盾

2010 年第三季度我国国内生产总值（GDP）同比增长 9.6%，与上年同期持平。季节调整后，第三季度 GDP 环比折年率略高于上季。10 月城镇新开工项目计划总投资累计同比增长 23.8%。实体经济运行总体稳定，社会各界对经济增长的信心增强，二次探底的担忧已成为过去。但物价的快速上行引起了普遍关注。2010 年 5 月，我国居民消费价格指数（CPI）同比增速超过了 3%，从 7 月起物价逐月上涨。10 月，CPI 同比上升 4.4%，创 25 个月以来的新高。国家统计局 50 个城市主要食品价格统计显示，11 月上旬各种食品价格环比都在上涨，中旬除了蔬菜价格环比下降之外其他品种还在上涨。预计 11 月食品价格仍将较快上涨，并带动 CPI 再创新高，全年 CPI 突破 3% 几成定局。物价上涨已成为当前经济运行的主要矛盾。

二、当前物价上涨主要有三个原因

流动性充裕是物价上涨的重要原因。2009 年以来，M_2 增速一直在 17% 以上，2009 年 3 月至 2010 年 2 月，M_2 增速连续保持在 25% 以上。2010 年 10 月末，M_1 和 M_2 分别增长 22.1% 和 19.3%，分别高于 2000 年至 2008 年同期平均水平 6.5 个和 3.0 个百分点。从货币与经济的关系看，2008 年底以来，M_2 增速高于经济增速与 CPI 之和 13 个百分点，比此轮经济周期以来的平均水平扩大了近 10 个百分点。我国货币政策的目标是，保持货币币值的稳定，并以此促进经济增长。笔者认为，衡量币值稳定不仅要看物价，这是短期的，还要看流通中货币量与商品及服务交易量之比，这是长远的、根本的。当前市场对

---

① 本文作者盛松成，发表于《金融时报》，2010 – 11 – 30。

多种资产和商品的轮番炒作，其中也不乏流动性充裕的因素。

通胀预期推高了物价水平。近几个月来物价上涨较快，农产品市场的囤积、惜售现象明显，居民通货膨胀预期强烈。中国人民银行景气调查数据显示，第三季度居民未来物价预期指数升至 73.2%，较上季提高 2.9 个百分点。在此背景下，贵金属价格快速上升。上海黄金交易所 99.99 黄金价格由 7 月末的 255.80 元/克，快速上升至 11 月 11 日的 302.16 元/克，上涨 18%。沪市流通市值从 7 月 5 日的 11.27 万亿元，上升至 11 月 8 日的 20.07 万亿元，上涨 78%。各地纷纷调高最低工资。前三季度我国城镇单位就业人员平均劳动报酬同比增长 14%，分别比上半年和上年全年高 0.8 个和 2.4 个百分点，劳动力成本上涨明显。对工资—价格螺旋上涨的担心也推高了通胀预期，各机构对物价的预期大幅提升。Wind 资讯的数据显示，各机构对 11 月 CPI 预测值的平均数为 4.5%，已超过 10 月水平，对 2011 年 CPI 预测值的平均数为 3.7%，也可能超过 2010 年全年的物价水平。

大宗商品价格上涨带来了输入性通胀压力。10 月，国际大宗商品 CRB 现货价格指数在 9 月超过历史最高水平的基础上继续上升，达到 491.7，同比上涨 26.3%。11 月中旬开始有所回落，但仍高于危机前的最高水平。国际油价缓慢上行，10 月末，布伦特原油价格升至每桶 82.46 美元。从历史规律看，国内原材料购进价格与国际大宗商品价格变动高度一致。当前全球充裕的流动性很可能使国际大宗商品价格在未来一段时间保持高位，并继续对国内物价造成压力。

三、四个政策建议

一是明确宣布实行稳健的货币政策，管理好通胀预期。为了削弱通胀预期，阻断通胀预期向现实通胀的传导渠道，建议明确宣布实行稳健的货币政策，向社会各界发出清晰的政策信号。1999 年至 2006 年，我国实行稳健的货币政策，这是 1984 年人民银行专门行使中央银行职能以来执行时间最长的货币政策取向。现在大家说的引导货币信贷回归常态，实际上就是向稳健的货币政策转变。

二是加强流动性管理，保持货币信贷适度增长。10 月人民币贷款新增 5877 亿元，新增水平与上月基本相当，同比多增 3348 亿元，已连续 4 个月同比多增。这表明商业银行贷款扩张的意愿强烈，实现全年货币信贷调控目标的难度较大。在实体经济总体稳定、通胀预期强烈的背景下，加强流动性管理、保持货币信贷适度增长显得尤为重要。10月以来，人民银行上调了金融机构存贷款基准利率，两次上调法定存款准备金率，并对部分金融机构实施了差别存款准备金政策。

实践中，存款准备金率的调整必须考虑商业银行的贷款发放、盈利及其与监管政策的衔接情况等。从历史上看，1998年以前，我国银行的实际存款准备金率曾经高达20%（法定准备金率加超储率）。因此，存款准备金率仍有上调空间。

当前为了抑制货币信贷的快速增长，中央银行除了运用公开市场操作、央行票据、法定准备金率、利率等常规工具外，还应该积极研究运用宏观审慎政策工具对金融机构进行调节，引导货币信贷回归常态。宏观审慎政策工具的运用也是金融机构加强风险管理、避免风险积累、保持金融稳定的需要。

三是进一步推进汇率形成机制改革，增强人民币汇率弹性。2008年9月国际金融危机蔓延，我国收窄了人民币汇率的波动区间，为克服金融危机的冲击作出了重要贡献，但同时也导致了人民银行外汇占款的大量增加，成为货币供应量扩张的主要原因。2010年6月19日人民银行宣布进一步推进人民币汇率形成机制改革、增强人民币汇率弹性以来，人民币汇率双边波动有所增强。截至11月26日，人民币兑美元已经累计升值2.59%。2010年11月，我们对我国12个省市的2181家外向型中小生产企业进行了问卷调查，调查样本所在省市的进出口总额占全国进出口总额的90%。调查结果显示：一是当前外向型中小企业生产经营总体良好，企业具有较强的抗汇率波动能力。二是八成外向型中小企业能够接受当前汇率变动，企业关停并转情况总体正常，企业就业人数没有下降，有单不敢接的情况较少。三是关于当前企业面临的主要问题，大多数企业表示，首先是原材料价格上涨，其次是劳动力价格上升和招工难，汇率变动的影响排在第三位。四是67.5%的企业表示能接受一年升值3%以下，26.5%的企业表示能接受升值3%至5%，但企业在回答此类问题时通常会留有一定余地，所以实际能承受的人民币升值幅度可能更高。基于上述调查，建议继续采用人民币汇率小幅稳步的渐进性升值方式。

人民币汇率小幅稳步的渐进性升值能够给出口企业较充足的调整时间，避免短期波动，从长远看则有利于企业加强科技创新，增加产品科技含量和附加值，提高企业竞争力，并将促进科学发展观的落实和发展方式的转变。有必要指出的是，人民币升值降低了进口企业的成本。近年来，我国进口总额大幅增长。进一步推进入民币汇率形成机制改革后，我国进口增速一直保持在22%以上。从宏观层面看，人民币汇率小幅稳步升值有利于抑制石油、金属、粮食等进口商品的价格上涨。同时，由于相近商品之间的替代性及其价格的相互影响，人民币汇率升值对抑制国内物价的影响远远超过了进口商品价格本身。所以在当前形势下，保持人民币汇率小幅稳步升值，利远大于弊。

四是加快利率市场化步伐，改变存款利率上限管理。当前负利率持续扩大。10月居民储蓄存款净下降6865亿元，多数分流到股市、房市以及信托理财市场，也不排除部分资金流入消费品市场，炒作商品、哄抬物价。尽管有人担心提高利率可能加速国际热钱流入我国，但实证分析表明，影响热钱流入的主要因素是经济增长、资产价格上涨及人民币升值预期，而人民币与美元的利差对热钱流入影响很小。

目前我国同业拆借利率、回购利率、债券、理财产品、信托计划的收益率已经放开，但存款利率仍实行上限管理。2010年个人持有的信托理财资产增加较多，公众对高于法定存款利率的金融产品认可度也在提高。当前应加快利率市场化步伐，允许存款利率向上浮动一定幅度。这样，既有利于改变负利率状态，抑制通货膨胀，也能有效推进利率市场化进程，促进金融资源的合理配置。

三论及时向稳健的货币政策转变①

一、当前形势下既需要抑通胀，又要调结构、稳增长

2010 年前三季度，我国经济保持快速增长，就业形势良好。国内生产总值（GDP）同比增长 10.6%，比上年同期上升 2.5 个百分点。城镇新增就业931.1 万人，其中第三季度新增 293 万人。但物价上涨较快，10 月，居民消费价格指数（CPI）同比上升 4.4%，创 25 个月以来的新高。抑制通货膨胀已成为当前宏观调控的重要任务。

在我国经济平稳较快发展的同时，也面临不少结构性矛盾，主要表现为，经济增长过于依赖投资和出口、国际收支失衡以及人民币升值压力较大等。2009 年，我国投资占 GDP 比重为 47.7%，高于世界平均水平 26.3 个百分点。今年前 10 个月，城镇固定资产投资同比增长 24.4%，已持续多年高于居民消费增长速度。今年上半年，我国经常项目和资本金融项目继续保持"双顺差"格局，给人民币带来较大升值压力。

我国外部经济环境仍不明朗，外需仍不稳定。10 月，美国失业率为 9%，持续 18 个月徘徊在 9% 的高位；爱尔兰等国的主权债务危机进一步削弱了投资者信心。根据国际货币基金组织（IMF）最新预测，2011 年美国、欧元区、英国和日本经济将分别增长 2.3%、1.5%、2.0% 和 1.5%。发达经济体增长乏力，将对我国出口造成负面影响。综上所述，我国宏观调控在总量上抑制通货膨胀的同时，还要采取切实有效的措施解决结构性矛盾，稳定经济增长。

二、积极的财政政策和稳健的货币政策是当前的必然选择

搭配使用积极的财政政策和稳健的货币政策，能兼顾抑通胀、调结构和稳

---

① 本文作者盛松成，发表于《金融时报》，2010 - 12 - 06。

增长三大调控目标。尽管财政政策和货币政策都有助于实现抑制通货膨胀、调整经济结构和稳定经济增长等宏观调控目标，但两者在调控对象、调控手段、传导机制以及调控时效上均有所不同。货币政策具有调控对象全局性、调控手段多样性和调控效果短期性的特点，在解决诸如通货膨胀等全局性、短期经济波动问题时具有相对优势。财政政策则具有调控对象结构性以及调控效果长期性的特点，在调节经济结构、稳定经济增长中具有相对优势。抑通胀、调结构和稳增长是对立统一关系，单纯采用某一种政策工具难以同时兼顾三大目标。而搭配使用积极的财政政策和稳健的货币政策，能在较大程度上兼顾总量调控和结构调整，将短期目标（保持物价基本稳定）和长期目标（实现经济持续平稳发展）有机结合起来。

历史经验表明，稳健的货币政策和积极的财政政策能在抑通胀、调结构和稳增长中取得较好效果。2003 年下半年，国民经济局部过热，出现了粮食供求趋于失衡、固定资产投资过猛、货币信贷投放过度以及煤电油运供给紧张等问题。CPI 自 2003 年 9 月起快速上升，12 月达到 3.2%。2004 年，我国搭配实施稳健的货币政策和积极的财政政策，通过提高法定存款准备金率和上调存贷款基准利率等货币政策措施抑制通货膨胀，同时通过"两减免、三补贴"等财政政策工具调节经济结构、稳定经济增长，成功实现经济"软着陆"。2004 年 12 月，CPI 同比上涨 2.4%，比上月回落 0.4 个百分点，比 2004 年最高点回落 2.9 个百分点；第四季度经济同比增长 9.5%，比第三季度提高 0.4 个百分点，与 2003 年第四季度基本持平。运用组合调控政策，在不损害经济增长潜力的同时，成功抑制通胀，取得了较好的调控效果。

当前实施积极的财政政策有利于我国调整经济结构，稳定经济增长。一方面，我国财政状况较好，有利于实施积极的财政政策。2009 年，我国政府财政赤字、债务余额占 GDP 比重分别为 2.8%、18.6%，分别低于国际警戒线标准 0.2 个、41.4 个百分点。当前部分西方发达经济体实行"宽货币、紧财政"政策组合是其财政状况恶化条件下的无奈选择。2009 年，加、法、德、意、日、美、英等发达经济体债务余额占 GDP 比重均超过 60%，尤其日本已高于200%，意大利也超过 100%。另一方面，考虑到我国财政投资的持续性以及财政支持经济结构调整的要求，未来一段时间仍需要保持较大的财政支出力度。截至 10 月底，全国在建施工项目数 41.5 万个，同比增加 1.3 万个。施工项目计划总投资 47.6 万亿元，同比增长 25.7%。继续实施积极的财政政策，有利于在建项目的顺利完成，遏止"半拉子"工程。另外，积极的财政政策也是防止外需意外下滑、稳定经济增长的需要。第三季度，我国经济增长9.6%，比上季度回落0.7个百分点，持续两个季度回落。截至10月末，我国出口总额同比增长32.7%，虽然保持较高增速，但增速已连续3个月回落。为防止欧美经济反复导致出口下滑，实施积极的财政政策，保持经济平稳增长，无疑是恰当的选择。

三、积极的财政政策和稳健的货币政策配合的主要着力点

当前，既要抑通胀，又要调结构、稳增长，对宏观调控提出了较高要求，尤其需要积极的财政政策和稳健的货币政策有效配合。

首先，加强在抑通胀中的配合。这是由短期内的主要矛盾决定的。在供给方面，重点是加大对农业生产的支持力度。督促和支持金融机构加大对"三农"的信贷支持，继续对农村金融机构实行较低的存款准备金率等政策优惠。加大惠农财税政策力度，提高农民种粮积极性。支持粮食进口企业扩大粮食进口，平抑粮价。在需求方面，通过加快社会保障体系和社会救助体系建设，提高公众对通胀的承受力，特别是要完善对中低收入家庭的生活补贴，减小通胀对弱势群体基本生活的影响。调整政府支出结构，减少政府投资新开工项目，避免投资的过快增长。

其次，加强在调结构中的配合。通过结构性加、减税和限制性金融等政策配合，促进经济结构调整和经济发展方式转变，为经济长期持续发展打下坚实基础。加快社会保障体系建设，加大对社会薄弱环节的支持力度，完善收入分配制度，推进综合和分类相结合的个人所得税制度改革，出台鼓励居民消费的财税、金融政策，努力提高消费率。推进资源税收制度改革，研究开征环境税，完善房地产税收制度，强化税收促进资源节约和环境保护的作用，逐渐降低经济发展对房地产业的依赖。适时扩大消费型增值税范围，加大对战略性新兴产业、自主创新、服务业的扶持，大力发展低碳金融，严格控制对"两高一资"行业的信贷投放，积极培育新的经济增长点。加大对中西部的财政转移支付力度，积极开展并购贷款，支持产业有序转移，培育新的增长极，促进区域经济协调发展。

再次，加强在稳外需中的配合。人民币渐进小幅升值，有利于稳定物价，但对出口也会产生一定不利影响。为稳定外需，可以基本保持目前的出口退税

政策，在对高耗能、高污染行业和产品逐渐减少出口退税的同时，对高技术产品暂时保持现行的出口退税政策。通过汇率政策和出口退税政策的配合，达到稳定进口商品价格和稳定出口的目的。

最后，加强在防风险中的配合。近年来，地方政府纷纷设立融资平台，融资规模迅速增长，为应对此次国际金融危机起了一定作用，但同时也加大了金融风险和地方政府的财政风险。金融部门和财政部门应密切配合，加强政府融资平台和地方政府债务管理。严格控制新增政府融资平台贷款，抑制地方政府的投资冲动。为避免资源浪费，降低金融风险，要大力支持在建工程，严格控制新开工项目。新发行国债筹集的资金，除满足惠民政策需要外，应重点保证在建工程的资金需求。督促金融机构满足在建工程的项目资金需求和已完工工程的流动资金需求，保障在建工程顺利完工、已完工工程顺利投产。

可较大幅度提高我国财政赤字率[①]

目前，大家基本达成的共识是，应降低企业，尤其是中小企业的税负，以激发企业活力，稳定经济增长。但由此会带来政府税收减少。如何解决这一两难问题？我们的建议是，增加政府债务发行，提高财政赤字率。

2015年，我国财政赤字率为2.3%，低于《马斯特里赫特条约》（以下简称马约）提出的3%的标准。我们认为，财政赤字率并不存在确定的统一的警戒线，其高低应根据一国的债务余额和结构情况、经济发展状况以及利率水平等进行综合考虑，马约3%的警戒线并不符合我国的实际情况。

分析我国政府债务的可持续性，应该采用债务余额与每年的债务增量相结合的方法。赤字率只是反映了每年债务增量与国内生产总值（GDP）的比率，而债务余额、利率水平及还本付息能力等指标，甚至比赤字率更有意义。我国目前政府债务余额较低，短期债务较少，外债占比很低，经济保持较快增长，政府收入持续增加，债券市场逐步完善，地方债券规范发行，融资成本不断降低，国有企业资产雄厚，融资平台有一定盈利，这些都增强了我国政府的负债能力。

根据不同的利率水平、GDP增速以及赤字率等条件，本文对我国政府负债率作了测算，结果表明，未来一段时期，可将我国的财政赤字率提高到4%，甚至更高水平，由此可以弥补降税带来的财政减收，有效进行逆周期调控，更好地支持供给侧改革，并且不会给我国政府带来较高的偿债风险。

一、财政赤字率和政府负债率高低尚无明确的国际标准

在讨论政府债务以及财政赤字时，马约提出的60%的政府负债率和3%的财政赤字率是大家经常提到的标准。一些观点认为，如果政府负债率或财政赤

[①] 本文作者盛松成、梁斌，发表于《金融时报》，2016-02-25。

字率超过了这一标准，就很危险，政府就会面临支付危机。本文认为，这一标准需要深入分析。

马约是 1992 年签订的，主要包括欧共体在经济货币、外交和安全政策，以及司法和警务方面的协定等，而政府负债率和赤字率的标准来自经济货币方面。制定这一标准的目的之一是建立欧洲统一的货币，即 1999 年推出的欧元。

当时欧共体各国经济发展差距较大，若要实行统一的货币，基础较差的国家就需要在货币以及经济运行方面有所改善，因此马约提出了四个标准，即价格稳定、财政稳定、汇率稳定以及长期利率稳定。财政稳定标准包括 60% 的政府负债率及 3% 的财政赤字率。但马约并没有明确给出 60% 和 3% 这两个标准的依据，一些专家学者也对此提出了质疑。并且马约也没有严格执行这两个标准，最后欧元区也没有完全按照这一标准来确定欧元区国家的名单。

表 1 为 2005 年以来主要国家的财政赤字率。美国、日本等国的财政赤字率持续超过马约提出的 3%，即使是欧元区的法国和德国，有些年份也远高于 3%。可见，马约的 3% 并不是一个明确的标准或者警戒线，各国会根据经济运行情况来调整自身的财政负债标准。我国的财政赤字率则很低，长期低于 3%，远低于美日等国的水平。

表1   **主要国家的财政赤字率**   单位：%

国家	2005 年	2006 年	2007 年	2008 年	2009 年	2010 年	2011 年	2012 年	2013 年	2014 年
法国	2.2	1.5	1.6	2.4	6.3	6.1	4.6	4.4	3.5	4.0
德国	3.7	1.8	-0.1	0.2	3.2	4.4	0.9	-0.1	-0.1	-0.3
日本	2.9	-0.2	2.0	2.8	8.2	7.9	8.4	8.2	6.8	9.4
美国	2.9	1.8	2.3	5.8	11.4	10.8	9.7	8.2	4.9	4.5
中国	1.6	1.3	0.8	0.6	2.8	2.5	1.8	1.5	2.2	2.1

我们认为，判断政府债务是否稳定和可持续，不能简单地只依据几个指标，而应该根据一国经济运行的具体情况进行深入分析，不仅需要考虑政府负债率及赤字率，还需要结合政府债务的结构、成本、运用情况，政府的资产情况，以及债券市场的建设情况等予以综合考量。

二、我国政府负债率较低

（一）我国政府债务余额较少

根据 2013 年 12 月审计署对我国政府性债务的审计结果，2012 年末，我国中央政府和地方政府负有偿还责任的债务占 GDP 的比例分别为 17.7% 和 18.0%，合计 35.7%，这与主要国家相比，都是比较低的。美日等发达国家的广义政府负债率均超过 100%（2012 年日本为 227%，法国为 114%，美国为 101%）。即使包括政府负有担保责任和救助责任的债务，我国广义政府负债率也只有 52%。

近年来，我国中央政府债务率呈稳中下降的趋势，已由 2007 年的 19.4%，下降到 2014 年的 15.1%，这个水平低于其他主要国家（见表 2）。较低的政府负债率使得我国政府债务利息支出较低。2013 年，我国政府债务利息支出占 GDP 的比重仅为 0.45%，远低于其他国家（见表 3）。

表 2　　　　　　2007—2014 年主要国家中央政府负债率　　　　单位：%

国家	2007 年	2008 年	2009 年	2010 年	2011 年	2012 年	2013 年	2014 年
法国	57.8	61.3	69.8	71.7	74.7	79.7	81.9	84.6
德国	39.0	39.5	43.9	51.6	49.6	50.3	49.3	47.9
日本	143.4	151.5	166.3	174.6	189.1	195.7	202.3	206.6
加拿大	36.9	41.0	49.5	49.5	48.7	49.7	48.3	45.5
美国	55.6	64.0	76.3	85.6	90.2	94.4	96.8	97.4
英国	44.0	52.6	67.2	77.9	82.9	88.6	89.7	92.3
中国	19.4	16.7	17.5	16.6	15.0	14.6	14.9	15.1

资料来源：世界银行、中国财政部、国家统计局、审计署。

表 3　　　　　主要国家政府债务利息支出占 GDP 的比重　　　　单位：%

国家	2008 年	2009 年	2010 年	2011 年	2012 年	2013 年
法国	2.91	2.47	2.46	2.68	2.62	2.32
德国	2.79	2.75	2.56	2.61	2.39	2.07
日本	2.45	2.43	2.40	2.44	2.38	2.35
韩国	1.34	1.03	1.10	1.14	1.58	1.51
美国	3.50	3.77	3.83	3.98	3.87	3.71
中国	0.44	0.43	0.46	0.50	0.43	0.45

资料来源：国际货币基金组织、中国财政部。

（二）我国政府债务结构较合理

一是政府债务绝大部分为内债，外债占比很低。我国中央政府的债务，绝大部分为国内部门持有，外债仅占 1% 左右。而 2014 年末，美国国债余额的 43% 为海外和国际机构投资者所持有。外债占比低，使得我国政府债务面临汇率冲击、挤兑冲击等的可能性大大减小。

二是我国短期债务占比较低。2014 年底，我国中央政府债务中的短期债务占比为 10.1%，而同期美国短期国债和机构债占比达到 31.3%。2015 年末，我国国债余额为 10.7 万亿元，加权平均剩余期限为 7.4 年，加权平均利率为 3.98%，加权平均发行期限为 11.8 年。我国政府债务中的中长期债务占比较高，期限较长，使得债务的稳定性也较高。

（三）我国经济和政府收入增长较快，政府债务的可持续性较强

2000—2013 年，我国名义 GDP 平均增长 14.5%，高于美国和日本 10 个百分点以上，财政收入平均增长 19.0%，也远高于美日等发达国家。

（四）政府债券市场逐步完善，利率走低，地方债规范发行，为扩大政府债务融资创造了有利条件

一是我国债券市场利率总体走低，国债收益率曲线大幅下移。目前我国国债发行利率已处于历史低位，10 年期固定利率国债的发行利率已降到 3% 以下。2015 年末，我国国债 1 年、3 年、5 年、7 年和 10 年收益率较年初分别下降了 96 个、82 个、81 个、77 个和 80 个基点。较低的国债发行利率有利于降低政府债务融资成本，减少财政支出，提高政府负债能力。

二是地方债发行制度规范了地方政府融资。长期以来，我国地方政府的财政支出占比一直高于财政收入占比，收支缺口较大。2015 年，新《预算法》赋予地方政府举债的权力，国家也逐步建立起地方政府融资及债务置换机制，这降低了政府举债和全社会的融资成本。

截至 2016 年 1 月末，新发行的 4.8 万亿元地方债的加权平均发行利率为 3.5%，加权平均期限为 6.1 年，而按照中债标准的城投债余额为 4.9 万亿元，固定利率的城投债加权平均发行利率为 6.0%，加权平均期限为 5.6 年。因此，地方债的规范发行降低了政府债务的利率，延长了政府债务的期限，提高了政府债务的稳定性。

三是国债市场交易量上升，持有者多元化发展。2015 年，我国国债的成交量接近 10 万亿元，与国债存量接近。国债流动性逐渐提高，这有利于国债的后续发行以及收益率曲线的形成。同时，国债的持有者愈发广泛，已形成了商业银行为主、各类金融机构参与、包括境外机构在内的较为广泛的投资者群体，这为扩大政府债务融资提供了良好的基础。

（五）国有资产雄厚，地方政府融资平台具有盈利能力

政府负债率主要是从政府负债的角度来考虑政府的债务情况，我们也可从资产的角度来评估政府的偿债能力。

一是我国国有企业资产雄厚，盈利能力较强。截至2014年底，我国国有企业总资产为102.1万亿元，净资产为35.6万亿元，分别为当年GDP的1.61倍和0.56倍。2014年，我国国有企业利润总额为2.48万亿元，为GDP的3.9%。国有资产是我国公共部门的重要组成部分，国有资产较多、盈利能力较强，为政府债务提供了保障。

二是我国地方政府土地出让收入较多，地方政府融资平台具有一定的盈利能力。近年来，我国地方政府土地出让收入上升较快，2014年达到4.29万亿元，占GDP的比例为6.8%。地方政府融资平台也具有盈利能力，根据审计署2013年《全国政府性债务审计结果》，相比2010年，2012年全国省市县融资平台公司平均每家资产增加13.13亿元，利润增加479.98万元，平均资产负债率下降4.9个百分点。地方政府债务具有较强的资产支撑，由此增强了其负债能力。

三、我国未来政府负债率的一个测算

根据国际货币基金组织对政府负债率的分析框架，我们对我国政府未来的负债率作了一个测算，这里的政府包括中央政府和地方政府。

（一）基准假设下政府负债率的预测

$t+1$ 年的政府债务存量主要由四个部分组成：t 期本币债务余额及其在 $t+1$ 期产生的利息（即）、转化为本币的 t 期外币债务余额及其在 $t+1$ 期产生的利息（即）、$t+1$ 期基础财政赤字（即）和其他因素。

而政府负债率的变化可以分解成以下四个因素：利率的贡献、汇率的贡献、GDP增速的贡献以及基础财政赤字的贡献。

根据上述模型，对基准情形下的参数设置如下：2015年末政府负债率为39%，未来10年（即2016—2025年）平均每年人民币汇率贬值1%，外币债务占比为1%，每年的基础财政赤字率为3%，本币债务利率为4%，外币债务利率为1%，平均每年GDP增长6%，平均每年的GDP平减指数为0。

通过对我国未来的政府负债率进行模拟，我们得到2025年末的政府负债率为59.7%（见表4），比2015年末上升20.7个百分点。其中由利率贡献

18.2 个百分点，汇率变动贡献接近于 0，经济增长贡献 -27.5 个百分点，基础赤字贡献 30 个百分点。由此可见，利率、经济增长以及基础赤字是影响政府负债率的三个主要因素。

表 4 　　　　　　　　　我国未来政府负债率预测（基准假设）

年份	政府负债率
2015	39.0%
2016	41.3%
2017	43.5%
2018	45.6%
2019	47.8%
2020	49.9%
2021	51.9%
2022	53.9%
2023	55.9%
2024	57.8%
2025	59.7%

（二）地方政府负债增加情况下政府负债率预测

2015 年起，国家对地方政府债务实行限额管理（2015 年的限额为 16 万亿元）。这对增强地方政府债务的可持续性、防范债务风险具有重要意义。但目前，债务限额管理存在基础数据不准确、透明度不高、限额增量过低等问题，因此，地方债务限额可能低估了地方政府的实际债务。

我们假设 2015 年末的地方政府债务余额比限额增加 10 万亿元，达到 26 万亿元，由此得到 2015 年末的政府负债率为 53.6%。以此为基础，而其他参数维持基准假设不变，对未来政府负债率进行预测。结果表明，2025 年末我国政府负债率为 71.8%（见表 5），也低于主要发达国家的水平。10 年间政府负债率上升 18.2 个百分点，其中由利率贡献 23.2 个百分点，汇率变动贡献 0.1 个百分点，经济增长贡献 -35.1 个百分点，基础赤字贡献 30 个百分点。

表 5　　　　　　　　　　　我国未来政府负债率预测

（假定 2015 年末政府负债率为 53.6%，其他条件同基准假设）

年份	政府负债率
2015	53.6%
2016	55.6%
2017	57.5%
2018	59.4%
2019	61.3%
2020	63.1%
2021	64.9%
2022	66.7%
2023	68.4%
2024	70.1%
2025	71.8%

（三）政府负债率的情景分析

债务利率、GDP 增速以及赤字率是影响我国政府负债率的三个主要因素，此外，初始的政府负债率，即 2015 年末的政府负债率，也会影响未来政府负债率。我们可对这四个变量进行情景分析。

表 6 分析的是，2015 年末政府负债率为 39%，假定未来 10 年每年的基础财政赤字率保持 3% 不变，在各种 GDP 增速和债务利率条件下，2025 年末我国的政府负债率。可以发现，在债务利率上升到 6% 且 GDP 增速为 4% 的较差的情况下，2025 年末的政府负债率将会上升到 79.7%，仍低于主要发达国家的水平；而如果 GDP 增速较快，达到 7%，即使债务利率为 6%，2025 年末的政府负债率仍将低于 65%。

表 6　　　　　　　　　2025 年末政府负债率情景分析

（假定 2015 年末政府负债率为 39%，未来 10 年每年赤字率为 3%）

政府负债率	债务利率2%	债务利率3%	债务利率4%	债务利率5%	债务利率6%
GDP 增速4%	59.6%	64.1%	68.9%	74.1%	79.7%
GDP 增速5%	55.6%	59.7%	64.1%	68.9%	74.0%
GDP 增速6%	51.9%	55.7%	59.7%	64.1%	68.8%
GDP 增速7%	48.6%	52.0%	55.8%	59.8%	64.1%

注：GDP 增速表示 2016—2025 年每年的 GDP 平均增速，债务利率表示 2016—2025 年每年的平均债务利率。

表7反映的是，假定未来10年每年的本币债务利率为4%，GDP增速保持在6%，而2015年末政府负债率以及赤字率发生变化的情况下，2025年末的政府负债率。若2015年末政府负债率为70%，也就是2015年末的政府债务余额为47万亿元（比现有水平高21万亿元），且赤字率为4%，2025年末政府的负债率仍将低于95%。

表7　　　　　　　　　**2025年末政府负债率情景分析**

（假定未来10年每年债务利率为4%，GDP增速为6%）

政府负债率	赤字率3%	赤字率4%	赤字率5%
2015年末政府负债率30%	52.3%	61.5%	70.7%
2015年末政府负债率40%	60.6%	69.7%	78.9%
2015年末政府负债率50%	68.8%	78.0%	87.2%
2015年末政府负债率60%	77.1%	86.2%	95.4%
2015年末政府负债率70%	85.3%	94.5%	103.7%

注：赤字率表示2016—2025年每年的平均赤字率。

表8为假定2015年末政府负债率为39%，未来10年每年的本币债务利率为4%，GDP增速保持6%不变，在不同赤字率情况下，2025年末的政府负债率将如何变化。结果显示，即使赤字率达到4%，我国10年后的政府负债率也仅为68.9%，低于大多数国家。这表明，我国实行积极的财政政策仍有较大的空间，所谓3%的赤字警戒线并不符合我国的实际情况。

表8　　　　　　　　　**2025年末政府负债率情景分析**

（假定2015年末政府负债率为39%，未来10年债务利率为4%，GDP增速为6%）

赤字率	政府负债率
1%	41.4%
2%	50.5%
3%	59.7%
4%	68.9%
5%	78.1%
6%	87.3%

综上所述，根据我们在基准假设，以及不同利率水平、GDP增速和赤字率条件下，对我国政府负债率的测算，未来一段时期，将我国的赤字率扩大到4%的水平，仍可以将2025年末我国政府的负债率控制在70%以内，并不会给

我国政府带来较高的偿债风险。所以，本文的结论是，在未来较长时期内，可将我国财政赤字率提高到4%，甚至更高水平，这将为减税、推进供给侧结构性改革创造条件，有利于发挥积极财政政策的作用。

我国企业税负亟待降低[①]

近年来，我国企业税率高企，税负增长快于收入，企业税负持续加重，小微企业尤为突出，企业在国民收入分配中的地位不断下降，企业税负在国际上处于较高水平，由此削弱了我国经济的微观活力。应该对企业减税费、增补贴，有效落实结构性减税，提高国有企业分红比例，为降低企业税负，尤其是小微企业税负提供空间。

一、我国企业税负重

（一）企业税收是我国政府税收的主体

2014 年，我国财政收入 14.04 万亿元，其中税收收入 11.92 万亿元，占全部财政收入的 84.9%。我国目前主要税种有增值税、消费税、营业税、企业所得税、个人所得税和关税等。我们根据现有数据估算，在 2014 年的税收收入中，由企业缴纳的部分占 85.5%，由个人缴纳的部分占 14.5%，企业是我国税收的最主要来源（见表 1）。

表 1   近几年我国税收收入结构

年份	税收收入	企业缴税占比（%）							个人缴税占比（%）				
		国内消费税	国内增值税	营业税	企业所得税	关税	其他	企业缴税合计	个人所得税	契税	车辆购置税	其他	个人缴税合计
2010	100	8.2	28.6	15.1	17.4	2.7	13.3	85.4	6.6	3.3	2.4	2.3	14.6
2011	100	7.7	26.9	15.2	18.6	2.8	14.7	85.9	6.7	3.1	2.3	2.0	14.1
2012	100	7.8	26.2	15.6	19.5	2.8	15.3	87.1	5.8	2.8	2.2	2.1	12.9

---

① 本文作者盛松成、梁斌、刘西，发表于《金融时报》，2016 - 03 - 01。

年份	税收收入	企业缴税占比（%）							个人缴税占比（%）				
		国内消费税	国内增值税	营业税	企业所得税	关税	其他	企业缴税合计	个人所得税	契税	车辆购置税	其他	个人缴税合计
2013	100	7.4	26.0	15.5	20.2	2.4	14.6	86.0	5.9	3.5	2.3	2.3	14.0
2014	100	7.4	25.7	14.8	20.6	2.4	14.6	85.5	6.2	3.3	2.4	2.6	14.5

注：1. 企业缴税其他为进口货物消费税、增值税、城市维护建设税、土地增值税、资源税、出口货物退增值税、消费税、印花税、城镇土地使用税、船舶吨税、烟叶税、耕地占用税。

2. 个人缴税其他为房产税、车船税、证券交易印花税及其他。

资料来源：国家统计局、财政部。

（二）企业税负持续加重

由于企业缴纳的税费占政府收入的九成左右，因此可以用宏观税负来近似衡量企业的税负水平。我们按照大、中、小三种口径来分别计算①，近些年，我国三个口径的税负均呈逐年上升趋势。2014 年分别为 37.2%、22.1% 和 18.7%，分别比 2000 年高 18.9 个、8.6 个和 6.0 个百分点②。

人民银行 5000 户工业企业调查也显示，近年来，企业税费占收入比率持续上升。比如人民银行某中支监测的样本企业，2015 年 1—8 月营业税金及附加、所得税费用的增速分别比上年同期上升了 3.6 个和 38.1 个百分点。并且，2013 年 1—8 月至 2015 年 1—8 月，这两项税金占销售收入的比重甚至都超过了三项费用（包括营业费用、财务费用和管理费用）。

（三）企业税费支出持续高于收入增长

2004—2011 年，人民银行监测的 5000 户工业企业主营业务收入累计增长292.9%，主营业务成本累计增长 307.7%，而营业税及附加累计增长603.7%。2012 年后，部分企业已经努力压减管理费用、销售费用和融资成本。但是长久以来的高成本运作方式有黏性，特别是税收支出难以压减。2012 年 1 月至 2015 年 11 月，5000 户工业企业主营业务收入累计增长 3.3%，主营

---

① 小口径宏观税负，用税收收入占 GDP 的比重来衡量。中口径宏观税负，用财政收入占 GDP 的比重来衡量。大口径宏观税负，用政府收入占 GDP 的比重衡量。这里的政府收入，不仅包括财政收入，而且包括各级政府及其向企业和个人收取的大量不纳入财政预算管理的预算外收入，以及没有纳入预算外管理的制度外收入等。

② 对各口径的宏观税负的测算，不同的研究结果可能会存在差异，但税负水平上升是共识。本文结果主要根据国家统计局和财政数据测算得出。

业务成本累计增长 3.0%，而营业税及附加累计增长 30.0%。

（四）小微企业税负高于大中型企业

由于不同规模企业税负的资料相对较少，本文引用几个调查的数据。根据国家发展改革委经济研究所对 1643 户企业的典型调查，企业税负在不同规模之间分布严重不均衡：企业规模越大，税负越低；企业规模越小，税负越高。2009 年，微型企业小、中、大三种口径的税收负担分别为 37.1%、44.7% 和 45.0%，分别高出大型企业相应口径 26.7 个、31.0 个和 31.1 个百分点；2010 年分别为 28.4%、33.3%、33.9%，分别高出大型企业相应口径 18.5 个、20.2 个和 20.6 个百分点，微型企业税收负担大约是大型企业的 2.5～3.6 倍。2011 年的情况也基本类似。

北京国家会计学院的《中小企业税收发展报告》，通过对 18 个省 5002 家中小微企业的调查显示：小微企业所得税负担明显高于大中型企业，差距甚至接近一倍，增值税负担比例大致相当；同时，小微企业获得税收优惠和减免较难，比如 2011 年国务院将小微企业所得税减半征收标准由 3 万元提高至 6 万元，调查显示 1447 家小微企业中获得优惠的仅占 17%，83% 的小微企业未获得优惠。

人民银行 5000 户工业企业调查也显示，2015 年第四季度，有 1/4 的小微企业认为"税费重"是当前面临的三个主要问题之一。比如，2015 年 1—10 月，某省规模以上中小工业企业主营业务收入较上年同期仅增长 3.5%，而税金总额较上年同期增长 12.1%。

二、企业在国民收入分配中的地位转弱

（一）近几年企业利润增长大大低于政府和居民收入增长

2011—2014 年，我国财政和税收收入增速平均分别为 14.2% 和 13.1%，城镇居民人均可支配收入和农村家庭人均纯收入增速平均分别为 11.4% 和 13.8%，而国家统计局统计的规模以上工业企业利润总额增速平均仅为 5.3%，人民银行统计的 5000 户工业企业利润总额增速平均为 -2.7%（见表 2）。

表 2 　　　2011—2014 年财税收入、居民收入和企业利润增速 　　　单位：%

年份	政府		居民		企业	
	财政收入	税收收入	城镇居民人均可支配收入	农村居民家庭人均纯收入	规模以上工业企业利润总额	5000 户工业企业利润总额
2011	25.0	22.6	14.1	17.9	2.8	5.8
2012	12.9	12.1	12.6	13.5	1.9	− 15.7
2013	10.2	9.8	9.7	12.4	13.1	1.4
2014	8.6	7.8	9.0	11.2	3.3	− 2.2

资料来源：国家统计局、人民银行调查统计司。

（二）企业税费支出占比上升，收入占比下降

根据实物资金流量表测算[①]，2008—2013 年，企业支出的劳动者报酬占企业增加值的比例从 36.1% 上升至 41%；企业营业盈余占增加值比例呈递减趋势，从 45% 下降至 40.7%；扣除财务性净支出和所得税支出后，企业可支配收入占企业增加值比例从 35.2% 降至 27.9%，下降速度更快。

从投入产出的角度来考虑，近年来我国税费支出占总产出的比例有所提高，而收入占比下降。2010 年到 2012 年，企业所得税占总产出的比例从 1.3% 上升到 1.5%，而企业可支配收入占总产出比例则从 8.9% 降至 7.9%。从人民银行 5000 户工业企业财务数据看，所得税占总产值的比例从 2013 年 11 月的 6.35% 上升至 2015 年 11 月的 7.42%，企业净利润占比从 4.49% 降至 3.47%。

表 3 　　　　　　非金融企业部门增加值分配结构 　　　单位：%

年份	劳动者报酬占企业增加值比例	生产税净额占企业增加值比例	盈余占增加值比例	企业可支配收入占增加值比例	财产净支出占企业增加值比例	所得税支出占企业增加值比例
2008	36.1	19.0	45.0	35.2	4.8	4.7
2009	37.4	19.7	42.9	32.5	5.8	4.2
2010	36.2	21.1	42.7	31.1	6.8	4.4
2011	35.9	21.1	43.1	28.7	8.6	4.9
2012	38.9	20.6	40.5	25.8	8.8	4.8
2013	41.0	18.3	40.7	27.9	7.1	4.6

资料来源：国家统计局，根据实物资金流量表整理。

---

① 从各部门的收入分配角度看，企业部门创造的增加值较多，但多数作为成本项支付给了其他部门，而留存于企业部门的收入占比呈下降趋势。增加值用于劳动者报酬（住户部门）、生产税净额（政府部门）和企业盈余（含折旧），企业营业盈余用于财产净支出（金融部门）、经常转移（所得税，政府部门）净支出后，剩余的为企业可支配收入。

（三）增加值分配的不均衡使得企业在国民收入分配中所占比例逐年下降

从各部门在国民可支配收入构成中所占比例看，2008 年政府部门、企业部门和住户部门可支配收入占整个国民可支配收入比重分别为 18.3%、24.5% 和 57.2%，到 2013 年这一比重分别为 18.9%、19.8% 和 61.3%（见表 4）。

表 4　　　　　　　　企业、政府及住户部门可支配收入及占比

年份	政府部门		企业部门		住户部门	
	可支配收入（亿元）	占比（%）	可支配收入（亿元）	占比（%）	可支配收入（亿元）	占比（%）
2008	58914.5	18.3	78817.4	24.5	184002	57.2
2009	60961.3	17.5	82492.4	23.8	203755.2	58.7
2010	73618.8	18	96888.9	23.6	239384.3	58.4
2011	90410.2	18.8	105568.3	21.9	285192.2	59.3
2012	102553.7	19.2	109742	20.6	320793.2	60.2
2013	110376	18.9	115167.6	19.8	357113.4	61.3

资料来源：《2015 年中国统计年鉴》。

三、我国企业税负在国际上处于较高水平

（一）我国企业的总税率高于世界主要国家

我们采用世界银行世界发展指标中的总税率来衡量企业所承担的税负。总税率[①]是指企业的税费和强制缴费占商业利润的比例。2013 年，我国企业的总税率为 67.8%，不仅明显高于发达国家，也显著高于发展中国家泰国和南非，仅略低于巴西。

人民银行 5000 户工业企业调查也显示，企业税负高企降低了我国制造业的竞争力。如越南、缅甸等东南亚国家纺织服装产业质量与我国不相上下，但税负要低 45%，社会保险费用低 70%，同时，美日韩等国对东南亚国家纺织服装产品实行零关税，对我国税率在 10% 左右，这使我国出口成衣含税价格比东南亚国家高 25% 左右。

---

① 总税率旨在对企业负担的所有纳税成本进行全面测量。总税率不同于法定税率，后者是提供一个税基使用系数。总税率是用实际应纳税额除以商业利润计算出来的，商业利润反映了企业在一个财年中缴纳任何税款之前的实际利润。

表5				各国企业总税率比较					单位：%	
年份	法国	德国	加拿大	日本	韩国	英国	美国	泰国	南非	巴西	中国
2011	67.4	49.1	19.9	49.8	33.3	34.7	43.8	29.2	28.7	69.2	68.7
2012	68.9	48.8	21.1	51.3	33.1	33.5	43.8	26.7	28.9	69.2	68.5
2013	62.7	48.8	21.1	51.3	33.2	32.0	43.9	27.5	28.8	69.2	67.8

资料来源：世界银行。

（二）我国企业部门税费占增加值的比例处于国际较高水平

2013年，我国企业部门承担的生产税净额占企业增加值的比例为18.3%，比美国高9.8个百分点，更高于日本、德国、法国、俄罗斯和印度；承担的所得税净支出占企业增加值的比例为4.6%，比美国高0.7个百分点，比德国高0.8个百分点，比法国高0.8个百分点，比俄罗斯高0.6个百分点。从生产税和所得税合计占企业增加值的比例来看，我国在世界主要国家中最高，达到22.9%，比位居第二的日本高9.8个百分点，比美国高10.5个百分点（见表6）。

表6	2013年世界主要国家企业生产税和所得税占增加值的比例		单位：%
国家	生产税净额占企业 增加值比例	所得税净支出占 企业增加值比例	生产税和所得税净额合计占 企业增加值比例
美国	8.5	3.9	12.4
日本	3.8	9.3	13.1
德国	−0.8	3.8	3.0
法国	4	3.8	7.9
俄罗斯	1.3	4.0	5.3
印度	−1.1	9.2	8.1
中国	18.3	4.6	22.9

资料来源：UNdata（http：//data. un. org/）、Wind资讯。

四、我国企业税负，尤其是小微企业税负高的主要原因

（一）企业现行税制存在较多的重复征税现象

比如不同税种征收环节不同，使得部分产品和收入被重复征税。我国对一

件商品，从上游原材料开始一直到卖给消费者，其生产和流通的全过程都在不停地被征税，这很容易产生重复征收。同时，很多税收不能抵扣：我国和欧洲增值税率都是 17%，但我国很多不能抵扣，导致实际税负更重；我国营业税率虽然看起来低一些，但由于全额征收、不能与增值税相互抵扣、出口不能退税、存在重复征收等原因，实际税负水平可能比增值税还高。

再比如企业所得税和个人所得税重复征收。企业利润在征收所得税后，以股息和分红的形式分给投资人，个人仍将被征收 20% 的所得税。同时，小企业股东既需要缴纳企业所得税，还需要缴纳个人所得税。这种重复征税就使得企业，尤其是小微企业的负担大幅上升。

（二）非税费用占比高

企业除营业税、增值税等税收外，还需缴纳各种行政事业费以及政府性基金。2014 年，中央层面各级行政事业收费清单就有 200 多种，政府性基金 40 余项，这些费用和基金种类繁多，数额较高。并且这些费用和基金一般不随着税基的减少而减免，对企业形成不小的负担。与其他国家相比，我国的非税收费占比更高。2013 年，我国非税收入占政府收入的比重为 42.8%，不仅大大高于主要发达国家，也明显高于一些发展中国家（见表 7）。

表 7　　　　　　2013 年各国非税收入占政府收入比重　　　　　单位：%

国家	法国	德国	加拿大	日本	韩国	英国	美国	泰国	南非	巴西	中国
占比	10.1	10.8	18.8	6.9	26.5	10.9	15.9	13.1	20.3	13.3	42.8

资料来源：国际货币基金组织、《地方财政研究》。

（三）间接税为主体使得税制具有累退性，导致企业尤其是小微企业税负较高

我国以间接税为主体税种的特点非常明显。表 8 显示，近年来我国直接税占总税收的比重基本在 30% 以下，这不仅低于美国和加拿大 70% 多的水平，也低于法国、德国、日本和韩国等发达国家，既低于同属金砖国家的南非和巴西，还低于泰国。

我国间接税比重过高，而由本有支付能力的大企业和先富阶层承担的直接税比重过低，导致我国税制具有"累退性"，小微企业和恩格尔系数高的中低收入群体税收负担加重，税负痛苦指数上升。

表8   **直接税占总税收的比重**   单位:%

国家	2007年	2008年	2009年	2010年	2011年	2012年	2013年
法国	58.2	59.0	57.9	57.9	58.5	59.4	60.2
德国	53.1	53.9	51.0	50.8	51.5	52.6	53.4
加拿大	72.2	72.8	71.8	71.1	71.2	71.2	71.3
日本	62.0	60.6	59.0	59.5	59.9	60.6	61.3
韩国	45.4	45.1	42.1	42.2	44.5	49.5	49.2
英国	60.4	63.6	61.7	59.6	57.5	56.5	56.1
美国	78.2	77.0	75.1	75.5	76.2	77.0	77.6
泰国	43.0	46.0	45.0	40.7	43.4	42.4	41.6
南非	59.2	62.5	62.3	57.9	59.5	58.5	58.8
巴西	33.4	35.4	35.6	33.6	35.0	34.5	34.6
中国	29.1	29.6	29.1	28.2	29.8	30.8	33.7

资料来源:国际货币基金组织。

(四)小微企业获得税收优惠较难,实际税负水平较高

一是小微企业概念不统一,税收优惠政策惠及面有限。我国现行的税收法律没有小微企业这一特定的纳税人标准,不同的税收优惠政策对小微企业的界定也往往不同,一些以前优惠政策中的小微企业标准也已过时。这使得很多时候这些标准只能涵盖小部分的小微企业,优惠政策无法有效减轻小微企业的税收负担。

二是小微企业税收优惠门槛高、手续复杂。多数税收优惠政策要求提供大量证明材料,手续繁杂,不少小微企业实际上享受不到优惠。并且,很多政策仅规定企业在初创期有税收优惠,这与小微企业在发展的各个阶段都需要有相应的优惠政策不匹配。

三是现行部分税制不利于小微企业。比如小规模纳税人增值税进项税不能抵扣,不得开具增值税发票①,使得在越来越完善的增值税抵扣链条上,小微企业(尤其是个体工商户)的市场范围缩小,竞争力下降。再比如出口退税政策对小微企业支持也有限,主要是退税效率低下,手续烦琐,资金到位慢,退税对象多为国家重点企业或大中型出口企业,很少惠及小微企业等。

---

① 目前,我国规定小规模纳税人按照简易方法计算应纳增值税税额,即按照销售货物或应税劳务取得的销售额计税,税率为4%~6%。

四是小微企业财会人员业务水平较低，难以享受税收优惠。小微企业难以吸引到较优秀的财务人员，缺乏合理的税务规划，不能合理地利用规则去规避或递延一些税负，也不能及时跟踪税收政策的变动，使得即使有税收优惠政策，小微企业也往往享受不到。

（五）转嫁能力弱，征管水平低，加重了小微企业税负

小微企业通常是价格的接受者，如果税负上升，小微企业往往只能压缩利润空间，而难以像大企业那样通过提高价格来转移税负。同时，税收征管水平较低也加重了小微企业税负。一方面，小微企业账目相对不完善，税务机关往往采用"核定征收"方式①征收税费，导致小微企业税负增加，难以享受政策优惠。另一方面，直接税要求征收对象有较完善的财务制度和账务记录，而我国企业，尤其是小微企业财务制度和记录不完善，因此许多情况下只能采用间接税，这也加重了企业尤其是小微企业的税负。

五、降低企业税费，激发企业活力

（一）将减税费、增补贴、结构性减税落到实处

一是缩减间接税，扩大直接税。主要是降低目前占我国税收收入总额超过2/3的间接税，逐步调整到一半左右，比如降低增值税税率，扩大增值税抵扣范围，推进关税、消费税、资源税改革，加快建立环境保护税。提高直接税比重，将直接税占比由目前的30%左右提升到40%左右。

二是缩减商品劳务税，扩大所得税。我国所得税领域有针对不同规模企业的差异税制设计，但对于占比2/3以上的商品劳务税，这种理念则不足。要调整税目和征收范围，弱化商品劳务税的地位和作用。

三是增加补贴，扩大企业税收优惠。要结合国家发展战略增加企业补贴和税费优惠。比如参考美国20世纪80年代刺激私人投资的方法，对投资实行税收抵免政策，根据企业新增投资规模，直接一次性扣减企业所得税；参考美国乔治·布什时期的"红利折旧"减税政策，对2016—2017年底前进行的投资，可以在投资周期中更早地扣除折旧成本，减少企业所得税支出。

---

① 核定征收税款是指由于纳税人的会计账簿不健全，资料残缺难以查账，或者其他原因难以准确确定纳税人应纳税额时，由税务机关采用合理的方法依法核定纳税人应缴税款的一种征收方式。

（二）提高国有企业分红比率，为降低企业，尤其是小微企业税负提供空间

近年来，我国国有企业盈利能力大大增强，但分红比例持续较低。2013年我国国有企业利润总额为 2.41 万亿元，而上缴财政的国有资本经营收入为1130 亿元，仅占国有企业利润总额的 4.7%。2014 年国有企业利润总额为2.48 万亿元，上缴财政的国有资本经营收入为1280 亿元，仅占利润总额的5.2%。要提高国有企业分红比例，为降税提供空间。

（三）降低企业税负，不一定引起财政收入下降

拉弗曲线表明，减税不一定会降低税收收入，甚至可能增加税收收入。这是因为减税将给企业更强的创新激励，这种激励会提高经济福利，甚至增加税收，尤其是当减税应用于高税率的企业时。事实上，我国的实践也表明，税负下降未必引起财政收入下降。比如 1994 年我国进行分税制改革，当时反对的观点认为这实际上会降低税率，使财政收入下降，从而增加改革阻力甚至会使改革失败。但从实际效果看，分税制改革后我国政府财政收入保持了快速增长①。

---

① 分税制改革前三年（1991—1993 年），我国财政收入平均增速为 14.2%，分税制改革后三年（1995—1997 年），我国财政收入的平均增速为 18.4%，有了明显的提升。

国民收支分配结构与企业去杠杆[①]

目前，我国非金融企业（以下简称企业）的高杠杆率已引起各方面的广泛关注，但较少有人注意到，企业部门是我国国内唯一的净支出部门，而住户、政府、金融机构部门均为收支净盈余部门。这种收支结构的扭曲，是导致企业部门债务水平不断上升的根本原因之一。在稳增长背景下，企业去杠杆要取得实际效果，只有从根本上改变这种收支结构。在整个国民收支分配结构中，企业收入占比增加，需以其他部门收入占比减少为前提；企业支出占比下降，需以其他部门支出占比提高为前提。首先，应促使支出意愿高的经济主体增加收入占比，支出意愿低的主体减少收入占比。其次，应促使高收入主体增加消费性、权益性支出。此外，应强化财税的收入再分配功能以及总需求的刺激功能。

表 1　　　　　　　　　　　企业增加值分配结构　　　　　　　　单位：%

年份	当年折旧	净利润	主营业务税收和附加	所得税	工资	财务费用
2012	14.1	16.5	28.6	5.8	24.9	10.1
2013	12.9	16.3	29.2	5.9	25.4	10.3
2014	11.8	16.1	29.5	5.9	26.1	10.7
2015	10.0	15.2	29.8	6.5	27.6	10.9
2016−06	16.6	19.1	25.8	5.9	23.9	8.6

注：根据现有的财务数据，按照收入法 GDP 核算方法简单推算企业创造的增加值，未考虑 5000 户工业企业对其他企业的支付行为。

资料来源：中国人民银行调查统计司。

一、企业收减支增、缺口扩大，国有企业尤为严重

企业增加值中，工资和息税占比上升，利润占比下降。企业创造的增加值被分配到企业自身、住户、政府、金融等各个部门。从人民银行监测的 5000

---

①　本文作者盛松成、刘西，发表于《中国金融》，2016 年第 17 期。

户工业企业财务数据看，2012—2015 年，企业留存收益占比连续下降。企业利润占企业增加值比例呈逐年减少趋势，而职工工资、政府税收、财务费用呈逐年增加趋势。2015 年，企业收益（净利润 + 累计折旧）占比为 25.2%，低于政府税收占比（36.3%）和职工工资占比（27.6%）。另外，企业向金融部门支付的财务费用占比达 10.9%，比企业净利润占比仅低 4.3 个百分点。

企业部门收支缺口较大。2013 年，企业部门的可支配收入占 GDP 的比例仅为 17%，低于政府部门的 18.8% 和住户部门的 60.7%。企业部门最终支出占 GDP 的比例为 34.6%，企业收支缺口占 GDP 的比例高达 17.6%，意味着企业超一半的支出需要以外部融资来维持（见表 2）。

表 2　　　　2013 年中国各部门增加值、收入、支出分配结构　　　　单位：%

项目	企业	金融机构	政府	住户
增加值	61.1	7.0	7.2	24.7
可支配总收入	17.0	2.5	18.8	60.7
最终支出	34.6	0.1	17.4	45.8
收支差	−17.6	2.4	1.4	15.0

注：此处只列举了国内四部门，未列举国外部门。

资料来源：国家统计局，笔者测算。

我们根据国家统计局数据推算，2016 年上半年，企业通过利润和折旧能留存资金约 12.6 万亿元[①]，而同期固定资产投资完成额达到 25.8 万亿元。从人民银行监测的 5000 户工业企业数据看，2016 年前 6 个月，企业固定资产增加 3209 亿元，在建工程 2.1 万亿元，而累计净利润仅 3432 亿元，企业融资累计增加 2347 亿元，高于 2015 年全年。

国有企业收支严重不匹配。根据人民银行 5000 户工业企业调查，2012 年以来，国有企业承担了全国近 70% 的在建工程，而利润占比却呈下滑趋势。2015 年，1280 户国有企业占被调查企业的比例为 21.3%，而创利仅 622 亿元，占被调查企业合计利润的 14.2%，固定资产增量占全部调查企业固定资产增量的 25.2%，在建工程占全国在建工程比例则高达 69.6%。2016 年上半年，国有企业利润有所恢复，同时固定资产折旧也有所增加，企业经营现金流有所

① 按照收入法 GDP 历史结构，企业营业盈余与固定资产折旧占 GDP 比例约为 37%；上半年 GDP 现价为 34.6 万亿元，故企业留存资金约为 12.6 万亿元。

改善，但在建工程仍然处于高位，固定资产快速增长。

国有企业在创利较少、支出较多背景下，融资增长较快。根据 5000 户工业企业调查，2012—2015 年，国有企业新增融资占全国新增融资的比例均在 55% 以上。2016 年这一数据快速增长，上半年国有企业融资增幅达到 1653 亿元，超 2015 年全年，占全国融资增幅的比例高达 70.5%。比较而言，股份制企业净利润高于国有企业，而固定资产和融资仅小幅增长；其他类型的民营企业（股份制企业、集体企业除外），在建工程仅 160 亿元，固定资产、融资额较 2015 年末基本无大变动。

二、政府、金融机构、住户均收大于支，住户收支盈余最多

住户、金融机构、政府均为净盈余部门，其中住户部门向企业部门提供主要的资金支持。2013 年，住户部门、金融机构和政府部门收支盈余占 GDP 的比例分别为 15%、2.4% 和 1.4%。

2013 年住户部门可支配收入占全国可支配收入的比例高达 61.3%，而且从 2011 年以来呈逐年递增趋势。另外，居民储蓄率保持在 40% 左右，居民储蓄的主要存放渠道是债权类金融资产，居民消费性支出、投资性支出严重不足。2014 年，住户部门金融资产余额达到 87.7 万亿元，而金融负债仅 24.9 万亿元，金融资产负债率为 28.4%。2010 年，住户部门金融资产余额为 49.5 万亿元，金融负债余额为 11.7 万亿元，金融资产负债率为 23.7%。考虑到居民住房占有量提高，房价上涨较快，住户部门实物资产规模增长较快，而住户部门负债多为金融负债，近几年住户部门资产负债状况更趋稳健。

在我国目前的劳动力市场状况、社保体系、财税制度、金融体制下，住户部门易增收、难增支。居民高收入分配比例、高储蓄率、高债权资产类储蓄状况决定了住户部门是国民收入的主要来源方，而在最终需求中贡献相对较小。如果居民收入逐年上涨，居民支出意愿难以激发，居民收支盈余仍将继续扩大。由于国民收入与最终支出大致相同，居民收支盈余的扩大必然以企业部门、金融部门或政府部门的收支缺口扩大为代价。在企业、金融机构、政府部门三者的相互关系中，我国企业部门更易增支而不易创收。

这样，国民经济收支分配结构问题最终直接演化为企业部门与住户部门的矛盾。居民收入的上涨，需要依靠国民收入的上涨或收入分配中份额的扩大。而国民收入的上涨依赖企业投资（很多是政府主导投资）的上涨，居民收入

分配份额的扩大则以企业收入分配份额的缩小为代价。最终，企业部门负债不断上升，而且金融支持经济增长的效率不断下降（因为企业收入分配份额缩小，企业需要更多的融资才能实现同等规模的投资）。

在以住户部门为主的净收入结构、以企业部门为主的净支出结构下，企业的资金缺口长期存在，而且随着投资规模的逐年增长，资金缺口会呈扩大趋势；在间接融资为主的格局下，企业负债率将继续提高，稳增长与去杠杆很难调和。因此，稳增长、去杠杆的最终途径在于改变这种收支结构。住户、政府、金融各部门应适度让利，帮助企业部门增加盈利，恢复活力，走出困境。此外，还应采取各种措施刺激鼓励居民进行消费性、投资性支出，稳定总需求，增加居民股权类金融投资，提高直接融资占比。综合利用财政税收手段，优化收入支出分配结构。

表3　　　　　　　5000户工业企业利润、固定资产、融资变动情况

年份	户款		当年折旧		净利润		固定资产变动		在建工程		融资增长额	
	整体（亿元）	国有占比（%）	整体（亿元）	国有占比（%）	整体（亿元）	国有占比（%）	整体（亿元）	国有占比（%）	整体（亿元）	国有占比（%）	整体（亿元）	国有占比（%）
2012	5886	22.9	3682	41.3	4307	25.9	6042	30.1	17911	67.1	2362	55.8
2013	5952	22.2	3629	38.8	4599	24.5	5940	27.0	19791	68.3	2491	64.8
2014	5993	21.7	3557	37.2	4849	22.2	5587	26.2	20577	70.0	2750	68.9
2015	6006	21.3	3267	22.8	4931	14.2	5634	25.2	20552	69.6	2112	58.8
2016–06	5999	20.9	2988	61.8	3432	21.9	3209	66.3	20966	70.2	2347	70.5

注：融资增长额为长、短期借款和应付债券融资合计增长额。

资料来源：中国人民银行调查统计司。

三、住户、政府、金融部门应适度让利，增加企业盈利

一是降低企业生产、销售环节税费。我们看到，2012—2015年，企业主营业务税收和附加占增加值的比例呈逐年升高趋势。另外我们调研也发现，部分地方政府由于财政收入不足，提高企业土地增值税、城市建设税等相关地方税种的税率。此外，还加大了对企业的征税力度，存在提前征税、税费包干的现象，直接提高了企业税负。应适度降低企业生产销售相关税费费率，降低企业生产、销售成本，激发企业生产积极性。人民银行监测的5000户工业企业调查发现，国有企业债务规模较大、利息负担较重，人员历史包袱较重，盈利微薄，所以应加快国有企业重组改制，激发企业活力。

二是降低企业融资成本，促使金融机构让利于企业。从表 2 可以看出，金融部门是纯收入部门，而非支出部门。若金融部门盈利过多，股权投资过少，这也会加大企业部门的负债水平、扩大收支缺口。如果这种情况长期持续，企业部门盈利情况受损，负债水平扩大，也会反过来威胁金融稳定，金融部门反而可能最终受损。在目前情况下，金融部门应适当让利，维护企业部门的健康发展。因此，需要进一步降低整体的社会融资利率水平，减少金融交易中间环节，减少融资交易费用。此外，应继续推进金融机构债转股。

三是应改变住户部门收入相对较快增长而增加企业成本压力。2015 年城镇居民可支配收入名义增长 8.2%，比同期 GDP 名义增速高 1.8 个百分点。2016 年第一季度城镇居民可支配收入名义增长 8%，比同期 GDP 名义增速高 0.8 个百分点。应减少劳动市场供求关系的扭曲，促使僵尸企业、产能过剩企业冗员进入劳动市场，扩大劳动供给。

从结构看，要改善居民财富、收入分配不均状况，将财产税、所得税等收入再分配工具用到实处。从人民银行储户调查问卷看，新增储蓄占收入的比例与储户收入正相关，提高低收入群体收入水平，能够有效降低住户部门储蓄，提高住户部门的支出水平。

四、鼓励居民支出，扩大居民权益性投资占比

一是积极推动供给侧改革，包括科教文卫等各领域的基础设施和制度建设，以满足居民消费升级需要。

二是鼓励居民投资性支出，坚定不移地推动房地产去库存，减少居民投资准入限制，鼓励居民参与固定资产投资项目、PPP 项目等，鼓励居民筹资从事固定资产租赁业务等。

三是鼓励居民股权性投资支出。积极发展股票市场、私募股权投资市场等，建立多层次的股权交易市场。

四是加大企业改制力度，推动员工持股、股权激励。最终实现住户部门扩大消费性、实物投资、权益性投资性支出，促使住户部门在最终需求中作出更大贡献。

五、增强财政政策的运作空间

财政政策空间受到财政收入、赤字率、政府债务水平等多项指标约束。要

提高财政政策运作空间，既要盘活财政资金、提高财政资金使用效率，又要提高财政增收能力，为结构性降税增大空间。长期看，应加快财政体制改革，改变目前生产、销售、消费环节征税为主的状况，增强政府在再分配环节的收入调节职能。

第一，盘活政府金融资产。2014年政府部门（包含政府和机关团体，机关团体中剔除社保基金）金融资产合计27.8万亿元。其中，财政存款3.6万亿元，机关团体存款15.7万亿元。金融负债仅11.5万亿元。其中，国债10.7万亿元，贷款7457亿元。政府部门金融资产负债率41.5%。2016年5月末，政府存款余额27万亿元，其中财政性存款4.7万亿元，机关团体存款22.3万亿元，均较年初有不同程度的增长。盘活机关团体金融资产尤为重要。一是鼓励机关团体正常的消费、投资支出，支持实体经济。二是减少财政对机关团体的转移支付，提高资金使用效率。三是降低部分收费型事业单位的收费标准，适当降低经营性行政事业单位收入。四是适度放开机关团体的金融投资品种，减少投资约束，提高金融资产使用效率。五是加快部分盈利性机关团体的转型改制，实现公司化运行。此外，财政存款也有进一步压缩和盘活的空间。

第二，对社会投资、消费、出口等需求环节减税。实施企业项目贷款利息、固定资产投资抵税等措施，鼓励企业项目投资。适时推出居民消费贷款、住房按揭贷款利息抵税，推出住户部门必要消费、投资支出抵扣所得税等措施，刺激居民的投资性、消费性支出。

第三，增加对高收入家庭、企业和金融机构的征税力度，扩充税源。我国居民直接税纳税负担整体不重。2015年全年，个人所得税仅8618亿元，占全年居民初次分配收入的比例仅为2.2%。2016年前5个月，个人所得税仅4843亿元。应调整居民税负结构，在降低居民消费类、权益投资类税收的同时，应加大对住户部门的所得税、债权投资类税收征税力度。措施主要有，增加征税基数、提高税率和落实税收制度，打击个人偷税漏税等。从居民收入看，应加大对居民住房租金收入的征税力度、适度提高居民个人所得税税率等。从居民财产看，应尽快推出房产税、遗产税等税种，扩大税基。此外，一些垄断性、具有超额利润的企业和金融机构也应承担更多的税负。

第四，适当提高赤字率。未来一段时期，可适当提高我国的财政赤字率，弥补降税带来的财政减收，有效进行逆周期调控，更好支持供给侧改革。

应对疫情也要高度关注经济薄弱环节①

新年伊始，随着新冠肺炎病例不断飙升，防控疫情成为头等大事。疫情导致春节假期相应延长，也给我国宏观经济运行、企业经营和就业前景带来了较大挑战。此次疫情对经济的冲击究竟会成为一时的现象（如 2003 年的"非典"疫情），还是将持续更久、影响更大，不仅取决于我国经济所处的环境和发展阶段，也取决于企业能否顺利渡过目前的困境，并保持就业稳定。

2003 年中国经济处于刚加入世界贸易组织（WTO）后的贸易井喷期，同时也迎来了投资主导发展模式和人口红利的窗口期，经济上行的动力十分强劲。而目前中国经济处于弱企稳阶段，内外环境都与当年大不相同，宏观政策空间也比当年相对有限。

保障人民健康安全是第一要务，经济和就业稳定同样为民生所系。应对疫情也要高度关注经济薄弱环节。我们建议：（1）高度重视此次疫情对企业，尤其是中小企业经营和就业的影响，避免"一刀切"式的过度干预而额外增加企业的负担，把稳就业放在更加突出的位置。（2）加大财政政策的逆周期调节力度，提高中央财政赤字率，加强中央对地方的转移支付。（3）货币政策应有效舒缓本次疫情给企业带来的流动性压力，努力降低企业的经营成本。（4）不以房地产作为刺激经济的手段，但应在"房住不炒"的前提下稳定房地产投资和销售。

只要各项政策和措施得当，就有望将疫情对经济的冲击控制在有限的范围内。

一、企业经营和就业压力较大

与"非典"时期相比，目前经济恢复所面临的挑战可能更大。当时，我

---

① 本文是新冠疫情发生后，较早提出为中小企业纾困和稳就业的文章之一。作者盛松成、龙玉，发表于新华财经，2020 – 01 – 31。

国加入 WTO 后的外需势头强劲，基础设施投资需求旺盛，人口红利处于高峰期，经济上行的动能很强，而现在正是全球化受到挑战的时期，国际环境已与当年大不相同。

这对企业来说意味着完全不同的生存环境。全球化红利曾经有力地带动了中国经济的发展，中国成为了"世界工厂"，为中小企业，尤其是制造业企业创造了大量发展机会。而如今随着环境的变化，许多民营中小企业处于困难时期。2001 年至 2010 年，我国进出口总额同比增速均值达到 21.1%；2003 年全年，我国对外贸易总额同比增长了 37.1%。而 2011 年以来的 9 年里，进出口总额同比增速均值已回落至 5.3%（见图 1）。

图 1　我国加入 WTO 以来的贸易增长

此次疫情对就业的影响也不容小觑。回顾"非典"时期，客运、旅游、住宿餐饮等行业受到了很大冲击，消费也受到影响。2003 年第二季度，社会消费品零售总额同比仅增 6.8%，较全年水平低了 2.3 个百分点。由于第三产业对就业的吸纳能力较强，疫情对就业的影响也较大。

而目前第三产业在我国经济中的占比远高于 2003 年"非典"时期。2019年，第三产业在我国国内生产总值（GDP）中的占比较 2003 年提高了近 12 个百分点，成为在 GDP 中所占比重最高的部门（见表 1）。2003 年，第三产业的增速远不及第二产业，如今这一情形已经倒转。

表1　　　　　　　　　**2003 年与 2019 年经济增长结构比较**　　　　　单位：%

产业	对 GDP 增长贡献率		GDP 构成		GDP 增速	
	2003 年	2019 年	2003 年	2019 年	2003 年	2019 年
第一产业	3.10	3.80	12.35	7.11	2.40	3.10
第二产业	57.90	36.80	45.62	38.97	12.70	5.70
第三产业	39.00	59.40	42.03	53.92	9.50	6.90

　　由于这次疫情暴发正值春节期间，1 月下旬以来，我国采取的控制措施明显强于当年"非典"时期。随着各地防控不断升级，春节假期相应延长，多个省份宣布企业不早于 2 月 9 日复工。延迟复工对许多中小企业的生存带来了前所未有的压力。每停工一天，就意味着企业要承担包括房租、工资、各种费用摊销等在内的多种经济损失。中小企业的生存状态可谓雪上加霜。我国民营企业贡献了就业的 80%，如果企业出现较大面积倒闭，就业形势就会恶化，正所谓"皮之不存，毛将焉附"。就业是最大的民生。人们有了生活来源，才有底气消费。就业稳，市场才能稳，扩大消费、促进投资才有基础，经济的恢复才更为可期。

二、宏观政策面临一定约束

　　"非典"时期，政府、企业、居民杠杆率不像目前这么高，货币政策的空间更大。现在资本的边际回报率日趋下降，通过大规模投资拉动经济发展的时代也已经过去。从三大需求对我国 GDP 的贡献率和拉动率看，2003 年，资本形成总额贡献了 GDP 增长的 70%，拉动 GDP 增速 7.0 个百分点；而 2019 年资本形成总额对经济增长仅贡献了 1.9 个百分点（见表2）。

表2　　　　　　　　　**三大需求对 GDP 的贡献率和拉动率比较**

需求	对 GDP 增长贡献率（%）		对 GDP 增速拉动率（百分点）	
	2003 年	2019 年	2003 年	2019 年
最终消费支出	35.40	57.80	3.6	3.5
资本形成总额	70.00	31.20	7.0	1.9
货物和服务净出口	-5.40	11.00	-0.6	0.7
GDP 增速	—	—	10.0	6.1

　　当年"非典"时期，由房改带来的房地产业爆发式增长刚刚开始，在"非典"结束不久的 2003 年 8 月房地产业被正式列为支柱产业。而现在则强调

"房住不炒"，且疫后不大可能通过房地产业来拉动经济。

2003年前两个季度，我国商品房销售面积累计同比增长37.4%，销售金额累计同比增长44.8%。而2019年，我国商品房销售面积和销售额累计同比增速分别为 -0.1% 和6.5%。人民银行《2019年金融机构贷款投向统计报告》数据显示，2019年末，人民币房地产贷款余额为44.41万亿元，同比增长14.8%，增速比上年末低5.2个百分点，连续17个月回落；全年增加5.71万亿元，占同期人民币各项贷款增量的34.0%，比上年全年水平低5.9个百分点。

目前，无论是从存量还是增量看，我国房地产融资占比已基本恢复到正常年份的水平。考虑到我国的城镇化进程，房地产业仍有较大发展空间，但过去十几年快速发展的阶段已经过去。从我国经济发展全局出发，仍应坚持"稳房价、稳地价、稳预期"，通过刺激房地产来对冲经济下滑不应成为当前的政策选项。

三、采取合适的政策应对疫情的冲击

"非典"时期，宏观政策对受"非典"影响较大的行业有所倾斜，并保持了扩张性的宏观政策。例如，财政政策对受"非典"疫情影响比较严重的行业（如民航旅客运输业务、旅游业）减免了部分税费或实行税收优惠；对由政府组织拍卖或委托指定机构销售"非典"捐赠物资的收入免征增值税、城市维护建设税和教育费附加；对在"非典"防治期间被政府征用的宾馆、饭店、招待所和培训中心（含度假村），2003年减半征收城镇土地使用税等。货币政策方面，虽然当时货币供应量增速较快，人民银行并没有很快施行紧缩政策，而是直到第三季度末经济增长上升趋势确立后，才有所调整。上述政策措施为应对本次疫情提供了可资借鉴的经验。

我们认为，当前的政策措施应重点关注以下三个方面。

第一，高度重视此次疫情冲击对企业经营和就业的影响。有必要进一步减税降费，降低企业成本。同时，稳健的货币政策也可在边际上适度放松。物价对货币政策的制约不大，因为疫情对物价的影响集中在少数种类的食品、药品和卫生用品上，绝大多数的商品价格基本稳定，甚至可能因需求减少而下降。货币政策的着力点应关注有效舒缓本次疫情给企业带来的流动性压力，努力降低受疫情影响企业的经营成本。据有关测算，如果对企业在3天假期延长期间

发生的利息支出予以免除，大约可减轻企业财务成本450亿元。人民银行可通过宏观审慎评估鼓励开发性金融机构和政策性银行向人民银行申请再贴现、再贷款、抵押补充贷款等，加大对医药卫生领域和受疫情影响严重地区的金融支持。

要避免"一刀切"式的过度干预而额外增加企业的负担。在控制疫情的前提下，应鼓励员工在家远程办公，而不是让经济更长时间地处于"休克"的状态。企业用工成本增加将迫使其裁员，并抵消财政、货币政策降低企业成本的效果。

此外，应谨防企业信用风险大面积爆发。目前有关政策已开始舒缓企业资金链紧张的问题。1月26日，为配合做好新型冠状病毒感染的肺炎疫情防控工作，银保监会已经要求对于受疫情影响较大的批发零售、住宿餐饮、物流运输、文化旅游等行业，以及有发展前景但暂时受困的企业，不得盲目抽贷、断贷、压贷。鼓励通过适当下调贷款利率、完善续贷政策安排、增加信用贷款和中长期贷款等方式，支持相关企业战胜疫情灾害。

第二，不以房地产作为对冲经济下行的手段，但应在坚持"房住不炒"的前提下稳定房地产投资和销售。由于疫情已经对经济带来了较大的冲击，加剧了短期经济的波动，房地产投资的平稳对于顺利渡过当前的难关也很重要。一方面，防止经济过度"房地产化"为实体经济发展提供了更多空间；另一方面，在较长时期中，房地产业在我国经济中仍有着重要地位。不将房地产作为刺激经济增长的手段，不应与政策继续收紧划上等号。

受到新冠肺炎疫情影响，全国多个城市针对房地产市场下发了"暂停经营"的通知，明令禁止售楼处、中介门店继续营业，中国房地产业协会也发出号召，全国楼盘暂时停止售楼处的销售活动，待疫情过后再自行恢复。房地产销售的迟滞将加剧房地产企业的资金紧张，而销售回款（包括个人按揭贷款和定金及预收款）已经成为房地产企业最为重要的资金来源（2019年达到49.62%的历史高位）。建议适度放松对房地产企业的融资限制，允许部分受疫情影响较大的房地产企业延期还贷，缓解近期销售萎缩对其资金链的冲击。

房地产政策应以"稳地价、稳房价、稳预期"为宗旨，以供需相结合的调控方式促进房地产市场健康发展，支持房地产业的合理融资需求，调整土地供应结构，增加住房供给，加强房价预期管理，并继续构建和完善房地产调控长效机制。

第三，此次疫情对地方财政造成了较大冲击，税基缩减加剧了地方政府债务风险。应加大财政政策的逆周期调节力度，提高中央财政赤字率，增加中央对地方的转移支付。

我国政府部门整体的杠杆率并不算高，且政府债务结构较合理，绝大部分为内债，外债占比很低，短期债务占比也较低，而相较于发达国家，我国经济和政府收入增长较快。这些为我国提高财政赤字率提供了有利条件。我们认为，可以较大幅度提高财政赤字率，至少可以提高到3%。

财政政策在逆周期调节中扮演主要角色的同时，应坚持财政可持续，在增量投资方面要求项目投资回报机制明确、收益可靠、风险可控，提高财政资金撬动社会资本的杠杆作用。同时，进一步增加对医院、病毒检测实验室、医疗物资储备等的资金投入。

也应看到当前存在的有利条件：一是我国经济发展已经不再"唯GDP马首是瞻"，而是强调稳增长和转变增长方式。2019年第四季度，经济运行已出现一些积极信号，达到阶段底部区间。二是我国进一步深化改革，金融业等第三产业对外开放力度加大，释放新的改革红利。三是我国经济韧性较强，且疫情期间被压抑的需求将在疫后有所反弹。四是有当年抗击"非典"的经验，疫情防控比较迅速。由于采取了强有力的措施，疫情影响主要集中在湖北省，其他地区受到的影响相对有限，延续时间也有望相对较短。

总而言之，在全力应对疫情的同时，也要高度重视经济的薄弱环节，采取有力措施，帮助企业，尤其是中小企业渡过难关，稳定就业，保障民生。我国经济恢复所面临的挑战可能比当年"非典"时更严峻，但只要各项政策和措施得当，这次疫情冲击应该是短期的和可控的。

财政赤字货币化的要害是缺乏市场约束①

关于财政赤字货币化问题近期已成为讨论的一个热点。我不是很赞成这么做，因为财政赤字货币化是缺乏市场约束的。只有市场完全失灵，才可能考虑财政赤字货币化，而我们国家目前离这一步还很远。什么是财政赤字货币化？简单地说，就是央行直接认购政府债券，而不是一般情况下的央行通过二级市场购买政府债券。本文讨论三个有关问题：第一，究竟什么是财政赤字货币化，这一讨论应该集中在哪些方面？第二，为什么一般情况下央行不能直接认购政府债券，央行从一级市场认购与二级市场购买政府债券有什么根本区别和不同影响？第三，什么情况下才能考虑财政赤字货币化？事实上，我国现在离这一步还很远。

一、什么是财政赤字货币化

现在，对财政赤字货币化的概念和定义有很多不同的理解和认识。有专家认为，只要通过货币发行支持了财政赤字，都可以算作财政赤字货币化。如央行降低商业银行法定存款准备金，商业银行以此释放的流动性来购买国债，还有中央银行在二级市场上大量购买政府债券、支持国债发行。还有人把量化宽松政策（QE）混同于财政赤字货币化。我认为，这些都不是财政赤字货币化。如果是的话，很多国家早就在使用这些方法了，也不需要现在来讨论财政赤字货币化的问题。无论是在理论上还是在实践中，财政赤字货币化只有一种情况，就是央行在一级市场直接购买政府债券，也就是所谓的"直升机撒钱"。

因此，目前的不少讨论实际上已经偏离了财政赤字货币化的范畴，主要存在两种偏离：一种偏离聚焦于货币超发是否会引发通胀，换句话说，在特殊情况下，是否应该无限量增加货币供应，会不会由此产生通胀。实际上，无限增

① 本文作者盛松成，首发于第一财经，原标题《专访盛松成：当市场完全失灵时才需要实行财政赤字货币化》，2020 – 05 – 15。

加货币供给与财政赤字货币化并无直接联系。美国为应对 2008 年国际金融危机实行的 QE 和目前的美联储无限量扩表都不是通过财政赤字货币化施行的。另一种偏离认为央行通过哪种渠道购买政府债券并不重要，关键在于如何确保财政资金合理、有效使用。实际上，政府如何拿到钱，与政府拿到钱后如何使用，是两个不同的问题。财政资金如何使用与财政赤字货币化也没有直接关系。

二、央行在一级市场与二级市场购买政府债券的根本区别和不同影响

《中国人民银行法》第 29 条明确，央行不得对政府财政透支，不得直接认购、包销国债和其他地方政府债券。有人认为，法律可以修改。殊不知这一法律规定不仅是中国沉重的历史教训的总结，而且也是西方国家上百年货币政策实践的经验。

央行在一级市场直接认购国债的"直升机撒钱"，与通常的通过二级市场购买政府债券，两者的根本区别和不同影响，可以从货币供应量和利率两个方面予以考察。

第一，央行在一级市场直接认购政府债券会等量扩大央行资产负债表、等量增加基础货币供应。2020 年 4 月我国货币乘数为 6.72。若我国央行认购政府债券 1 万亿元，则货币供给将增加 6.72 万亿元，M_2 同比增速约提高 3.5 个百分点（2019 年 4 月 M_2 余额为 189.95 万亿元）。而如果只允许央行通过二级市场购买政府债券，央行可以根据货币发行的需要购买 1 万亿元，也可以购买 5000 亿元，可以今天购买，也可以明天购买，可以购买长期政府债券，也可以购买短期政府债券，这样就能保障我国央行货币政策的独立性。

第二，央行在一级市场直接认购政府债券缺乏市场机制约束。政府公开招标发行债券，需参考二级市场交易价格。当前我国国债二级市场有众多专业投资者参与、交易活跃透明，具备良好的"价格发现"功能，也能有效约束政府的发债行为。当国债发行规模过大，供给增加，利率面临上行压力，财政融资成本就会提高。第二层次的约束是政府债券利率上升也会一定程度上带动金融市场利率（如信用债利率）的上升。第三层次的约束是金融市场利率上升会导致实体经济利率，如银行贷款利率上升，影响企业融资。因此二级市场的定价机制会制约政府发债行为，避免债券过度发行。若央行在一级市场直接认

购政府债券，这一定价机制就难以发挥作用，政府债券发行利率甚至可以为零。

第三，央行直接通过一级市场认购政府债券，将制约货币政策操作空间，如美联储曾实施的扭曲操作（通过抛售短期国债购买长期国债，引导长期利率下行）就难以实施。央行直接从一级市场认购国债，也将影响正常国债收益率曲线的形成，严重制约货币政策的有效实行，阻碍货币政策价格型调控的改革。

三、我国离财政赤字货币化还很远

什么时候才能考虑财政赤字货币化呢？正如伯南克在回忆录《行动的勇气》中写道，"我们采取的非传统货币工具，比如量化宽松政策，虽然有积极作用，但也会涉及一定的成本和风险。因此，非传统货币工具不能像降息等传统工具那样频繁使用"。财政赤字货币化，类似于伯南克曾提到的"直升机撒钱"，或许只有在传统工具失效，在收益、成本与风险之间反复权衡后，作为决策者最后的政策工具来使用。

当前我国货币政策仍保持稳健，还有很多传统货币政策工具可以运用，如中小型存款类金融机构存款准备金率至少有6%，7天逆回购利率为2.2%、6个月期中期借贷便利（MLF）利率为3.05%，10年期国债收益率达2.7%，1年期定期存款利率为1.5%，都在正常范围内。同时，我国财政赤字率并不高，市场对国债的需求比较旺盛，国债发行顺利，所以，无须财政赤字货币化。同时，当前我国货币政策调控正在由数量型向价格型转变，贸然实行财政赤字货币化，容易引发市场信号混乱、价格扭曲、货币超发、财政失衡，埋下系统性风险隐患。

总之，我国目前并未出现严重市场失灵，阻碍财政政策与货币政策的正常施行，所以，不应采取财政赤字货币化。

第二部分
房地产调控：供给与需求

导言

自 1998 年"房改"以来，我国房地产行业进入市场化的快速发展阶段，房地产业在经济中发挥的作用也愈加明显。2003 年国务院把房地产业列为"支柱产业"，这为房地产业进一步发展奠定了基础。房地产市场规模不断扩大，房价频频创出新高，房价预期始终处于上行通道，持续 20 余年未经历一个完整房地产周期的现象世所罕见。

针对房价过快上涨的现象，相关部门出台了一系列调控措施，但是调控往往变成"空调"。这与我国房地产业属性有较为直接的关系。我研究房地产已有 20 余年的时间。2005 年我们在《上海房地产市场发展周期与金融运行关系研究》一文中指出，房地产投资属性在 1998 年后开始凸显，房地产业对于银行的信贷依赖度较高。后来事实证明这一结论在全国范围内也成立。2016 年，中央确立了"房住不炒"的调控主基调，并贯彻至今未变，主要目的就是抑制房地产的投资属性。"房住不炒"政策的提出和落实是我国房地产业发展和调控政策的一个里程碑。

影响房价的因素较多。2007 年我们在定量分析的基础上提出，经济发展与房价变化之间存在明显的因果关系，中国经济的持续快速增长决定了中国的房价长期趋势必然是向上的，但必须防止房价短期大幅波动，尤其是大幅上升。2013 年货币超发论沸沸扬扬，认为货币发行多了是近年来房价上涨的主要原因。我在《单一商品价格与价格总水平决定因素是不同的》（见本书上篇《货币政策理论与实践》）一文中明确指出，单一商品的价格取决于该商品的供需状况，而货币供给影响价格总水平，与其说高房价是"印出来的"，不如说是"炒出来的"。货币供应量与房价上涨并不总保持一致，例如日本、韩国等国家的 M_2 高增速还伴随着房价负增长，我国货币在全国范围内完全自由流通，但各个城市房价涨幅不尽相同，有的甚至截然相反，这些都说明房价与货币供应量没有直接联系。还有观点认为人民币升值吸引热钱流入，造成我国房价大涨。这一观点初看起来颇具迷惑性，但实际上是完全不符合现实、没有统计数据支撑的主观推论。2013 年我们两次发表文章，论证人民币升值不是房价上涨的原因。

房地产市场调控建议方面，我长期坚持"供给与需求"相结合的调控理念，同时认为，在不同阶段调控侧重点应有所不同。在房地产市场化发展初期，需求短期内大量增加，刚需、改善、个人投资、企业投资、外资购房等众多需求远远大于房地产供给，我当时提出应以需求端调控为主。经过十多年的发展，我国居民住房得到极大改善。2013 年人民网发文《住房：总量充足，区域性短缺》，指出我国城镇居民住房户均套数超过 1.1 套。这说明我国住房矛盾的主要方面已经发生变化。2016 年中央经济工作会议提出"房住不炒"的房地产调控总基调。刚需及改善性需求成为解决居民住房的重点，而房地产市场区域分化严重。此时，我提出在坚持"供给与需求"相结合的基础上侧重"供给端"的调控思路，住房的供给要与经济发展、产业结构、人口净流入等相匹配。

2021 年《政府工作报告》对房地产供给的调控是历次政府工作报告中最突出的："保障好群众住房需求。坚持房子是用来住的、不是用来炒的定位，稳地价、稳房价、稳预期。解决好大城市住房突出问题，通过增加土地供应、安排专项资金、集中建设等办法，切实增加保障性租赁住房和共有产权住房供给，规范发展长租房市场，降低租赁住房税费负担，尽最大努力帮助新市民、青年人等缓解住房困难。"

目前我国房地产市场出现了房价城市间分化，甚至同城分化的趋势，我国商业地产和住宅的库存也出现前者过剩、后者紧张的分化局面等新现象。这些都是我国房地产市场存在的结构性问题。前文所述在"供给与需求"相结合的基础上侧重"供给端"的调控思路，也将有助于这些问题的解决。

我是最早指出三、四线城市房地产风险的研究者之一。2017 年底，我们即撰文，提出要高度警惕房地产泡沫出现在三、四线城市。2018 年初，拙文获得党和国家最高领导人及有关领导的批示，还获得 2019 年度上海市政府决策咨询课题研究成果一等奖。2018 年 5 月，我国开始对三、四线城市房地产市场进行重点调控。2018 年 9 月，通过商品房待售面积、人均居住面积、空置率等各项指标，我们用几种方法交叉测算了我国房地产库存情况，发现房地产库存整体上并不高，去化周期仅 5 ~ 6 个月，但区域结构存在较大的差异，部分三、四线城市存在库存较高的问题。进一步研究发现，一些三、四线城市在"去库存"过程中反而出现"补库存"的现象，尤其在人口净流出的三、四线城市，长期库存风险开始凸显。据此，我提出，从长期看，远离核心城市、缺乏产业支撑、人口外流的三、四线城市房地产风险可能更高，需引起高度警惕，并及时采取应对措施。

我还一直强调预期管理对稳定房价的重要性。预期管理的思路，最早来源于我们对2015年"8·11"汇改后汇率政策的经验总结。当时人民币汇率出现超调，我国货币当局主动实施预期管理。我觉得这样的预期管理也适用于房地产市场。自2016年3月最近一轮房地产调控实施以来，我国房价增速趋于平稳，这是近年来房地产调控取得的巨大成绩。但是从历史经验看，房价调控成果初显即停止调控，致使房价上涨预期再现，不乏先例。为防止前功尽弃、重蹈覆辙，需要扭转房价只涨不跌的预期。2018年10月，我们发表了《扭转房价只涨不跌的预期正当其时》一文，再次强调稳定房价预期的重要性。

我赞成发展租赁住房，这是当前应对高房价问题的一个有效举措，对促进房地产市场平稳健康发展、推进城镇化建设、增强城市人才活力、缩小贫富差距、维护社会稳定，都具有重要意义。①

房地产业在经济增长中仍然发挥着重要的作用，房地产市场稳定是经济增长的重要保障，因此要谨防调控过程中发生系统性风险。我们也专门撰文针对房企资金链风险，三、四线城市的房地产风险以及新冠疫情对房地产市场的影响等问题进行深入研究。例如，在《十条建议应对新冠疫情对房地产业的冲击》一文中，我们提出，尽管本次新冠疫情和2003年"非典"对房地产的影响有类似之处，但历史不一定会简单地重演，尤其是目前房地产业所处的经济环境、在我国经济发展中所扮演的角色与2003年已有很大不同，房地产业自身的特点、发展趋势等也发生了诸多变化。如果房地产投资出现较大回落，将给经济带来明显的下行压力，还可能直接或间接影响就业。因此，应在继续贯彻落实"房住不炒"和控制风险的前提下，支持刚需和改善需求，因城施策，适度发挥房地产投资稳定经济的作用。后来的事实表明，我国房地产投资在疫情冲击下创历史新低后逐月改善，表现出较强的韧性。2020全年，房地产投资同比增速达到7%，增速高于基建投资和制造业投资。

在"稳地价、稳房价、稳预期"三者中，"稳房价"是调控的根本目的。

---

① 详见本书下篇第二部分第二章《发展公共租赁住房是房地产调控的重要举措》。

关于如何控制和逐步消除我国房地产泡沫，我提出了这样的观点，即控制房价的同时，通过振兴实体经济，不断提高居民收入水平，使得未来居民收入的增长长期超过房价的上涨，不断缩小房价收入比，通过"挤泡沫"而非"刺破泡沫"的方式，从根本上解决我国房价过高的问题，避免美国、日本、中国香港等国家和地区曾经发生的房价暴跌式调整，实现房地产市场长期健康发展。这是我国房地产调控唯一可选择的道路，也将创造房地产平稳发展的历史奇迹。

第一章

房地产与经济发展

◎上海房地产市场发展周期与金融运行关系研究

◎经济发展对房价长期走势的决定作用

◎中国房地产业对经济增长的贡献被严重低估

◎十条建议应对新冠疫情对房地产业的冲击

上海房地产市场发展周期与金融运行关系研究[①]

摘要： 房地产市场是宏观经济的一个子系统，具有周期运行的特点。本文通过实证分析，认为上海房地产市场周期发展态势基本形成，其受宏观经济周期、金融政策影响颇深，对实际利率较为敏感，直接影响商业银行信贷结构，虽然投资品属性日益明显，但与股票市场此消彼长的局势尚未形成。

一、上海房地产市场发展周期

（一）上海房地产发展周期的实证分析

本文采用三种指标对上海房地产发展周期进行实证分析。由于数据限制，分析大多从 1990 年开始。

1. 商品房开发投资增长率单一指标分析

表1　　　　上海市固定资产投资额中房地产开发投资总额及增长率

年份	1987	1988	1989	1990	1991	1992	1993	1994	1995
房地产开发投资额（亿元）	0.97	1.68	1.85	8.16	7.59	12.71	22.04	117.43	466.2
增长率（%）	—	73.2	10.1	341.1	−7.0	67.5	73.4	432.8	297.0
三年移动平均的增长率（%）	—	—	141.5	114.7	133.9	44.6	191.2	267.7	257.0
年份	1996	1997	1998	1999	2000	2001	2002	2003	2004
房地产开发投资额（亿元）	657.79	614.23	577.12	514.83	566.17	630.73	748.89	901.24	743.27
增长率（%）	41.1	−6.6	−6.0	−10.8	10.0	11.4	18.7	20.3	20.9
三年移动平均的增长率（%）	110.5	9.5	−7.8	−2.3	3.5	13.4	16.8	20.0	—

注：除特别说明外，本表及后文数字均来源于上海市统计局。

---

① 本文作者盛松成、李安定、刘惠娜，发表于《上海金融》，2005 年第 6 期。

从表 1 和图 1 可以看出，1992—1999 年是一个比较完整的从上升到回落的投资增长率周期。1994 年房地产开发投资额增长率达到 432.8%，为历史最高；1999 年则下降为 -10.8%，为历史最低。2000 年之后新的周期开始，但波动幅度明显减小。

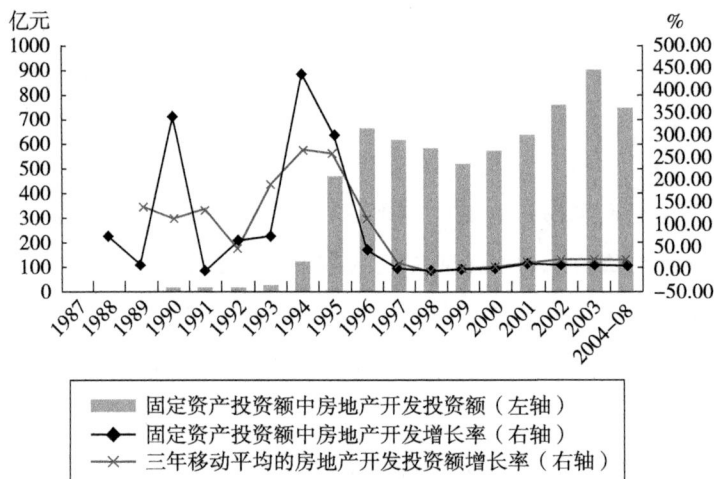

图 1　上海市房地产发展周期（房地产投资增长率单一指标）

2. 商品房平均销售价格增长率单一指标分析

从表 2 和图 2 可以看出，除了 1997 年、1999 年，上海市房地产平均销售价格基本都处于上升通道中，但增长速度有所不同。1991—1997 年增长较快，此后放慢，2001 年之后又快速增长。如果以价格增长率来划分周期的话，可以认为 1991—2000 年是一个周期，而 2001 年开始一个新的周期。

表 2　　　　　　　　　　上海市商品房平均销售价格增长率　　　　　　单位：%

年份	1991	1992	1993	1994	1995	1996	1997	1998	1999	2000	2001	2002	2003	2004-08
增长率	18.01	16.04	24.40	2.70	18.57	24.42	-0.03	9.19	-2.03	4.18	8.44	6.93	23.80	22.60
三年移动平均的增长率	—	19.48	14.38	15.23	15.23	14.32	11.19	2.38	3.78	3.53	6.52	13.06	17.78	—

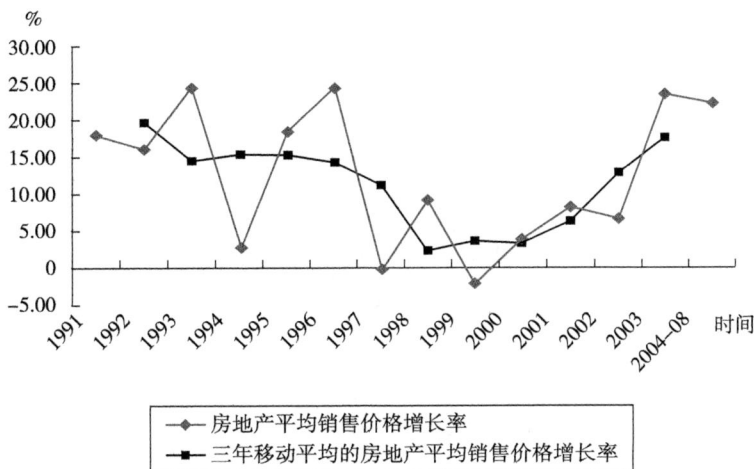

图 2　上海市房地产市场发展周期（平均销售价格增长率）

3. 房地产综合指数分析

采用以下公式计算房地产综合指数①。

房地产综合指数 = 房地产开发施工面积增长率 × 0.1 + 房地产开发竣工面积增长率 × 0.1 + 商品房开发投资总额增长率 × 0.2 + 商品房销售额增长率 × 0.4 + 商品房平均销售价格增长率 × 0.1 + 房地产业产值增长率 × 0.1。

从表 3 和图 3 可以看出，上海房地产市场在 20 世纪 90 年代前半期经历了一个高涨阶段，后半期进入相对低谷。而 2000 年之后逐渐回升，但增长速度明显比 90 年代前期减小。

表 3　　　　　　　　上海市房地产合成增长率指标　　　　　　　单位：%

年份	房地产业产值增长率	商品房开发投资总额增长率	房地产开发施工面积增长率	房地产开发竣工面积增长率	商品房平均销售价格增长率	商品房销售额增长率	合成增长率指数	三年移动平均的合成增长率
1991	225.07	- 0.13	8.55	72.27	18.01	9.31	36.09	—
1992	68.01	65.35	37.03	8.41	16.04	- 0.79	25.70	102.57
1993	28.81	566.93	251.86	174.14	24.40	211.52	245.92	94.12
1994	48.18	40.30	- 14.15	6.63	2.70	- 4.15	10.74	160.18
1995	133.54	143.93	288.63	105.27	18.57	351.23	223.88	90.59

---

① 合成增长指数计算方法引用自：中国社会科学院"房地产周期波动研究"课题组．中国房地产周期波动：解释转移与相机政策［J］．财贸经济，2002（7）．

119

续表

年份	房地产业产值增长率	商品房开发投资总额增长率	房地产开发施工面积增长率	房地产开发竣工面积增长率	商品房平均销售价格增长率	商品房销售额增长率	合成增长率指数	三年移动平均的合成增长率
1996	36.12	58.77	18.34	72.46	24.42	25.67	37.15	91.49
1997	18.71	13.41	−11.05	21.29	0.03	19.66	13.44	28.22
1998	25.69	−14.60	1.39	6.85	9.19	81.67	34.06	17.08
1999	13.55	−8.86	−6.15	−6.18	−2.03	13.99	3.74	18.28
2000	19.56	18.65	8.66	11.92	4.18	22.17	17.03	12.81
2001	25.88	12.37	8.38	8.99	8.44	25.06	17.67	17.06
2002	17.92	22.67	14.55	10.79	6.93	17.33	16.48	22.79
2003	24.17	25.64	20.57	25.55	23.80	49.24	34.23	26.58
2004–08	12.30	20.90	15.10	2.10	22.60	49.10	29.03	—

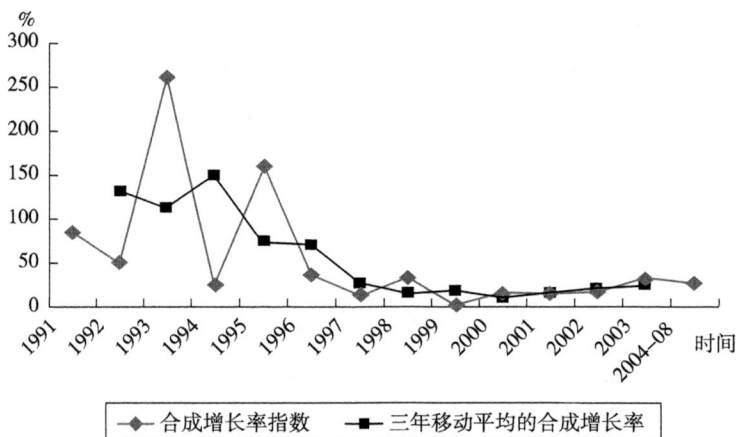

图3　上海市房地产发展周期（合成增长率指数）

（二）上海房地产市场发展周期的基本结论

综合上述分析，上海房地产发展可以分为以下三个阶段：第一周期（1978—1991 年）。这个周期是起步阶段，随着经济改革在各行各业的逐步展开，上海房地产业从无到有，逐步发展起来。但总体规模仍比较小，年度投资额均低于 10 亿元。

第二周期（1992—1999 年）。这个周期是一个完整意义上的周期，经历了一个大起大落的过程，大致可以分为过热和调整两个阶段。（1）过热。1992—1994 年三年时间，固定资产投资中的房地产开发投资就实现了从 10 亿元向 100 亿元的突破，1994 年达到 117.43 亿元，当年增幅 432.8%。（2）调整。随着国家开始进行适度从紧的宏观调控，房地产业自然成为此次调控的重点。上海的房地产投资增速也开始逐渐减缓。1997 年、1998 年、1999 年甚至出现了负增长。

第三周期（2000 年至今）。受国家住房制度改革、商业银行开办住房抵押贷款业务等的推动，房地产业开发投资增长率开始回升，2000 年恢复正增长。但这一轮发展并没有形成类似上一轮超过 100% 的增幅，这可能与基数规模已经较大有关。

二、上海房地产市场发展周期与金融运行的关系研究

（一）上海房地产市场发展周期与经济金融指标相关关系分析

下文主要利用前文中的房地产综合指数，与经济、金融指标进行相关分析。

1. 与 GDP 增长率相关关系分析

从图 4 可以看出，尽管房地产综合指数波幅较大，但与 GDP 增长率的趋势却基本一致，20 世纪 90 年代前期较高，后期走低，21 世纪后进入一个新的增长阶段。进行相关分析，它们的相关系数达到 0.899。

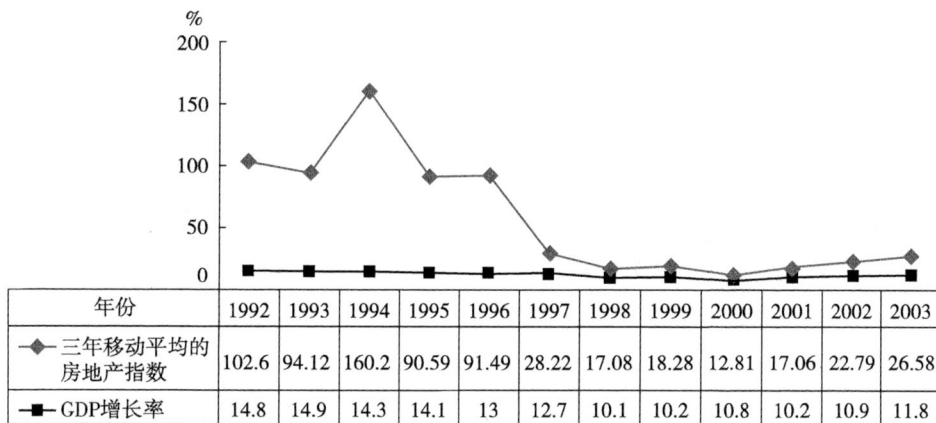

年份	1992	1993	1994	1995	1996	1997	1998	1999	2000	2001	2002	2003
三年移动平均的房地产指数	102.6	94.12	160.2	90.59	91.49	28.22	17.08	18.28	12.81	17.06	22.79	26.58
GDP增长率	14.8	14.9	14.3	14.1	13	12.7	10.1	10.2	10.8	10.2	10.9	11.8

图 4　上海市房地产综合指数与 GDP 增长率

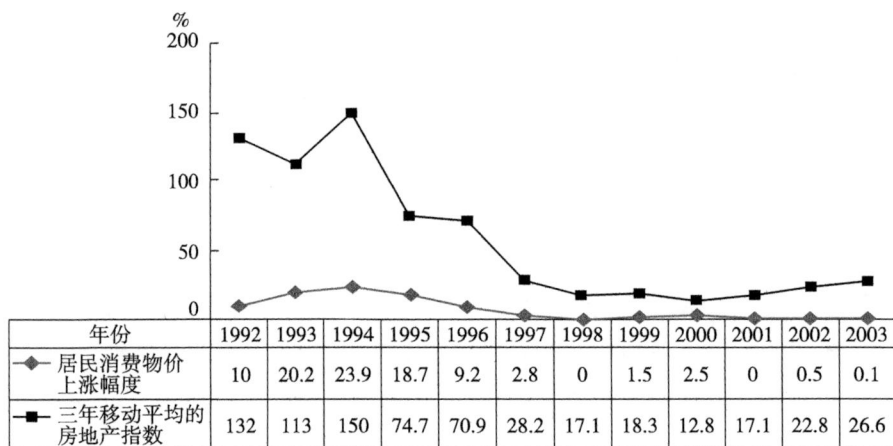

年份	1992	1993	1994	1995	1996	1997	1998	1999	2000	2001	2002	2003
◆ 居民消费物价 上涨幅度	10	20.2	23.9	18.7	9.2	2.8	0	1.5	2.5	0	0.5	0.1
■ 三年移动平均的 房地产指数	132	113	150	74.7	70.9	28.2	17.1	18.3	12.8	17.1	22.8	26.6

图 5　上海市房地产综合指数与居民消费物价指数

2. 与消费物价指数相关关系分析

从图 5 可以看出，上海房地产发展综合指数与居民消费物价涨幅在 20 世纪变化趋势比较一致，近年来逐渐背离。经过相关分析，1992—1997 年两者的相关关系为 0.703，而 1998 年以后则变为 -0.580。反映房地产商品的投资品属性逐渐显现，甚至开始向与一般消费品价格走势呈相反的方向发展。这也可以部分地解释为什么近年来货币供应量涨幅较大，而居民消费物价涨幅不大的现象，因为房地产商品价格涨幅较大，吸收了部分货币，但其价格指数未被统计入消费物价指数。

3. 与存贷款规模相关关系分析

从图 6 可以看出，上海市房地产市场发展综合指数与存款、贷款、储蓄存款增长率的变化趋势比较相似。相关分析发现，房地产市场发展综合指数与存款、贷款、储蓄存款增长率相关系数分别为 0.881、0.748、0.829。反映房地产市场周期波动受社会资金量的影响较大。进一步做回归分析发现，银行存款每增长 1%，房地产综合指数就上涨 3.8。

4. 与房地产信贷相关关系分析[①]

如图 7 所示，上海房地产综合指数与中资商业银行房地产信贷相关关系并不明显。1998—2003 年房地产合成增长指数与房地产贷款、个人消费房贷、

————————

① 本部分数据来源于中国人民银行上海分行。由于条件限制，只能取得 1998 年以来中资商业银行的本币房地产信贷统计数字。

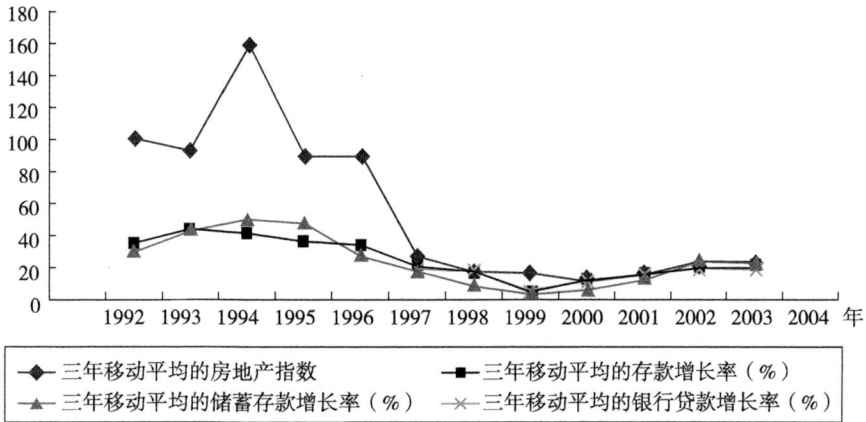

图 6　上海市房地产综合指数与金融机构存款余额、贷款余额、储蓄存款余额增长率

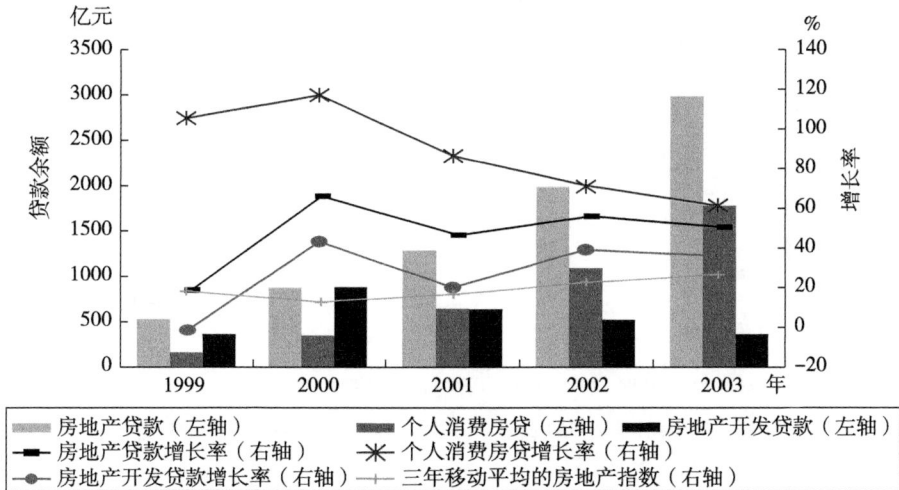

图 7　上海市房地产综合指数与房地产信贷增长率

房地产开发贷款余额的相关系数分别为 0.849、0.856、0.832，与其增长率相关系数分别为 −0.094、−0.919、0.118。显示房地产信贷是房地产市场发展的重要支撑，但房地产信贷变化趋势与房地产市场变化趋势却不尽相同。出现这种情况的主要原因有三个。

一是房地产融资的外资化。外币贷款已经占到房地产贷款的一定比重，因此单单考虑本币房地产贷款已经不能反映房地产信贷对房地产市场的推动作用。

二是个人消费房贷业务新开办时的爆发式增长。个人消费房贷业务在我国是全新的业务种类，初期增速极快，后期自然回落，使住房信贷呈现一种非常态发展趋势。

三是信贷统计也存在一定的误差，一些银行并未将房地产贷款正确地统计在相应科目中。

5. 与信贷结构相关关系分析

1993—2003 年上海市房地产综合指数与中长期贷款占比相关系数为 -0.249，而 2000—2003 年提高到 0.966。

如图 8 所示，2000 年之后，上海市金融机构中长期贷款比重上升。主要受两个因素影响：一是积极财政政策下基本建设投资增加，商业银行信贷基本建设贷款增加。二是房地产信贷比重增加。房地产信贷一般以中长期为主。目前，上海市中资金融机构自营性房地产贷款余额约占人民币贷款余额的1/3。

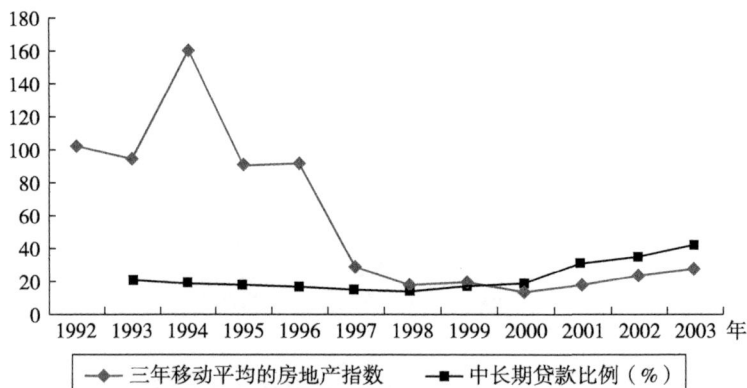

图 8　上海市房地产综合指数与金融机构中长期贷款比率

随着市场的发展，房地产企业资金需求规模扩大，而资金来源渠道少，房地产开发资金高度依赖银行信贷。2004 年 1—8 月，上海市房地产开发建设共到位资金 114061 亿元。其中，以定金及预收款为主体的其他资金占比51.8%；其次是国内贷款 275.97 亿元，占 24.2%；自筹资金 265.19 亿元，占 23.2%。按照定金及预收款70%来自银行计算，上海房地产开发资金至少有 60.46%来自银行贷款。

6. 与利率相关关系分析

如图 9 所示，1992—2003 年上海市房地产市场综合指数与名义利率之间正相关，相关系数为 0.893，与实际利率（名义利率 – 居民消费价格指数）的相关系数为 – 0.851，反映房地产市场对实际利率变动相当敏感。

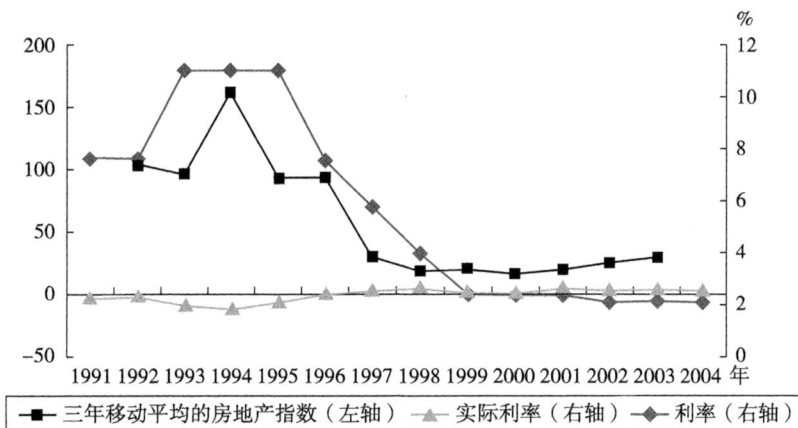

图 9　上海市房地产综合指数与利率走势

7. 与股票市场相关关系分析

如图 10 和图 11 所示，上海市房地产综合指数与上海证券交易所股票成交增长率相关系数为 0.812，与上证综合指数相关系数为 0.166。这反映我国的股票市场与房地产市场资金流动未形成此消彼长的局面，相关关系还不明显。

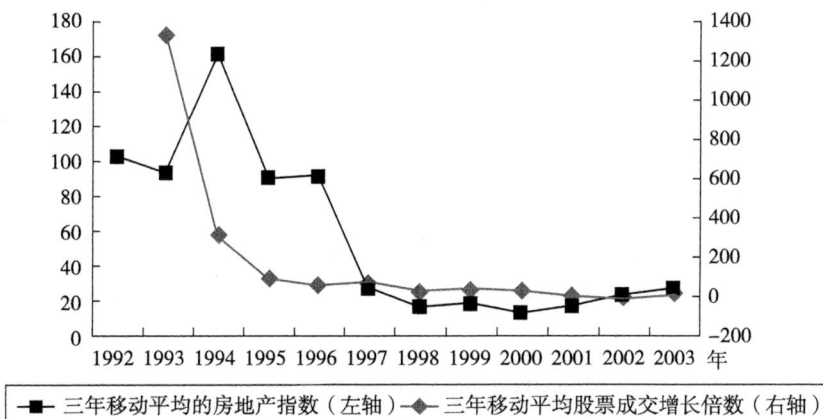

图 10　上海市房地产综合指数与上海证券所股票成交增长率

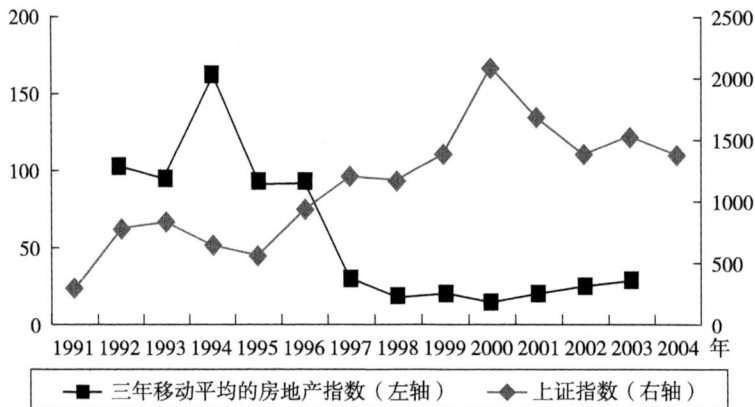

图11　上海市房地产综合指数与上证综合指数走势

8. 对房地产综合指数的回归分析

从上面的分析可以看出，GDP 增长率、实际利率与房地产市场周期波动的关系最为密切。我们选取这两个变量与房地产综合指数进行回归分析，得出的方程是

$$REI = -145.92 - 3.56r + 15.96\Delta GDP$$
$$(-2.36)\quad(-1.95)\quad(3.07)$$
$$R^2 = 0.87$$

其中，REI 为上海房地产市场综合指数，r 为实际利率，ΔGDP 为 GDP 增长率。

从中可以看出，房地产市场发展受宏观经济与金融（以实际利率为代表）影响明显。GDP 每增长 1 个百分点，就可以使房地产综合指数增长 15.96，而利率每提高 1%，就会使房地产综合指数降低 3.56。在当前的市场发展模式下，GDP 增长必须保持相当速度，才能支撑房地产市场的发展。

（二）相关关系总结

1. 上海房地产市场发展周期与经济金融运行的相关关系十分密切。

2. 房地产市场对实际利率敏感，反映房地产商品具有投资品的性质，资金价格杠杆对房地产市场调控作用明显。

3. 目前房地产信贷主要是中长期贷款，而由此引致的上海市商业银行信贷结构不平衡值得关注。

4. 上海市房地产市场外资化程度加深。外资已经成为上海房地产市场的主要资金来源之一，其中含有部分预期人民币升值的游资，房地产市场风险及由此引致的金融风险加大。

5. 上海房地产市场发展与银行信贷相关程度比较高，与股票市场资金未形成此消彼长的格局，反映出房地产金融产品还比较匮乏，房地产业对银行信贷高度依赖。

6. 信贷政策、利率等对房地产市场发展周期的影响持续加大，央行可利用各种货币政策工具进行调控和引导。

参考文献

［1］Ronald W. Kaiser, "the Long Cycle in Real Estate", Presented to the American Real Estate Society Conference, April 18, 1997.

［2］谭刚. 房地产周期波动——理论、实证与政策分析［M］. 北京：经济管理出版社，2001.

［3］中国社会科学院"房地产周期波动研究"课题组. 中国房地产周期波动：解释转移与相机政策［J］. 财贸经济，2002（7）.

［4］张元瑞. 房地产业周期波动规律再探——兼论房地产业的冷与热［J］. 上海房地，2002（4）.

［5］中国人民银行上海分行课题组. 上海市房地产行业融资外资化程度及其影响［J］. 上海金融，2004（11）.

经济发展对房价长期走势的决定作用
——基于中国及国际的比较分析[①]

摘要： 本文通过国际和国内房地产发展史的深入对比分析，指出需求是房地产价格变化的决定性因素，经济发展和房价变化互为因果，中国经济的持续快速增长决定了中国的房价长期变化趋势必然是向上的；但必须防止短期内房价的大幅上涨，以避免房价的大起大落，为此应将需求作为调控重点。

一、引言

长期以来，在西方发达国家，房地产价格研究属于房地产经济学和城市经济学领域，与宏观经济学几乎毫无关联，主要的宏观经济学文献中很少涉及房价问题。近年来，由于房地产业在西方经济中的地位越来越重要，影响越来越大，少数经济学家也开始把房地产因素纳入宏观经济模型，基本思路是将其作为一种资产，或者更具体地作为居民资产（与商业资产相对应）来研究；从经济发展角度研究房地产价格变化的文献仍然十分稀少，个别研究也主要是纯实证性质的。这些研究中的绝大多数都发现，经济增长是推动房价上涨的重要因素。如 Collyns 和 Senhadji（2002）通过实证检验发现，在美国，人均国内生产总值（GDP）是影响房地产价格的主要因素。Englund 和 Ioannides（1997）选取了经济合作与发展组织（OECD）15 国的房地产价格进行研究，发现 GDP 增长对房价有正面作用，而利率上升对房价有反面作用。Leung（2003）发现日本、韩国、中国香港和新加坡房价上涨的主要原因是经济持续繁荣。Case、Goetzmann 和 Rouwenhorst（2000）研究了世界（以 60 个国家和地区为样本）房地产价格相关性问题，发现世界及各国和地区经济增长对房

---

① 本文作者盛松成、刘斌，发表于《财贸经济》，2007 年第 8 期。

价变化影响很大。在所有这些模型中，经济增长均是外生变量，研究者没有建立经济增长和房价变化的互动模型，也没有指出经济增长引起房价变化的具体原因和传导路径。

近年来，随着我国房地产业的迅速发展，我国经济学界对房地产价格变化及其原因的研究也日渐增多，但绝大多数研究集中在对本轮房地产价格过快上涨的原因探讨上。一些专家（林毅夫、汪利娜，2003；单忠东等，2005）提出，经济长期快速增长和旺盛的需求对本轮房价上涨具有决定性影响。与此同时，也有少数研究人员对经济增长和房价变化的长期关系进行了研究。沈悦和刘洪玉（2002）认为房地产价格以宏观经济发展水平为基础，一旦价格增长过快，超过国民经济和社会发展的承受能力和消化能力，将带来非常严重的后果。但价格下降也会给国民经济的发展带来一定的负面影响，并不是越低越好。欧阳林等（2006）提出经济增长是房地产价格上涨的主要因素，但不是绝对因素，同时指出房地产价格的上涨又推动国民经济的增长，两者互为条件，相互促进。盛松成（2007）认为，经济发展与房价变化之间存在明显的因果关系，房地产市场调控应以需求为重点。

但上述研究大都是简单的数量对比或者是定性分析，缺少深入的定量分析。几乎没有专家从经济长期发展的角度分析预测未来我国房价的长期走势，没有发现旺盛的需求决定了我国的房价将持续不断上涨，因此无法提出避免未来房价大起大落的关键在于如何有效调控房地产需求。

在本文中，我们首先选取日本、美国、中国和中国上海作为样本，对经济发展和房价上涨的长期因果关系进行实证研究。然后在第三部分解释中国经济的快速发展如何影响房地产的需求，进而决定了房价的长期上涨趋势。在第四部分，我们证明了为什么需求是我国房价走势的决定性因素。第五部分说明为什么房价收入比偏高不能作为中国房地产存在泡沫的证据。第六部分明确提出应保持房价平稳健康上升。第七部分建议房价调控应以调控需求为重点。

二、经济发展与房价上涨关系的实证分析

我们选取日本、美国、中国和中国上海进行对比研究。日本选取 1957—2003 年的 GDP 指数和全国市街地价变化指数年度数据，美国选取 1979—2001年 GDP 指数和全国房屋价格指数数据，中国和上海分别选取全国和上海市的GDP 指数和房屋价格指数。由于中国和上海的房地产价格统计时期较短，为

增加数据数量，提高检验可靠性，我们采用季度数据，其中全国的数据区间为1998 年第二季度至 2006 年第一季度，上海的数据区间为 1998 年第二季度至2005 年第四季度。因为 ADF（The Augmented Dickey – Fuller Test）检验显示所有初始数据均非稳定序列，所以需要进行相应的转换。对中国和上海的数据我们直接做一阶差分就可以得到稳定序列，对日本数据只需要做对数变换就可以得到稳定序列，对美国的数据则需要先做对数变换，再做一阶差分才能得到稳定序列。

为探索房价变化和经济增长之间的因果关系，我们分别对中国、上海、日本和美国转换后的房价和 GDP 平稳序列做格兰杰因果检验，得到表 1、表 2、表 3、表 4。

表 1　　　　　　中国房价和 GDP 变化的格兰杰因果检验结果

阶数	1 阶	2 阶	3 阶	4 阶	5 阶	6 阶
GDP 变化不是房价变化原因的概率	0.59	0.39	0.007	0.01	0.005	0.008
房价变化不是 GDP 变化原因的概率	0.19	0.07	0.10	0.14	0.098	0.21

表 2　　　　　　上海房价和 GDP 变化的格兰杰因果检验结果

阶数	1 阶	2 阶	3 阶	4 阶	5 阶	6 阶
GDP 变化不是房价变化原因的概率	0.24	0.047	0.11	0.13	0.003	0.001
房价变化不是 GDP 变化原因的概率	0.05	1.4×10^{-4}	2.4×10^{-4}	3.9×10^{-7}	3.9×10^{-5}	0.001

表 3　　　　　　日本地价和 GDP 变化的格兰杰因果检验结果

阶数	1 阶	2 阶	3 阶	4 阶	5 阶	6 阶
GDP 变化不是地价变化原因的概率	0.0086	8.2×10^{-6}	6.9×10^{-4}	8.7×10^{-5}	0.00026	0.00016
地价变化不是 GDP 变化原因的概率	0.005	0.06	0.19	0.38	0.52	0.50

表 4　　　　　　美国房价和 GDP 变化的格兰杰因果检验结果

阶数	1 阶	2 阶	3 阶	4 阶	5 阶	6 阶
GDP 变化不是房价变化原因的概率	0.10	0.21	0.87	0.81	0.94	0.94
房价变化不是 GDP 变化原因的概率	0.34	0.15	0.10	0.21	0.22	0.61

从表 1 至表 4 可以看到：一是三个国家和一个城市的经济发展和房价变化均表现出明显的互为因果关系。二是土地越稀缺的地区，这种互为因果关系越显著。中国上海的因果关系最密切，其次是日本，再次是中国，美国的房价和经济增长因果关系则相对较为模糊。

三、经济发展对我国房价上涨的影响路径分析

房价与 GDP 的互为因果关系实质上是房地产业与经济发展长期内在联系的外在表现。在经济发展与房地产市场发展的内在联系中，经济发展始终占据主导地位，经济发展决定了房地产市场的发展。同时，房地产业的发展反过来会对经济发展产生巨大的推动作用。同样，房地产业的长期萧条往往是由经济衰退或对经济预期的下降引起的，而房价的剧烈下跌又会对实体经济产生巨大冲击。

从国际经验看，当一个国家人民基本解决了温饱问题后，伴随着经济的腾飞和国民收入的提高，住房需求会出现一个较长的快速增长阶段。根据联合国的统计资料，发达国家人均住房面积为 46.6 平方米，是中等收入国家的 2.3 倍，是低收入国家的 5.8 倍。这意味着一个国家的国民收入每上一个台阶，人均住房面积都将增加一倍以上。住房需求的持续膨胀必然带来房地产业的快速持续发展。房地产业的发展速度甚至会超过经济发展速度，逐步成为国民经济的支柱行业。在这一阶段，受旺盛的需求和相对稀缺的供给的共同作用，房地产价格也将以较快的速度持续上涨。

我国经济从 20 世纪 70 年代末开始持续快速增长，目前人均 GDP 已经超过 2000 美元，发展水平与日本 20 世纪 70 年代或亚洲新兴市场经济国家 20 世纪 80 年代大致相当，并将在未来相当长的时期内继续保持较快增长势头。2005 年，我国的人均住房面积为 26.1 平方米。在 20 世纪 90 年代初期，美国人均住房面积就达到了 60 平方米，德国为 38 平方米，法国为 37 平方米，即使是人口高度密集的日本也达到了 31 平方米。从宏观经济发展的大背景看，我国房地产业已经具备了进入长期快速发展阶段的坚实基础，房价的上涨将是长期性的。

从需求面看，经济增长对房价影响的具体途径主要有以下四条。

一是经济发展会带来人民生活水平的持续提高，推动房价上涨。从 1979—1997 年，香港 GDP 增长超过 12 倍，同期房价增长了近 10 倍。1960—1990 年，日本 GDP 增长了 5 倍，同期住宅土地价格上涨了 28 倍，东京等六大都市圈住宅土地价格上涨了 68 倍。上海从 20 世纪 90 年代开始持续保持两位数的经济增长，平均增长速度超过了经济起飞时期的日本和香港。2004 年，香港私人住宅每平方米单价达 4700 美元左右，东京市住宅每平方米单价为

6300 美元左右。近年来，上海房价虽然大幅上涨，但住宅平均价格约为 1000 美元，仅是东京的约 1/6，香港的约 1/4。2006 年上海人均地区生产总值约 9620 美元，香港人均地区生产总值约 2.5 万美元，日本人均 GDP 约 3.5 万美元。如果上海经济继续保持每年 10% 以上的增长速度，预计将分别在 10 年后和 20 年后达到香港和东京现在的水平。如果上海房价 10—20 年后与东京或香港现在的房价接近，则要再翻一到两番。

二是经济发展一般都伴随城市化程度的提高，这会产生巨大的住房需求，刺激房价上升。根据世界银行的研究，当人均 GDP 提高到 1500 美元后，城市化水平将呈加速态势，城市人口占总人口的比重将达到 40%~60%。根据国家"十一五"规划，2010 年我国城镇化水平将达到 47% 以上，这意味着平均每年将有 1500 万左右的农民转变为城市居民，城市人口密度将不断增加。仍以上海为例，目前上海常住人口近 1800 万人，流动人口 350 万人，今后每年将新增 40 万人，到 2020 年常住人口将近 2500 万人。而香港总人口只有 700 万人，东京总人口为 1200 多万人。香港人口密度为 6420 人/平方公里，其中香港岛人口密度为 15880 人/平方公里。东京人口密度为 5655 人/平方公里，其中市中心人口密度为 13421 人/平方公里。目前上海市中心人口密度已达 21285 人/平方公里，大大超过了香港岛、东京市中心。更多的城市人口和更高的人口密度意味着对城市，尤其是市中心地区土地和房屋更加旺盛的需求。如果按照现在上海人均 22 平方米住房面积计算，仅因人口增加，上海每年就将增加约 900 万平方米的住宅需求。从全国范围看，根据住房和城乡建设部的预测，随着国民经济的迅速发展和城市化进程的加快，未来我国的真实住房需求将增加 5.4 亿平方米[①]。

三是经济发展会带来城市基础设施、房屋质量和环境的改善，提高房屋实际价值，增加房价长期上涨潜力。政府通过土地批租和房地产税收获得收益中相当大的部分又将投入城市建设。仍以上海为例，1991 年以来，上海城市建设投资平均每年递增 20% 以上，并计划在"十一五"期间再投入 1611.3 亿元，环境保护的开支将占上海地区生产总值的 3% 以上。2010 年，上海轨道交通将增加到 11 条线，总长度将达到 450 公里。而目前全世界轨道交通长度在 400 公里以上的城市只有纽约、东京、伦敦和巴黎四个城市。另一方面，随着

---

① 参见住房和城乡建设部报告《怎样认识当前房地产形势》，住房和城乡建设部网站。

竞争的加剧和科技的发展，房屋建筑的质量、房型结构、小区环境和配套设施等也都在不断改善，这些都将大大提升房屋的"性价比"，使房价长期上涨更具必然性和可持续性。

四是全球化引发的国际需求将推动中国房价的进一步上涨。根据传统经济理论，房地产是典型的非贸易商品，房地产市场具有强烈的区域化特征，各地区之间的房价几乎没有相关性。但经济的全球化已经在很大程度上改变了这一趋势。1984—1993 年，第一次出现了全球性的房地产周期。Case 等（2000）通过对全球 21 个国家和地区 1987—1997 年房地产市场的研究表明：世界范围内的房地产周期呈现趋同趋势，不同地区房地产市场资产收益率的平均相关系数在 0.33 和 0.44 之间。在当前这一轮全球房地产周期中，各国和地区的房地产价格走势表现出了更强的相关性：从 1995 年到 2004 年，经合组织监测的 18 个发达国家中有 14 个国家的房价出现了不同程度的上涨，其中 2004 年有 12 个发达国家的房价同步上涨，是有监测资料以来的最高峰。此外，在印度、巴西等发展中国家以及东欧和俄罗斯等地区，近年来房地产市场也出现了繁荣景象。世界性的资金宽松和低利率增加了房地产投资的吸引力，加上对人民币升值的预期，外资大量涌入北京、上海这样国际化程度较高、发展前景看好、市场成熟的地区购买房地产，成为推动这些城市高档物业价格快速上涨的主要因素之一。

四、需求对我国房价变化决定性影响的原因分析

普通商品的价格是由供给和需求共同决定的，需求增长再快，如果供给能够以同样的，甚至更快的速度增加，价格同样可以保持稳定甚至下降。布兰查德和费舍尔（1998，第 243～244 页）认为，如果某种资产具备三个性质，则其价格不可能长期过分偏离其成本或者基本价值：一是具有无限供给弹性；二是基本价值确定无疑；三是未来时刻存在终端价格约束。世界上绝大多数商品都满足这三个条件中的至少一个，因此可以通过供给发挥作用，使价格保持相对稳定。而房地产恰恰不能满足这三个条件中的任意一个，因而供给的调节作用难以有效发挥，需求成为了房地产价格变化的决定性因素。其根本原因在于房地产供给具有三个特殊性质。

一是稀缺性，即在一定的时期内，适宜开发和利用的土地总是有限的。对于普通商品，技术进步能够降低其生产成本，提高供给能力，因此长期真实价

值往往是下降的。但土地价值却不受技术进步影响，长期供给也无法任意增加。在我国，尤其在像上海、北京这样的大城市，短期内的土地供给曲线几乎是垂直的，导致原来由供给和需求共同决定的价格几乎完全取决于需求变化。随着经济发展，工厂、商业设施越来越多，居民对住宅面积的要求越来越大，因此对土地的需求必然不断增加。而土地随着建筑的增加不断消耗，存量土地越来越少，供给更加有限。供求关系的这种逆向变化决定了土地价格变化的长期趋势必然是上涨的。

二是垄断性。不同地区的房地产不存在完全的可比性，替代弹性很小。因此房地产市场一般不存在完全竞争，开发商往往处于垄断地位，一定程度上可以控制房价走势并以此获得更高的利润，这也是存在房地产炒作行为的根本原因之一。由于官商勾结、监管水平落后和《反垄断法》缺位等原因，我国房地产企业的垄断情况特别严重。即使同一地区的房地产商竞争也很不充分，定价往往采取价格领袖制的形式。也就是说，由首先来此地开发的开发商制定房价，后来者跟随其价格走。主要房地产商甚至组织了跨地区的中城联盟等组织协调一致，多次召开会议，达成默契，协调言论和行动，集体维持房价甚至涨价。

三是基本价值难以确定。房价取决于地价，但土地本身没有成本，其价格又主要取决于对在土地上开发房屋价格的预期。从财务理论上说，房价是其未来租金的贴现，但未来租金是不确定的，因而其价值无法直接测算确定。对于普通商品，可以通过市场竞争得到的均衡价格间接"发现"商品价值，但稀缺导致的房地产市场不完全竞争使其价格无法反映真实价值。在我国，一些房地产商还有意利用自己的优势地位，严重扭曲房地产成本信息，欺上瞒下，搅乱市场，偷税漏税，推动房价上升。一些政府部门的统计数字严重失真，并始终对公布真实房屋成本持暧昧态度，也为准确揭示房地产成本带来了很大困难。

五、正确认识房价收入比问题

许多专家坚持中国房地产"泡沫论"的一个最重要证据是，近年来我国房价上涨过快，超过了老百姓的承受能力。房价收入比是普遍公认的衡量房价合理性的权威指标。由于对房价和收入的具体定义以及房价收入比的合理范围存在较大分歧，我们不采用绝对数据，而是比较房价和收入的相对增长速度。

确实，从全国范围看，2004 年和 2005 年，房地产价格涨幅超过了平均每户城镇家庭全部年收入的增长幅度，因此房价收入比有所上升，在上海等部分城市，这一问题出现的还要早一些。也正因此，从 2005 年开始，中央陆续采取了一系列宏观调控措施。2006 年，全国商品住宅销售价格指数上涨了 6.4%，比上年减少 2 个百分点。在房价涨幅逐步减缓的同时，居民收入增速明显加快，全国城镇居民人均可支配收入实际增长 10.4%，除个别城市外，绝大多数地区的商品房房价收入比再次下降。未来随着我国居民收入的持续快速增长，不需要房价大幅度下降，我国老百姓的购房能力也会明显增强，也就是说，即使有轻微的泡沫，也完全可以在发展中逐步消于无形。

此外，房价收入比不能准确反映我国居民的实际购房能力。购房的直接资金来源并非是收入，而是收入节余，即人均可支配收入扣除消费支出以后的部分。我国人均收入虽然大大低于发达国家，但收入节余率却居于世界前列，因此购房的实际资金实力差距并没有收入差距那么大。同时，我国的个人收入统计普遍存在低估现象。许多收入，如奖金、福利和第二职业获得的灰色收入数据都没有纳入统计范围。根据徐滇庆（2005）的估算，这部分收入不会低于公布的居民收入的 20%。如果这一估算确实，则我国的实际房价收入比应为 5.77，已经落入国际公认的 4~6 倍合理区间。

值得注意的是，房价收入比指标不能简单套用在某一个地区或城市，因为采用房价收入比衡量实际购房能力的基本前提假设，是这个地区全部的购房需求都来自当地居民。对某一个城市或地区来说，这种假设显然是不合理的。国内一些国际大都市的购房需求不仅来自收入迅速提高的当地居民，而且来自国内的其他地区，甚至全世界。近年来，上海的居住品质迅速提升，已逐步与国际接轨，发展机会更超过上述任何一个城市。因此 2005 年以来，虽然中央和上海市政府出台了一系列宏观调控政策，外国投资者对上海房市前景仍十分乐观，流入房地产市场的外资数量不降反升。戴德梁行发布的《2006 年上海房地产市场报告》显示，海外机构投资者 2006 年在上海投资房地产的总成交价值超过 180 亿元人民币，总成交面积达到 100 万平方米，均达到 2005 年的 3 倍水平。根据高力国际的《上海投资市场报告》，2007 年上半年，外资用于收购上海整幢物业的资金逐月递增，半年已达到 13 亿美元，相当于 2006 年全年的 68%。上海拥有较好的投资环境，正在向国际金融中心和大公司总部基地顺利迈进。目前上海已拥有各类金融机构约 700 家，其中外资和中外合资金融机构 300 多家，拥有全国性的同业拆借市场、外汇交易市场、票据贴现市场、债券市场、股票交易市场、黄金市场和商品与金融期货市场，人民银行还在上海设立了总部。上海还是国内公司总部最集中的城市，有 300 多家上市公司总部、133 家跨国公司地区总部、8 家中央企业总部、100 多家中央企业地区总部、重要生产基地或营运部门，以及 31 家"民营企业 500 强"企业总部。这些机构的入驻有力地拉动了上海房地产需求。例如，上海陆家嘴金融贸易区有 130 幢高档写字楼，智能化办公面积 230 万平方米，在建商务楼 30 幢。由于各金融机构和各类公司进驻陆家嘴的热情高涨，这些写字楼的平均入住率达 90% 以上，明确的需求缺口就超过 200 万平方米。

六、保持房价稳健可持续地上涨

承认房价的长期上涨趋势绝不意味着房价涨幅应该不受控制，相反，正因为房价的上涨是长期的，我们更应该警惕短期内房价的涨幅过大。短期内房价过快上涨不仅会造成房价的大起大落，而且会透支经济发展潜力，抬高商务成本，影响经济竞争力；扩大贫富差距，激化社会矛盾，造成社会不稳定；破坏金融秩序，导致大量银行坏账。房价泡沫的破灭还可能引发经济和金融危机。但另一方面，韩国、中国台湾等国家和地区的房地产调控经验显示，在房价长期趋势向上的情况下，如果过度追求房价的不涨甚至下降，结果只会扭曲房地产市场的正常调节机制，加剧房价波动，损害政府声誉，广大人民群众也将受到更大的损失。因此，房地产市场调控的关键在于将房价控制在一个合理的涨幅之内，即高于一般物价的涨幅，同时明显低于国民经济或人民收入水平的增长幅度。这一涨幅不仅是可持续的，而且也兼顾到国家、房地产开发企业和购房者三者的利益。对购房者来说，如果房价的上涨幅度低于收入增长幅度，则可以随着收入的增长逐步改善住房条件，提升生活品质，同时可避免因担心房价过快上涨而不顾自身经济情况提前抢购住房，造成不必要的经济压力。对房地产开发企业来说，房价的持续上涨意味着整个行业规模不断扩大，利润能够得到保证，促使企业把竞争重点放在有效控制成本、提高建筑质量等方面，为房地产业的良性竞争、优化组合和有序发展创造适宜的外部环境。对于国家来说，房价的持续稳健上涨可以带来土地出让和税收等收入的稳定增长，也有利于纠正一些地方政府寅吃卯粮的短期行为，规范土地批租市场。

七、房地产宏观调控应以需求为重点

房地产不是普通商品，房地产市场不存在完全的自由竞争，房地产周期波动对国民经济影响重大。这决定了政府必须发挥"看得见的手"的作用，适时适度调控房地产市场。房地产市场的调控政策多种多样，但总体上可以分为调控供给和调控需求两类。近年来我国出台的房地产调控政策同时调控供给和需求，但以调控供给为主。现阶段，我国房价快速上涨的根本原因在于需求过于旺盛。与旺盛的实际需求相比，投机需求只占了一小部分，只能起到推波助澜的作用。因此房地产宏观调控必须兼顾供给与需求，而以需求调控为主。一方面，加快落实廉租房政策，鼓励住房租赁，同时加快发展多层次资本市场，拓宽居民投资渠道。另一方面，可推出物业税试点，适度提高住房贷款利率水平，缩短最长贷款期限。降低一人多套和大户型的最大贷款成数，控制住房消费信贷冲动。严厉打击"虚假按揭"等套取和诈骗银行贷款的行为。加强对流入房地产市场的海外游资的监测管理，防止其过度扩张。

参考文献

［1］Bradford Case，William N. Goetzmann and K. Geert Rouwenhorst，Global Real Estate Markets Cycles and Fundamentals. *NBER Working Paper*7566，2000.

［2］Collyns and Senhadji，Leading Booms，Real Estate Bubbles and Asian Crisis. *IM FWorking Paper*，wp/02/20，2002.

［3］Englund and Ioannides，House Price Dynamics：An International Empirical Perspective. *Journal of Housing Economics*，1997，Vol. 6，Issue 2，pp. 119 – 136.

［4］Charles Leung and Ka Yui，Economic Growth and Increasing House Price. *Pacific Economic Review*，2003，Vol. 8，pp. 183 – 190.

［5］林毅夫，汪利娜．非理性"圈地"原因何在？［N］．建筑时报，2003 – 01 – 22.

［6］单忠东，孟晓苏，谢远玉，等．新政之后，房地产市场往何处去［J］．北大商业评论，2005（7）.

［7］沈悦，刘洪玉．房地产价格与宏观经济指标关系的研究［J］．价格理论与实践，2002（8）.

［8］欧阳林，陈庆鄂，陈晓萱，等．经济增长与房地产价格上涨之浅析［J］．理论与实践，2006（6）．

［9］盛松成．辨析房价涨幅［J］．财经，2007（1）．

［10］徐滇庆．中国房地产"博鳌共识"（争论稿）［Z］."博鳌论坛"会议论文，2005.

［11］奥利维尔·琼·布兰查德，斯坦利·费希尔．宏观经济学（高级教程）［M］．北京：经济科学出版社，1998.

中国房地产业对经济增长的贡献被严重低估[①]

一、中国房地产业对经济增长的贡献被低估及其原因

国家统计局公布 2016 年房地产业的增加值为 48190.90 亿元，对于国内生产总值（GDP）的贡献率为 6.48%。根据本文的测算，实际该值在 12% 左右，被低估了约 5.52 个百分点。

中国房地产业增加值被低估的原因主要为：一是自有住房的虚拟房租目前采用成本核算法，评估值被低估。二是自有住房核算所使用的指标会造成遗漏统计。以人均居住面积和城镇常住人口这两个指标来衡量的城镇存量住房，不能涵盖短期流动人口居住房屋的增加值。三是企事业及行政单位向员工提供的住房服务未被统计。四是对于空置房的测算也存在争议，目前我国未包含这一项。五是我国城镇化率相对较低，广大乡村区域主要以自建房和少量的城乡结合部的小产权房为主，这部分核算仅依据成本核算自有居住价值，而开发经营等价值未被统计。六是在产业的统计口径上也存在一定差异。

二、房地产业增加值统计口径国内外比较

美国房地产行业分类主要依据北美产业分类体系（NAICS 2002），该体系是由美国、加拿大、墨西哥三国协议开发使用的行业分类体系。美国房地产业主要包括房地产出租、房地产代理和经纪两大部分，具体内容见表 1。

表 1　　　　　　　　　　美国房地产业主要构成

代码	类别名称	代码	类别名称
5311	房地产出租	5312	房地产代理和经纪
53111	住宅出租（公寓、单身公寓、排屋等）	5313	与房地产相关的其他活动

---

① 本文作者盛松成、宋红卫，发表于《财新周刊》，2018 年第 21 期。

代码	类别名称	代码	类别名称
53112	非住宅建筑出租（除小型仓库）	53131	房地产物业管理者
53113	小型仓库和储藏区出租	53132	房地产估价机构
53119	其他房地产出租	53139	其他与房地产相关的活动

日本房地产业根据国民经济核算体系 2008（2008 SNA）来统计，房地产业主要包括租金和服务费两大类别，具体内容见表 2。

表 2　　　　　　　　　日本房地产业主要构成

代码	类别名称
75 和 77	房地产租赁
76	房地产经纪中介

我国房地产行业分类是依据中华人民共和国《国民经济行业分类》（GB/T 4754—2011）分类标准，主要包括房地产开发经营、物业管理、房地产中介和其他房地产市场活动，具体内容见表 3。

表 3　　　　　　　　　我国房地产产业包括内容

代码	类别名称	代码	类别名称
7010	房地产开发经营	7020	物业管理
7030	房地产中介服务	7040	自有房地产经营活动
7090	其他房地产业		

由上可见，中国和美国、日本尽管都将房地产业划分为第三产业，但是具体统计内容和方法有一定的差异。一是按照美国、日本的统计口径，以交易为主的房地产和土地开发归为建筑业，而在中国仍然被归为房地产业。二是在自有住房服务方面，美国和日本以市场租金的方式来评估，而中国目前采用的是以初始的成本值核算（房价上涨带来的资产升值不能体现），二者存在较大的差异。

三、中国房地产业对 GDP 的贡献率评估

我国目前自有住房服务增加值在房地产业增加值中占比最大，而该部分核算方法并不合理。统计部门按照城镇房屋建筑成本的 2%、农村房屋建筑成本的 3% 折旧来估算该值。近年来房价大幅上涨，若仍沿用历史成本折旧核算，

服务增加值就会大大低估。因此本文尝试对这部分重新核算，其他部分仍然按照国家统计局的结果。在评估方法上需要做几点说明。

第一，在计算方法上采用房地产市场较为成熟的国家沿用的市场租金法。

第二，租赁市场主要集中在城市，农村主要以自建房为主，并且农村的住房一般不能上市流通销售，这导致农村住房资产价格及相应的租金不能评估。因此这部分仍采用国家统计局的成本折旧值。

第三，目前统计数据还不能精准区分自有住房及租赁住房，并且市场租金法就是以同质租赁住房的租金水平来评估自有住房服务增加值，换句话说就是同质的房子不管是自己住还是租赁出去提供的服务增加值是一样的，所以就不用再区分住房是租赁还是自住，可以整体来评估。

第四，城镇的住房是以城镇常住人口和人均居住面积来衡量的。做这样的处理，就能把遗漏统计的单位提供的职工宿舍的服务增加值及居民的投资租赁部分服务增加值补充进来，相对减少低估价值。

第五，借鉴刘洪玉等在《房地产业所包含经济活动的分类体系和增加值估算》一文（《统计研究》2003 年第 8 期）中的核算标准，同时借鉴朱天和张军在《中国的消费率被低估了多少？》一文（《经济学报》2014 年 7 月）中关于虚拟房租的估算方法。由于国家统计局数据没有直接公布原城镇居民自有住房服务增加值，本文参考上述两文对于该部分的估算值所占的比例来评估。上述两文计算的该部分占 GDP 的比例分别为 1.7% 和 1.6%，故本文采取其均值 1.65% 予以估算。

第六，租金水平以接近实际市场情况的房价 3% 的资产回报率来评估。有些报告以五年期基准利率和 CPI 的移动平均来评估租金，这是理想状态的资产回报水平，但实际情况远低于这一水平。

第七，存量住房大部分是二手房，当年新房占比较小，但新房价格对于二手房价格有较大的影响，因此本文假设全部为二手住房，其价格为当年新房的 85%（经验值）来估算。

运用上述方法对自有住房服务增加值进行重新评估测算，2016 年城镇居民自有住房服务增加值为 53305.41 亿元（见表 4）。按照成本核算的服务增加值仅为 12269.16 亿元，明显低估了 41036.25 亿元（见表 5）。经过重新评估的 2016 年房地产业的增加值为 89227.15 亿元，房地产业对 GDP 的贡献率达到 12.00%，基本与美国和日本目前的水平相当。这一比例基本符合较为成熟的房地产市场水平。

表4 中国城镇自有住房服务增加值的估值

年份	住房均价 （元/平方米）	3%资产 回报率租金 （元/年）	城镇人均 居住面积 （平方米/人）	城镇常住人口 （万人）	本文评估自有住房 服务增加值 （亿元）
2010	4016.27	120.49	31.60	66978.00	25501.36
2011	4244.20	127.33	32.65	69079.00	28717.47
2012	4615.44	138.46	32.91	71182.00	32436.40
2013	4972.29	149.17	33.83	73111.00	36897.42
2014	5043.30	151.30	34.76	74916.00	39393.88
2015	5502.45	165.07	35.68	77116.00	45416.94
2016	6122.19	183.67	36.60	79298.00	53305.41

资料来源：国家统计局，同策研究院整理。

表5 中国城镇自有住房服务和房地产业增加值及其对GDP贡献的评估比较

年份	原自有住房 服务增加值 （亿元）	被低估自有住房 服务增加值 （亿元）	原房地产业 增加值 （亿元）	本文评估 房地产业增加值 （亿元）	GDP （亿元）	原房地产业对 GDP贡献率 （%）	本文评估 房地产业 对GDP贡献率 （%）
2010	6815.00	18686.36	23569.90	42256.26	413030	5.71	10.23
2011	8073.46	20644.01	28167.60	48811.61	489301	5.76	9.98
2012	8916.06	23520.33	31248.30	54768.63	540367	5.78	10.14
2013	9821.53	27075.88	35987.60	63063.48	595244	6.05	10.59
2014	10625.57	28768.31	38000.80	66769.11	643974	5.90	10.37
2015	11369.36	34047.58	41701.00	75748.58	689052	6.05	10.99
2016	12269.16	41036.25	48190.90	89227.15	743586	6.48	12.00

资料来源：国家统计局，同策研究院整理。

四、中国和美日房地产业对GDP贡献比较

上文已指出，我国把房地产开发部分纳入本行业增加值，而美国和日本则

把这部分归到建筑业中。因此，调整了自有住房服务增加值测算后，尽管我国房地产业低估值在很大程度上作了纠正，但如果以该值与美国和日本进行比较，仍然存在一定的偏差。

为了便于比较，我们需要把统计口径调整一致。由于很难把美国和日本建筑业中与我国房地产投资开发对等的价值剥离出来，因此我们把统计口径做适当的扩展调整，把建筑业中与房地产相关的部分增加值和房地产业增加值合并。合并后的增加值可以理解为广义的房地产业增加值。该值就具备了可比性。

建筑业的增加值剥离可以根据建筑业中房地产相关业务占比来评估。我国依据建筑业主营业务收入细分行业中房屋建筑业的占比来估计增加值，而美国的建筑业根据住宅、公寓、商业住宅等住房建设占全部建筑支出的比例来估计增加值，日本则依据建筑投资中住宅建筑的占比来估计增加值。

中国 2016 年建筑业增加值为 4.97 万亿元，其中房屋建筑业占比为 59.9%，因此可以计算房地产相关建筑业增加值为 2.98 万亿元，该部分对 GDP 的贡献为 4%。同理可计算美国和日本该比例。结果可见中国明显高于美国和日本（见表 6）。

表 6 　　　　　　　 **中美日房地产业及相关建筑业增加值占 GDP 比例** 　　　 单位：%

年份	中国			美国			日本		
	房地产业	相关建筑部分	合计	房地产业	相关建筑部分	合计	房地产业	相关建筑部分	合计
2010	10.23	3.64	13.87	11.92	1.53	13.45	11.79	1.75	13.54
2011	9.98	3.90	13.88	11.92	1.52	13.44	12.04	1.83	13.87
2012	10.14	4.09	14.23	11.81	1.58	13.39	12.00	1.82	13.82
2013	10.59	4.16	14.75	11.82	1.78	13.60	11.90	1.56	13.46
2014	10.37	4.21	14.58	11.82	1.93	13.75	11.70	1.70	13.40
2015	10.99	4.06	15.05	11.91	2.10	14.01	11.39	1.75	13.14
2016	12.00	4.00	16.00	12.22	2.31	14.53	—	—	—

资料来源：中国国家统计局、美国经济分析局（BEA）、日本国家统计局，同策研究院整理。

按照广义房地产业增加值对 GDP 的贡献来作比较，我国目前房地产的贡献率要高于美国和日本。2016 年我国该值为 16%，同期美国为 14.53%，日本在 13.5% 左右（根据过去六年较为稳定的历史值推算）（见表 6）。数值高出的部分主要来自与房地产相关的建筑业，这符合中国快速城镇化进程中对于新建房屋的持续需求，而美国和日本的城镇化进程基本完成，房地产相关的建筑业对 GDP 的贡献率相对较低。

以上研究表明，我国房地产业对 GDP 的贡献率确实存在被低估的现象。国家统计局公布的 2016 年该值为 6.48%，本文测算的该值为 12% 左右，被低估了 5.52 个百分点。本文测算值与美国和日本的水平相当，基本都保持在 12% 左右。根据广义房地产业口径衡量的贡献率，我国还高于美国和日本。

十条建议应对新冠疫情对房地产业的冲击①

自 2020 年 1 月下旬以来，新冠肺炎疫情席卷全国，对我国经济造成巨大冲击，房地产业自然也无法置身事外。本次疫情对房地产市场的影响有多大？房地产业如何积极应对疫情才能在行业稳定发展的基础上，发挥促进就业、保障民生、稳定经济发展的作用？

一、房地产业现状与"非典"时期具有五方面不同

尽管本次疫情和 2003 年"非典"有类似之处，我们有可资借鉴的经验，但历史不一定会简单地重演。目前房地产业所处的经济环境、在我国经济发展中所扮演的角色与 2003 年已有很大不同，房地产业自身的特点、发展趋势等也发生了诸多变化，必须谨慎对待历史经验，不能简单利用 2003 年的情况来分析当前的问题，否则很有可能作出错误的预判。2003 年我国房地产业的情况与现在至少有以下五方面不同。

一是房地产业发展阶段不同。2003 年我国房地产市场仍处于初始发展阶段。以往因住房分配制度而被抑制的需求得到了释放，潜力巨大。当时，城市居住环境远不如现在，城镇人均住宅建筑面积仅为 23.7 平方米，而目前，我国户均住房已超过 1.1 套，2018 年城镇人均住宅建筑面积已经达到了 39 平方米，是 2003 年的 1.65 倍。

二是不同的经济发展阶段赋予了房地产业不同的定位。就在"非典"疫情结束不久的 2003 年 8 月 12 日，《国务院关于促进房地产市场持续健康发展的通知》（18 号文）将房地产业定位为经济发展"支柱产业"，我国房地产业随之迎来了房改之后首次迅速发展。而如今，在经历了 2014—2016 年的快速发展后，2016 年中央经济工作会议正式提出"房子是用来住的，不是用来炒

---

① 本文作者盛松成、宋红卫、汪恒，发表于《每日经济新闻》，2020 - 02 - 15。

的"；2019 年 7 月 30 日中共中央政治局会议首次提出"不将房地产作为短期刺激经济的手段"。房地产业的这一政策导向，决定了目前的行业发展定位与 2003 年不同。我国房地产业已经进入新的发展阶段。

三是房地产市场发展趋势不同。无论是"非典"暴发前的 2002 年，还是"非典"疫情发生的当年，我国房地产开发投资和销售均呈现快速上涨趋势，房地产开发投资同比增速分别为 21.9% 和 29.7%，房地产销售额同比增速分别为 23.7% 和 34.1%，销售面积同比增速则分别为 20.2% 和 29.1%。现在我国房地产开发投资及销售同比增速已经掉头向下，基本呈现倒"U"形的态势。2019 年房地产业开发投资同比增长 9.9%，而销售额和销售面积分别增长了 6.5% 和 -0.1%，均处于十几年来的相对低位。

四是房企负债水平和杠杆率不同。房地产企业总体负债规模由 2003 年的 30698.56 亿元上升到了 2018 年的 674333.36 亿元，房地产企业总体负债与行业增加值之比由 4.99 倍上升到 10.43 倍。房地产行业总体负债率由 2003 年的 58.04% 上升至 2019 年前三季度的 80.26%（按照申万一级行业分类标准），大幅提高了 38.28%。总体来看，房地产企业债务负担较之前明显增加，对融资的依赖度也比以往更高。

五是居民对住房的购买力不同。巨大的债务负担已经严重削弱了居民对住房的购买力。2003 年我国居民部门杠杆率为 16.2%，而 2018 年则为 53.2%，且仍呈上升趋势。而中国经济整体杠杆率也较高，继续加杠杆的风险较大。此外，收入增长预期带动房屋销售增长的趋势也今非昔比。2003 年我国正处于刚加入世界贸易组织（WTO）后的贸易井喷期，同时也迎来了人口红利窗口。2000—2005 年我国城镇居民人均可支配收入复合增长率为 10.81%，而 2014—2019 年为 7.99%。

二、本次疫情对房地产市场的影响

从房地产开发看，最差的情况下，疫情可能导致房地产开发投资下降 37.53%。这是因为，受疫情影响，我国大部分地区的土地交易已暂时中止，同时，假期延长和防疫措施都会影响房地产开发。尽管 2020 年前已开工项目会陆续复工，但原定 2020 年新开工项目将可能受到较大影响。2019 年第一季度，我国房地产开发资金中，土地购置费用占比为 29.12%，建安工程和设备工器具购置占 65.71%（其中新开工面积占比约 5.54%）。因此，2020 年第一季度因土地交易中止而导致的房地产开发投资可能下降 29.12%，因新开工中止而导致的房地产开发投资则可能下降 3.64%（65.71%×5.54%），同时假期延长或导致在建项目投资下降 4.77%[①]，合计下降 37.53%。

房地产销售形势也十分严峻。受疫情影响，全国多个城市针对房地产市场下发了"暂停经营"的通知，明令禁止售楼处、中介门店继续营业。中国房地产业协会也发出号召，全国楼盘暂时停止售楼处的销售活动，待疫情过后再自行恢复。据中原地产研究中心统计，自 1 月下旬开始，大部分开发商的成交量比往年春节期间暴跌 95%。分区域看，截至 2020 年 2 月 4 日 24 时，新型肺炎确诊人数最多的 10 个省份（湖北、浙江、广东、河南、湖南、江西、安徽、重庆、江苏和四川）的商品房销售面积和销售量分别占全国的 60.31% 和 61.78%。

而住房是难以通过线上进行销售的。因为房屋价值较高，且对人们的生活具有长期影响，很难像普通消费品一样，可以不经现场查验就直接交易。况且大多数消费者和厂商对房地产线上销售模式也并不十分熟悉。此外，购房还涉及贷款、过户等须购房者亲自办理的手续。

即使因疫情而延迟的购房需求有望在疫情过后迎来反弹，疫情对房地产销售的短期冲击也是巨大的。2019 年第一季度，我国房地产企业销售额为 27038.77 亿元。若按 2019 年全年 6.5% 的销售额增速估计，2020 年第一季度，房企销售额将达到 28796.29 亿元。若按损失 50% 的销售额计算，第一季度的损失将高达 14398.14 亿元。

房地产企业的资金链将受到严重冲击。销售回款（包括个人按揭贷款和定金及预收款）已经成为房地产企业主要的资金来源。2019 年，销售回款在房地产开发企业实际到位资金中的占比达到了 49.62% 的历史高位，总计 88640 亿元。与此同时，由于严厉的融资限制，2019 年国内贷款占比仅为 14.13%，为历史最低点。

由于部分房企负债水平较高，2019 年前三季度总体负债率就已经达到了 80.26%，如果不能快速回笼资金，将可能导致资金链断裂。房地产行业的并购与房企资金链风险有较大关系。数据显示，2002 年，我国房地产行业并购

---

① 2020 年第一季度共有 91 天，13 周，停工 1 周相当于投资下降 1/13，在建项目比重为 65.71%×（1-5.54%）=62.07%，在建项目投资将下降 62.07%/13=4.77%。

案例仅 27 个，并购规模为 18.95 亿元。"非典"疫情发生的 2003 年，并购案例则为 36 个，并购规模达到 39.90 亿元，增长了 110.55%。2004 年，并购规模进一步提高至 49.58 亿元，直到 2005 年后才逐渐缩小。而 2019 年我国房地产行业并购案例为 221 个，并购规模为 1840.64 亿元。如果疫情导致房地产企业资金链风险爆发，大量中小房企将因此而倒闭，而且这一过程可能持续 2 年，甚至更长时间。长期来看，这还会进一步提高我国房地产市场集中度，并可能加大我国房地产调控难度。

我国人口净流出区域的房地产市场将因疫情而面临更大的风险。我国不少三、四线城市存在过量住房供给的问题，这原本就使房地产市场面临较大风险，而且棚改政策的逐步退出将使这些城市的风险进一步上升。随着疫情发展，春节返乡置业也很难实现。再者，此次疫情也反映出三、四线城市在物流、居住环境和应急管理上的劣势，在当前大中城市开放落户的情况下，未来人口流出三、四线城市的情况可能更为严重，三、四线城市房地产风险有进一步上升的趋势。

三、疫情对房地产市场的冲击将拖累整体经济增速和就业水平

房地产投资回落带来的经济下行压力相当明显。房地产投资占固定资产投资的 20% 左右。2017—2019 年资本形成总额分别拉动我国经济增长 2.3 个、2.2 个和 1.9 个百分点，均值为 2.13%。2017—2019 年房地产投资占固定资产投资的比重分别为 17.38%、18.92% 和 23.97%，均值为 20.09%。以此计算，过去三年房地产投资平均每年拉动我国经济增长约 0.43 个百分点（20.09% × 2.13%）。如果我国 2020 年第一季度房地产投资增速下降 37.53%（根据前文计算），房地产投资下行造成的 GDP 增速下降就达 0.16 个百分点（0.43 × 37.53%）。由于目前我国 GDP 增速为 6% 左右，难以忽视房地产投资回落带来的经济下行压力。

房地产投资下行还可能直接或间接影响就业。2018 年我国房地产城镇就业人口为 466 万人。据此测算，疫情会影响房地产行业的城镇就业 174.9 万人（466.01 × 37.53%）。房地产业的关联行业很多，从产业关联系数来看，房地产业与国家统计局分类的 42 个行业均有不同程度的完全关联关系，因此，疫情对房地产业的影响也会传导到这些行业。以建筑业为例，据房地产业对建筑业的完全消耗系数估算，疫情对房地产业的影响将间接导致建筑业 73.4 万人

的就业受到影响。考虑到建筑业自身受疫情的冲击，受影响的就业人口会更多。

四、应对房地产市场受疫情冲击的政策建议

为了应对疫情对房地产的冲击，保持房地产平稳健康发展，我们提出以下政策建议。

1. 继续贯彻落实"房住不炒"的方针。房地产业已进入了新的发展阶段，"房住不炒"成为产业定位。放松这一定位，也许会带来一时的快速发展，但会透支未来发展空间，甚至引发经济金融风险。这种短期行为并不可取。

2. 给予房地产业必要、合理的支持。除了向受疫情影响较大的批发零售、住宿餐饮、物流运输、文化旅游等行业提供支持，也应考虑采取适当的措施，平稳房地产市场。建议在"房住不炒"的前提下，稳定房地产投资和销售，支持房地产业合理融资需求，允许部分受疫情影响较大的房地产企业延期还贷，加快贷款展期办理，为企业调整还款计划，不盲目抽贷、断贷、压贷，以缓解近期销售萎缩对房企资金链的冲击。目前，无论从存量还是增量看，我国房地产融资占比已基本恢复到正常年份的水平。因而对房地产融资的限制不应继续收紧。在合法合规和控制风险的前提下，应适当增加房地产企业的融资渠道，包括商业银行的表内和表外融资。

3. 强化供给与需求相结合的调控手段。当前的调控政策叠加疫情的影响，需求端会受到较大的抑制，疫情得到有效控制后，需求可能释放，如果届时没有充裕的供给，可能因供需失衡造成新一轮的房价上涨。因此，在未来一段时期内，更要强化供给端的调控，合理适当地增加房地产市场的供给，并要保障地价的相对稳定。一是核心城市要适当增加土地供应；二是土地拍卖方面采取适当的政策调整，比如适当降低土地竞买保证金比例，允许成交土地签约、出让金缴纳适当延期。因疫情影响开工、复工的，可以延迟开工和竣工时间。

4. 支持刚需和改善需求。从未来城镇化发展潜力及改善居住条件来看，房地产市场仍然存在一定的刚需和改善需求。因此需要采取两方面措施。一是不利于刚需和合理改善需求的有关政策可做适当调整，比如"认房又认贷"政策；二是金融机构要给予受疫情影响较重的房企和购房者适当的信贷政策支持，比如，住房公积金缴存比例、提取时间等。

5. 因城施策，对限价政策做适当调整。适当增加市场调节的力度。高端

项目的限价原则要明确，保障房企正常拿地的积极性。中低端项目也要给予房企合理的自主定价空间。在限价政策适当调整后，继续落实"房住不炒"政策，可以对某些项目实施"限售"的约束，一松一紧，防止市场出现大幅波动，保持房价基本稳定。

6. 长期内仍然要应对房价上涨的压力。一旦疫情得到有效控制，而供给端不能满足被抑制的需求，房价就会快速反弹，尤其在一线和核心二线等经济基础较好、城市管理效率较高、产业及医疗资源较发达的城市，"稳房价"仍将是这些地区调控的重点。

7. 要关注部分三、四线城市房地产市场的风险。疫情发生恰逢春节假期，严重打击了返乡置业，三、四线城市楼市可谓雪上加霜，尤其需要关注。随着大中城市落户放开，以及疫情暴露出三、四线城市在物流、公共卫生资源和应急管理等方面的劣势，未来三、四线城市将面临更大的人口流出压力。应严格按照住建部要求，因城施策，防控三、四线城市房地产市场风险。

8. 坚持房地产市场调控的预期管理。保持政策定力，坚持"房住不炒"的方针，扭转长期以来形成的政策预期，确保政策的连续性与稳定性。

9. 适度发挥房地产投资稳定经济的作用。目前投资对我国经济增长的贡献率为30%左右，而房地产投资在我国固定资产投资中的占比约为20%，如果再考虑房地产消费和对其他产业的带动作用，稳定房地产市场就能在较大程度上稳定经济增长。

10. 避免房企大量倒闭冲击整个房地产行业。当前房企负债率整体较高，受疫情影响，资金链断裂的风险进一步上升。因此，要稳定房地产企业。除了房企拿地、房企定价等政策做出适当调整外，还要给予房地产企业在融资、税费减免等方面享受与其他企业相同的待遇。

我们不能把合理支持房地产业平稳发展的政策视为对房地产调控的放松，这是在遵循"房住不炒""稳地价、稳房价、稳预期"原则下，应对疫情，稳定经济、促进就业、保障民生的政策手段。

第二章

房地产调控的举措

◎房价调控的有效方法是供需并重

◎发展公共租赁住房是房地产调控的重要举措

◎扭转房价只涨不跌的预期正当其时

◎警惕新一轮房价上涨，调控重点在于稳定房价

房价调控的有效方法是供需并重[①]

我国房地产调控的效果一直不尽如人意，房价几乎单边上涨，似乎越调控，房价越高。就一线城市和部分二线城市而言，我们认为，调控效果欠佳的主要原因之一就是没有将房地产供给调控与需求调控并重。2016 年 10 月，国内多个房价上涨较快的热点城市再次推出了房地产调控政策。从密集的调控政策可以感受到大家对房价高企、资产泡沫和中国经济未来的担忧。总的来说，需求调控主要侧重于短期，供给调控则更加侧重于中长期，且供给调控有助于稳定公众预期。在市场分化的情况下，在分类施策、因城施策的背景下，我国房地产调控需要注重供给与需求相结合、长期调控与短期调控相结合，并处理好房地产市场与经济发展的关系。

一、我国房地产调控以需求调控为主

我国房地产周期的拐点和房地产调控政策具有较高的一致性，反映了我国房地产调控以短期需求调控为主的特征：当房价过高时，通过抑制需求来给市场降温；而在房地产低迷或萎缩的时期，同样是运用促进需求的手段进行调控。例如，2005 年出台一系列需求调控措施后（包括取消住房贷款利率优惠政策、上调房贷首付比例等），房地产销售增速有了明显回落；房地产市场在2008 年、2012 年的上行，以及最近一轮房价上涨（2014 年底开始），也都和各部门放松对需求的管制有关（见图1）。

最近，热点城市再次推出房地产调控政策。以北京为例，9 月 30 日发布的《关于促进本市房地产市场平稳健康发展的若干措施》提出了加大住宅用地供应力度，合理调整土地供应结构，加快自住型商品住房用地供应，强化"控地价、限房价"的交易方式，进一步完善差别化住房信贷政策等措施。上

---

① 本文作者盛松成、龙玉，发表于《中国金融》，2016 年第 21 期。

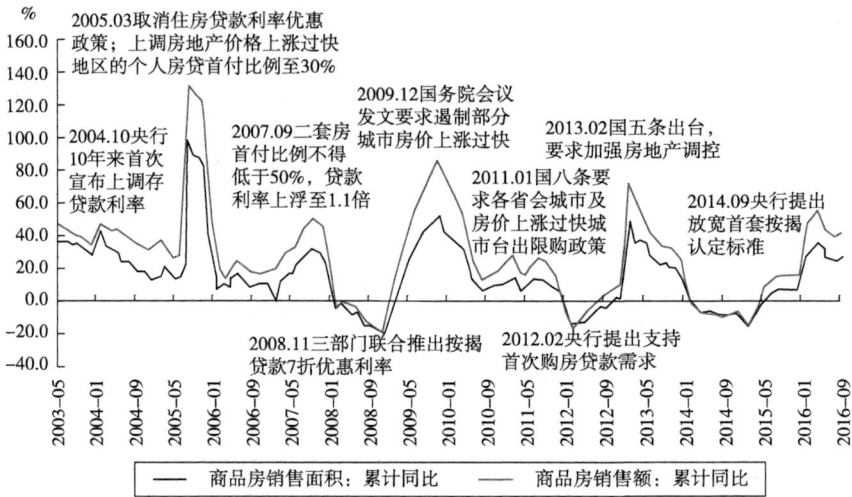

图1　我国房地产周期与政策调控

（资料来源：Wind 资讯、公开网页资料）

海继"沪九条"之后，又于 10 月 8 日公布六条措施，严格执行限购、限贷等房地产市场调控政策，以确保房地产市场平稳健康发展。

通过比较几个一线城市近期的房地产调控新政（见表 1），可以看到，各地房地产调控举措中，既有需求调控，也有供给调控，但仍然以需求调控（如限贷、限购政策）为主。并且，需求调控的措施更加具体、可落实，而供给方面的调控举措则比较笼统，而且是原则性的，短期内也难以落实。由于需求调控直接通过硬性标准抑制了交易量，效果几乎是立竿见影的，但却不是一个"治本"的方法。并且，我国房地产供给方面的问题比较突出。

表1　　　　　　　　　我国房地产需求调控与供给调控的比较

城市	需求调控	供给调控
深圳	限购：按不同情形分别限购 2 套或 1 套住房 限贷：按不同情形分别执行贷款首付款比例最低 30%、50%、70% 的规定	加大住房用地供应力度，有效增加住房供给；优化土地出让模式，加强土地购置资金监管；调整住房户型结构，增加普通住房供应；加强商品住房和商务公寓项目销售价格管理
北京	限购：按不同情形分别限购 1 套住房或停售 限贷：按不同情形分别执行首付款比例不低于 35%、40%、50%、70% 的规定 严禁从事首付贷及自我融资、自我担保、设立资金池等场外配资金融业务	加大住宅用地供应，合理调整土地供应结构；加快自住型商品住房用地供应；强化"控地价、限房价"的交易方式

续表

城市	需求调控	供给调控
上海	限购：按不同情形分别限购 1 套住房或停售 限贷：按不同情形分别执行首付款比例不低于 50%、70% 的规定 严禁房地产开发企业、房产中介机构从事首付贷、过桥贷及自我融资、自我担保、设立资金池等场外配资金融业务	加大住房用地供应力度，提高商品住房用地的中小套型比例，中心城区不低于 70%，郊区不低于 60%；推进廉租住房和公共租赁住房并轨运行；严格执行商品住房项目配建不少于 5% 的保障性住房政策，产业类工业用地配套建设租赁房等生活服务设施的，其建筑面积占项目总建筑面积的比例从 7% 提高到不超过 15%；搞好共有产权保障住房建设、供应和供后管理；加快推进旧区改造和"城中村"改造

二、房地产市场供给方面的问题较为突出

我国房地产市场供给端的问题比较突出，体现在一、二线城市与三、四线城市形成了分化，同时部分一、二线城市房价上涨过快。2016 年初以来，一线城市的住宅价格同比增速持续较三线城市高出十几个百分点。从百城住宅价格指数来看，2016 年 9 月，一线、二线和三线城市住宅价格同比分别增长26.72%、14.87% 和 6.79%。供给稀缺是热点城市房价高涨的最显性的原因。

第一，住宅用地和新建住宅供应不足。国有建设用地供应面积近年来呈逐年下降趋势，其中房地产用地面积下降更多。2013—2015 年，全国房地产用地占供地面积的比例分别为 27.4%、24.8% 和 22.5%（见图 2、图 3）。即使供应减少是由于总量供给过剩，住宅用地和新建住宅供给的结构性问题依然严

万公顷

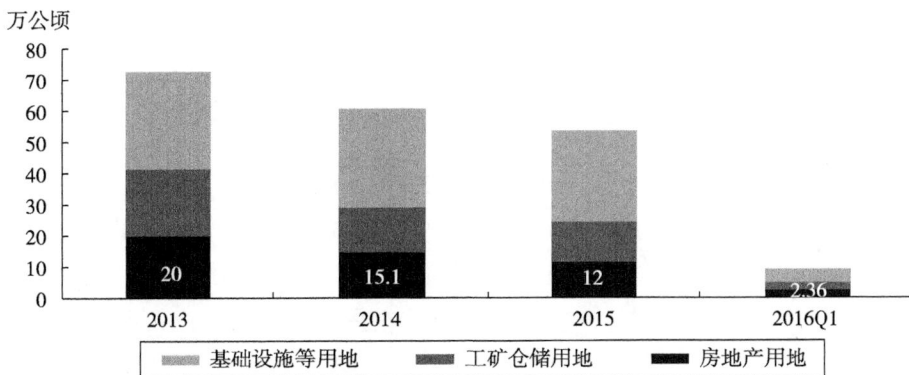

图 2　国有建设用地供应面积

（资料来源：Wind 资讯）

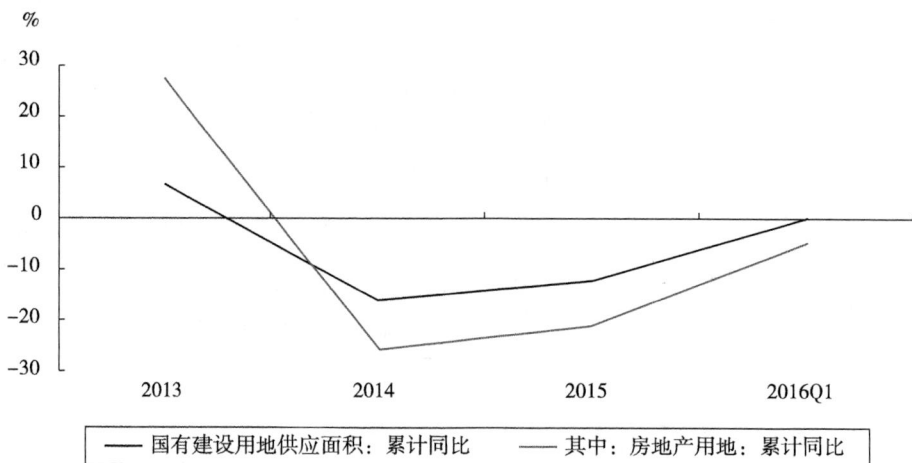

图 3　国有建设用地供应面积同比增速

（资料来源：Wind 资讯）

峻。据有关方面监测，在 16 个热点城市中，有 8 个城市住宅用地供应量少于 2015 年同期。厦门减少 50.2%，上海减少 47.5%，广州减少 41.9%，北京减少 30.8%，苏州减少 21.1%，济南减少 21%，南京减少 13%，无锡减少 9.1%。在 16 个热点城市中，有 6 个城市商品房住宅批准预售面积同比下降。北京下降 32%，无锡下降 27.2%，厦门下降 23.6%，深圳下降 21.4%，合肥下降 15.9%，福州下降 14%。从地价监测情况来看（见表 2），一线城市住宅用地的同比、环比增速均持续、显著地高于其他用途地价。

表 2　　　　　　2016 年第二季度一线城市各用途地价增速　　　　　　单位：%

监测范围	同比增速				环比增速			
	综合	商服	住宅	工业	综合	商服	住宅	工业
一线城市	11.95	6.42	17.35	8.6	3.13	1.37	4.68	2.25
北京	11.68	7.07	13.25	6.18	3.85	1.95	4.48	1.41
上海	21.46	4.2	26.52	10.85	5.61	0.72	6.87	2.57
广州	10.71	5.17	14.6	8.46	2.71	1.2	3.71	2.77
深圳	13.59	8.9	17.01	9.43	2.75	1.4	3.6	2.54

资料来源：国土资源部。

第二，房地产的潜在供给难以满足居民对房地产的需求。截至 2016 年 9 月末，全国房地产开发贷款余额为 7.04 万亿元，同比增长 7.56%，增速比上月末低0.41个百分点，比上年末低9.09个百分点；自2015年6月以来总体趋于回落，反映房地产潜在供给下降。购房贷款余额为17.93万亿元，同比增长33.36%，增速比上月末高0.82个百分点，比上年末高8.63个百分点，反映购房需求依然在上升。2016年前9个月新增的个人购房贷款约3.6万亿元，同比多增约1.8万亿元。

第三，需求端的数量管制虽然使人们看得见的成交量下降，房价增速放缓，却并不能改变公众对一线城市房价上涨的预期。直接从需求的角度进行数量管制，甚至有可能强化房价上涨的预期。2016年7月，全国住户部门中长期贷款增4773亿元，同比多增1984亿元，占全部对实体经济贷款（4636亿元）的102.96%。尽管这一情形在近期已经有所缓解，但9月新增个人住房贷款依然占人民币贷款增量的39%。居民部门加杠杆的力度之大是前所未有的。2016年9月末，江苏、广东、浙江、北京、上海房地产贷款余额同比增速分别为33.80%、32.18%、24.62%、21.15%和18.24%，分别比上月末提高0.77个、0.54个、0.59个、2.06个和0.30个百分点。五省（市）房地产贷款余额占全国房地产贷款余额的42.50%，比上月末提高0.07个百分点。供给的增加则更有利于稳定预期，应当重视预期管理对房地产市场平稳、健康发展的重要性，但目前房地产调控中对于供给的措施依然比较抽象和笼统。

三、供给调控的意义及着力点

相比于需求调控，供给调控有利于从更加基础的层面改善我国房地产市场的运行。我国土地资本化的模式以及当前各种资源集中于大城市的现实，都意味着我们需要从供给的角度寻求方法。

一是合理地为中国经济的发展提供融资。在我国经济发展的过程中，土地资本化发挥着重要的作用。地方政府竞相追逐促进当地经济增长，需要一定的政府财力支撑。一方面，政府以低价形式将土地转让给工业企业，吸引企业投资并拉动就业，进而带动当地经济和政府税收的增长，在这个过程中，土地也随着经济的发展而增值；另一方面，作为住宅用地的土地要素通过拍卖的形式转让给房地产商，供房地产商开发建设成商业地产用于居民购买，政府一般可以从中获得大量的土地财政收入。

根据最新的测算，在房价的构成中，政府所得占房价的六成左右。研究表明，作为政府收入的重要组成部分，不少地方政府的财政收入中土地出让金所占比重都接近50%，有的城市甚至占到了60%以上（周彬和杜两省，2010）。根据国土资源部的统计，2015年出让国有建设用地22.14万公顷，出让合同价款2.98万亿元，同比分别减少20.2%和13.3%。其中，招标、拍卖、挂牌出让土地面积20.44万公顷，占出让总面积的92.3%；招标、拍卖、挂牌出让合同价款2.86万亿元，占出让合同总价款的96.0%。

以土地财政为代表的土地资本化模式，在推动经济发展的同时，也在一定程度上为地方政府的短期行为提供了激励。高地价提高了地方政府通过土地拍卖获取的收入，因而地方政府有动机通过维持土地供给的稀缺性来获得更多的土地财政收入。在此前提下，要增加土地的供给就会比较困难。并且，高地价将提升城市发展的成本，地方政府对房地产的依赖性也有可能进一步增加，不利于吸引人才、培育新经济增长点，从而削弱城市竞争力。短期内政府财政收入存在"租税替代"的关系，即政府来自房地产的租金收入越高，来自其他行业的税收收入越低，房地产片面发展对实体经济具有不良影响。

作为应对，应考虑改革土地拍卖制度。在我国的国有土地使用权拍卖制度下，出价高者得，在未来房地产价格将保持上涨的预期下，土地价格更容易被抬高，"地王"频现。相比之下，上海车牌拍卖制度值得在我国土地使用权拍卖的制度设计中参考。它要求出价进入有效报价区间，而有效报价区间是根据截至一定时间点的最低报价来确定的，在此基础之上，再按照"价格优先、时间优先"的规则确定中标者。显然，在这样的拍卖制度下，报价最高者和最低者都无法中标。在土地拍卖中参考这样的拍卖规则，将会改变"地王"频现的现状，更有利于价格稳定和价值发现。

二是优化资源布局。在一些热点城市房价飙升、供不应求的同时，我国房地产行业还面临着去库存的艰巨任务，一、二线热点城市和三、四线城市分化十分明显。8月，70个大中城市新建商品住宅同比价格变动中，最高涨幅为44.3%，最低为下降3.8%。

我国优质教育、医疗卫生资源往往在大城市较为集中，人口源源不断地涌入北京、上海等国内一线城市。近年来，国内主要城市学区房现象持续升温，便是公众愿意对优质教育资源支付更高价格的一种体现。有研究测算，学区房的租金收益率平均而言比非学区房低5%，对于小户型住宅更可达19%，且租金率折价存在较大的波动，受教育部门公立学校入学政策冲击的影响大。因此，从长期来看，在更大范围内提升我国教育、医疗卫生等资源的质量，亦有助于破解我国房地产市场面临的难题。

三是提高土地利用效率、增加城市住宅用地的供给。从国际比较以及我国一线城市的土地使用情况看，完全有可能增加一线城市的住房用地供给。实际上，高地价与目前地方政府面临的 GDP 考核指标有直接的联系。为了达到 GDP 的考核要求，各地区需要尽可能多地发展工业投资，从而影响了土地资源的配置，导致我国一线城市的工业用地占比远高于国际上其他同类城市。这样的土地使用布局对于我国一线城市来说，并不一定是合理的。

如表 3 所示，北京、广州和深圳三个城市的工业用地占比分别达到 22%、32% 和 36%，远高于纽约（3.9%）和东京（5.1%）。纽约居住用地占城市建设用地的比重为 44%，东京的这一比例更是高达 73%，而我国的北京、广州和深圳的这一比例分别仅为 28%、29% 和 26%。

表3　　　　　居住和工业用地占城市建设用地比重的国际比较　　　单位：%

城市	居住用地占城市建设用地面积比重	工业用地占城市建设用地面积比重
北京	28	22
广州	29	32
深圳	26	36
纽约	44	3.9
东京	73	5.1

资料来源：谭华杰《从大周期到小周期的前夜——理解中国房地产价格的框架》。

一方面，要改变单一追求 GDP 的绩效考核办法，纠正片面追求经济增长速度和当前利益，更加重视民生、资源环境和长远利益，优化资源布局。另一方面，在增量土地供应空间有限、供需失衡的情况下，存量土地（城乡建设用地范围内的闲置未利用土地和利用不充分、不合理的土地，具有开发利用潜力）在城市发展中应该被充分挖掘利用。据测算，上海中心城区成片工业用地转型空间为 9000 万平方米，旧住区改造产生的住宅体量约为 6000 万平方米。全上海市范围内住宅的建面空间可达 1.6 亿平方米，相当于可供应 8 年的成交量（2015 年全年上海市住宅销售面积约 2000 万平方米）。在盘活存量土地的过程中，应发挥政府主导、统筹协调的优势，缓解供应紧缺，优化城市发展。

提高土地利用的效率、增加城市住宅用地的供给，不仅可以从供给端缓解我国热点城市房价过高、增速过快，而且有助于稳定公众的预期。

诚然，许多国家在城镇化率达到75%之前进程中都出现了房地产价格远远高于当时的经济增速、租售比等指标看上去也远远超过"合理范围"的现象。我们认为，这一现象是以经济高速发展带来的未来预期收入提升为基础的。在中国通过土地资本化促进地方经济发展的过程中，政府做了大量的统筹协调工作，例如招商引资、城市规划，从整个地区的全局来考虑产业布局、居住片区的分布等，同时进行了大量基础设施建设工作，中国的经济潜力得到了很大的释放，地区房地产价值亦得到了提升，而房地产价值的提升恰恰是来源于对未来收入的预期。根据初步测算，2016年第三季度房地产对经济增长的贡献率在8%左右。房地产确实在中国经济增长中扮演了重要角色，但如果房地产的膨胀趋于挤出其他投资和扼杀企业家精神，对于中国经济的转型和健康发展则是不利的。因此，还应着眼于中长期，从土地和各项资源的供给，以及制度上做改进。

总的来说，我国当前的房地产调控应注重需求调控与供给调控相结合，短期调控与长期调控相结合，并处理好房地产与经济发展的关系。同时，针对市场分化的情况，实施更有针对性的政策，甚至采取"一城一策"的方式。一方面，密切关注一线城市以及部分二线城市库存下降的情况，加大住房供应；另一方面，对三、四线等商品房库存较大的城市，根据当地市场情况，采取有效化解房地产库存的措施。在现有的需求调控的基础上，进一步完善供给调控的措施，兼顾短期和长期，促进房地产市场平稳、健康发展。

发展公共租赁住房是房地产调控的重要举措[①]

积极发展公共租赁住房，对于建立房地产调控长效机制，落实"房子是用来住的、不是用来炒的"，促进房地产市场平稳健康发展，推进城镇化建设，增强城市人才活力，缩小贫富差距，维护社会稳定，都具有重要意义。

一、我国公共租赁住房的内涵及发展意义

2009 年政府工作报告中，"公共租赁住房"首次出现在公众视野。2010年 6 月，住建部、发改委、财政部、国土局、国税局、中国人民银行、银监会七部委联合发布《关于加快发展公共租赁住房的指导意见》（建保〔2010〕87号），将公共租赁住房提升到新的高度。自此以后，公共租赁住房逐渐成为我国城镇住房保障体系的重要组成部分。2013 年，住建部、财政部、发改委公布《关于公共租赁住房和廉租住房并轨运行的通知》，从 2014 年起，各地公共租赁住房和廉租住房并轨运行，统称为公共租赁住房。

根据我国公共租赁住房的发展、演变及覆盖人群等实际情况，可以将公共租赁住房的内涵概括为：由政府主导、主要面向城镇中等以下收入且存在住房困难的群体、以租赁为主要形式而不以盈利为目的、具有明显准公共物品性质的特殊的住房产品。

积极发展公共租赁住房，对于建立房地产调控长效机制，落实"房子是用来住的、不是用来炒的"，促进房地产市场平稳健康发展，推进城镇化建设，增强城市人才活力，缩小贫富差距，维护社会稳定，都具有重要意义。

---

① 本文作者盛松成、宋红卫，发表于《中国房地产网》，2017－07－03。

二、我国公共租赁住房现状及主要问题

（一）公共租赁住房覆盖率较低

"十二五"规划要求新增公共租赁住房不低于1550万户，保障房的保障率达到20%，且租赁住房主导保障供应体系。国家行政学院马秀莲教授《中国公租房建设和发展现状》报告中的数据显示，2011—2013年国家统筹建设公共租赁住房1057万套，完成国家"十二五"期间公共租赁住房保障计划的64.5%。2014—2015年未有公开数据，但根据全国公共财政对公共租赁住房的支出，2014和2015年连续下降，因此其余35.5%的保障目标未必完成。即使完成了全部计划，保障人口占城镇常住居民人口的比重也仅为6.2%，而户籍居民人口的保障比例更为3.4%。在如此低的覆盖率下，公共租赁住房很难成为主导。

（二）公共租赁住房用地供应量较小，分布不均衡

从土地实际供应看（由于近年数据不完整，仅以2012年数据为例），2012年，全国居住类土地实际供应11.4亿公顷，其中公共租赁住房用地1.2亿公顷（含棚户区改造中廉租房的801公顷），公共租赁住房用地仅占全国居住类用地的10.5%。公共租赁住房实际供应的区域分布与常住人口增长的分布也不匹配。2012年，公共租赁住房用地供应居前三位的省份为新疆、安徽和云南，三省公共租赁住房的供应量超过全国的30%；而这三省常住人口的流入仅占全国新增常住人口的9.64%。常住人口流入较多的区域，如广东、北京、天津、上海等，公共租赁住房土地供应面积却相对较少。

（三）公共租赁住房未能充分发挥稳定房地产市场的作用

公共租赁住房发展较好的城市，房地产市场一般也较平稳。重庆市"十二五"期间推出的公共租赁住房能覆盖新增常住人口的59.18%，同期重庆商品房价格仅上涨2.77%。而天津"十二五"期间公共租赁住房仅覆盖新增常住人口的19.53%，同期商品房价格涨幅达到了23.56%。

（四）资金来源是公共租赁住房发展的主要难点

一是财政对公共租赁住房的支持力度呈下降趋势。全国公共财政支出中，对公共租赁住房（公共租赁和廉租房加总）的支出从2011年的1485亿元，逐年下降到2015年的759亿元。二是民间资本参与较少，仍以政府投资为主。

数据显示，截至 2013 年，1349 万套新建的租赁性保障房中，政府投资 1058 万套，占 78.7%；国企投资 88 万套，占 6.5%；事业单位投资 20 万套，占 1.5%；民间投资 179 万套，占 13.3%。

三、国外公共租赁住房经验借鉴

（一）建立公共租赁保障住房法律体系

综观世界上公共租赁住房或者其他形式的保障性住房做得比较好的国家，都以完善的法律为基础。如德国法律明确了联邦政府和地方政府在保障房建设中的职责分工，同时还制定了金融、税收等政策法规。每项保障住房政策的出台都有相应的配套法律法规，这些都促成德国成为世界保障住房做得最好的国家之一。

（二）侧重供给，提高覆盖率，制定保障住房长期建设计划

据相关统计，新加坡超过 80% 的人口住在政府建的组屋（类似于中国的经济适用房）里面；德国在第二次世界大战后建设的公共租赁住房能够覆盖全国人口的 37%。制订长期公共租赁保障住房计划，以充足的供给为基础，形成一定的社会覆盖率，才能真正实现保障住房的效果。

（三）通过政策扶持、金融市场创新，鼓励租赁市场的发展

公共租赁住房发展较好的国家一般都有政策的扶持，如德国政府向开发商提供无息或者低息贷款，鼓励其参与公共租赁住房建设。对于低收入家庭则给予租房补贴。有些国家的租房补贴还辅之以相应的金融创新，如美国对低收入家庭租金补贴前后用过四种方式：砖头补贴、房东补贴、住房券和现金补贴。住房券可用来支付市场租金超过中低收入家庭收入 30% 的租金。住房券补贴能够将中低收入人群分散到城市其他社区中，同时也减少了政府的实际投入。

（四）建立科学完善的准入和退出机制

公共租赁保障住房做得比较好的国家一般都建立科学完善的保障对象准入机制和退出机制，以保证政策的公平和持续。如德国和日本都明确住房困难家庭的标准，入住者收入一旦超过该标准就要退出保障房体系，否则就得支付市场租金、甚至负法律责任。

四、发展公共租赁住房的几点建议

（一）建立公共租赁住房法律保障体系

要以法律形式，明确公共租赁住房的保障方式、保障对象、保障标准、分配程序、监督及管理，尤其要突出政府的责任和义务，将公共租赁住房建设这一重大的民生需求纳入对地方政府的考核体系中。

（二）制定公共租赁住房中长期发展规划

从国际经验看，保障住房做得比较好的国家一般都制定中长期的发展计划。我们要明确公共租赁住房（保障性住房）市场的定位和发展要求，侧重从供给面完善公共租赁住房市场。

1. 加大对公共租赁住房的财政支持，同时拓宽资金来源，积极引导社会资金参与公共租赁住房建设。

2. 适当增加公共租赁住房的土地供应。

3. 根据差异化的需求，设计公共租赁住房，避免因入住率低造成公共租赁住房使用效率低下和资源浪费的现象。

（三）构建公共租赁住房全流程信息管理体系

1. 建立统一的信息平台，包括规划、建设、分配及后期维护的完整信息系统，实现统一管理。

2. 建立全面、持续的个人住房、收入及家庭状况等信息的管理系统和诚信档案，实现公共租赁住房动态管理。

（四）发展公共租赁住房金融保障体系

从国际经验看，发达国家保障性住房的资金主要来自金融机构和民间。我国也要逐步从依靠政府向政府和市场"两条腿走路"转变，改善资金来源和资金使用状况。

1. 对参与公共租赁住房建设的企业给予较低成本的信贷资金支持，解决其融资问题。

2. 对中低收入家庭提供租房补贴以及优惠的低息住房贷款。

3. 发展相关的住房金融产品，鼓励社会资本参与公共租赁住房建设。

（五）加强预期管理和舆论引导

目前我国处于公共租赁住房发展的初期阶段，应遵循"循序渐进、逐步推进"的原则，也要注重预期管理和舆论引导。

1. 增强公共租赁住房市场信息的公开、透明、充分和持续，避免信息片面造成市场的误解。

2. 积极引导正确的租赁住房消费观。我国是世界上首次购房年龄最年轻的国家，这并不符合我国当前的经济社会发展水平。目前，租房消费模式并没有得到普遍认可，大部分年轻人仍然倾向于买房。要通过多种渠道，积极推广租赁住房的消费观。

扭转房价只涨不跌的预期正当其时^①

自 1998 年我国房改以来，房地产业在 20 年的市场化发展中取得巨大成绩，也产生了许多问题，其中一个令人难以理解的现象就是房价只涨不跌。这一现象在全世界都属罕见。根据国家统计局数据，20 年来中国的商品房平均销售价格只在 2008 年有过短暂下跌。即使在 2016 年房地产调控政策频出的背景下，房价也从 2015 年的 6793 元/平方米上涨到 2016 年的 7476 元/平方米。

但是自 2016 年 3 月调控措施出台以来，经过 2 年多的努力，目前我国的房价已经处在一个比较微妙的状态。从 70 个大中城市的房价来看，一线城市的房价在零增长率附近波动已有一年之久，二、三线城市的房价增长率也在 5% 和 7% 附近平稳了较长时间，基本与我国居民收入增长率相当。这表明我国房价增长已经显现出相对平稳的迹象。我们认为，我国长时期形成的房价看涨预期正处在转变的临界点上，现在和未来较长时期都应该坚持调控政策不动摇，巩固得来不易的调控成果，扭转房价只涨不跌的预期，哪怕付出必要的成本（如经济增速受到一定的影响）。我们不希望房价大幅下降，事实上也不会大幅下降，但目前更需要扭转房价只涨不跌的预期。

一、房价只涨不跌预期的形成原因

房价持续上涨及伴随而来的中国房价预期具有三个特征：（1）20 年来，中国房地产市场至今未经历一个完整的市场周期。自 1998 年以来，房价和房价预期都一直处于上行通道，甚至在上行通道内的回调都难以出现，单边上涨趋势十分明显。持续 20 年而未经历一个周期的现象世所罕见。（2）中国经济基本面良好，这成为房价及房价预期上涨的基础支撑，但无法解释两者的持续性上涨。一个明显的证据就是自 2013 年开始，中国经济增长和房价出现了背

---

① 本文作者盛松成、宋红卫、汪恒，发表于《今日头条》，2018 – 10 – 30。

离。当年 70 城房价指数由负转正，经济增长率却从 2012 年的 7.75% 下降到了 2013 年的 7.68%。这一背离到 2015 年再次出现，而且更加显著。（3）中国形成了超长期看涨预期，全社会几乎无人相信房价会跌。无论是基于以往房价长期上涨的经验形成的适应性预期，还是基于对未来情况判断的理性预期，都普遍认为房价不可能下跌，这同样是罕见的。产生这种现象的原因主要有以下三个方面。

（一）政府对房地产业定位不明确，政策缺乏延续性

梳理我国十几年来的房地产调控，一个明显的特征是，经济下行时放松调控以拉动经济，房价上涨过快时则加强调控来平抑上涨势头，政策始终在两者间反复和摇摆。2003 年，中国经济出现过热迹象，房地产投资增速一度超过 30%。为此，中国人民银行于 2003 年 6 月发布了《关于进一步加强房地产信贷业务管理的通知》，以通过抬高房地产业银行贷款融资的准入门槛来降低投资增速。但是当年"非典"暴发，经济增长受到影响，8 月，国务院发布了《关于促进房地产市场持续健康发展的通知》，给予房地产业以国民经济支柱产业的地位，正式确立住房市场化发展方向，其后果就是 2005—2006 年的房价快速上涨。2007 下半年，面对房价过快上涨的态势，中央重新出台调控政策，房价涨幅应声下降。2008 年底，为应对国际金融危机导致的严峻经济形势，房价调控再次放松，结果是房价再度飞涨。2009 年 12 月，中央政府为了遏制部分城市房价过快上涨，调控政策又不得不急转向"挤泡沫"，政策目标重新返回控房价。2014 年，在经济下行压力增大、地方政府债务问题严重和房地产企业风险增大的背景下，全国房价调控再次放松，一线城市的房价在 16 个月的时间内上涨了 42.3%。自 2016 年 3 月开始，在史无前例的房价上涨之后，新一轮调控如期而至，调控至今未放松。

我国房地产调控政策反复摇摆，带来严重的市场预期后果。首先，由于房价长期不降，几乎没有人相信房价会下跌。每调控一次都进一步加强了市场的信念，导致了极强的适应性预期。其次，政策的反复摇摆使人们形成了极强的理性预期，绝大多数人都认为控房价后还是需要拉动经济，房价仍会上涨。

政策反复的根本原因是对房地产业和住房的定位属性不准确。从根本上讲，房屋具有消费品和投资品双重属性，强调其中一者必然会弱化另一者，这对矛盾很难调和。我国目前大多数城市都需要通过转让土地获取收入来进行城市建设，即实行"土地财政"机制。在这一制度安排下，只有未来土地收益

不断提高，土地才能拍卖出更高的价格，这使得我国建设用地具有很强的投资品属性，土地上的住房很难摆脱这一特征。通过房地产业拉动经济难以绕过"土地财政"这一机制，其后果就是地价飞涨，房价高企。房价高企之后政府又担心民生受损，在无法消除土地投资品属性的情况下，只能依靠行政措施抑制房价，这虽然暂时缓解了矛盾但却无法予以根治。政策不断在拉动经济和解决民生之间反复，始终无法实现房地产业的准确定位，房价预期越调越高。

（二）房地产供给端与需求端问题丛生，共同推高房价预期

目前我国的房屋供给已经基本实现了市场化，由房地产企业根据市场情况自行决定，但是住房最重要的生产要素土地则由地方政府垄断。由于地方政府与中央政府的目标和能力的不完全一致导致了供给端问题丛生。由于激励机制和任期制度的问题，地方政府与中央政府往往利益不一致，地方政府更希望从土地增值中获得收益以在短期内尽快提振当地经济，这与控制房价预期背道而驰。地方政府在中央部门约谈后才开始出台房价调控措施就是一个证明。而中央政府偶尔也会不顾地方政府实际面临的规划限制和僵化的土地管理制度，要求地方政府供给更多的土地来平抑房价。例如在要求每个行政区都须保护一定数量基本耕地的现行制度下，东部地区一般难以提供充足的土地以应对巨大的市场需求。同时政策失误也造成了供给端问题频出。2015 年的"去库存"政策没有考虑不同城市的差别，推行基本相同的去化策略，导致一、二线城市库存不足，房价迅速上涨，房价上涨预期更加明显；而三、四线城市由于"去库存"效果明显，地方政府趁机扩大土地供应，"去库存"变成"补库存"，造成严重的预期误导。

从需求端来看，中国的房地产投资属性过于强烈，消费属性无法得到充分满足。中国房地产业发展至今尚未解决最根本的问题：随着经济发展和城镇化的推进，居民的居住需求不断增加；同时我国现有的投资渠道匮乏，财富涌入房地产行业，推高了住房投资需求；我国尤其是一、二线城市的房地产需求仍然无法得到满足。由于供应无法满足市场需求，当压制需求端的调控政策失效后房价很容易报复性上涨。因此在需求无法得到满足的情况下，房价的看涨预期很难扭转，而且容易得到强化。由于需求无法得到满足，即使合理的住房消费需求也会衍生出投资性需求，出现恶性循环。例如居民为了改善居住条件，从城市远郊到近郊购房是合理的，但居民如果看好原有住房的升值空间，在购入新房的同时并不卖出旧房，那么这一行为显然会增加需求和降低供给，推高

房价的看涨预期。而购房者本身也成了既得利益群体，为了维护自身利益甚至以打砸售楼处和上街游行进行"维权"。部分政府机关为了维稳，要求开发商息事宁人，进一步阻碍了看涨预期的扭转。

（三）误导性信息、错误信息、不当信息广泛传播，加剧信息不对称与市场混乱

部分开发商利用信息不对称对购房者进行误导，导致购房者认为房价会不断上涨，从而影响投资决策。普通购房者掌握的信息远远少于房地产商，这导致前者缺乏对房地产市场的准确判断，而市场需求长期得不到满足使得购房者更容易被一些假象所迷惑，产生错误的心理预期。

媒体的助涨宣传也加剧了信息不对称，坚定了购房者的看涨预期。2018年以来，媒体大量报道一、二线城市的新房限价，这对购房者造成很大的心理冲击，导致更多资金涌入房市，加剧了抢购行为，最终推高房价。

尤其需要指出的是，部分知名专业人士的言论对看涨预期起了推波助澜的作用。部分专家反复强调中国房地产市场看涨前景，经过媒体传播，强化了整个社会的看涨预期。如何以合适的方式传达信息也是专业素养的一种体现。知名专业人士的言论传播广，影响大，应谨慎合适表达，尤其不能为房价预期推波助澜。

二、房价预期只涨不跌的严重后果

（一）房价预期成为经济短期发展的兴奋剂，损害经济的长远发展

2017年，我国房地产业增加值为5.4万亿元，占国内生产总值的6.5%。一般而言，在经济中占比超过5%的行业可以视为支柱产业。房地产业是我国重要的支柱产业。除了直接贡献外，房地产业还是土地资本化的重要渠道，为地方政府提供资金，解决城市建设的融资问题，推动经济发展。房地产业的繁荣成为地方短期经济发展的兴奋剂。

但这种依靠房地产来带动经济的模式形成了巨大的社会成本。有研究表明，中国住房价格上涨1倍，通过人力成本上升使得经济增长率下降4.1个百分点[①]。而且房价的高涨使房地产业利润率高企，并带动金融业的发展，将大

---

① 陈斌开，黄少安，欧阳涤非. 房地产价格上涨能推动经济增长吗？［J］. 经济学（季刊），2018（3）.

量资金吸引至房地产业和金融业中，伤害了实体经济的发展。这种依靠房地产来带动经济增长的效果会越来越差，2013 年之后经济增长与房价的背离就证明了这一点。

人力成本有着较强的刚性，一旦上涨就很难下跌。房价上涨带来的人力成本上升几乎是永久性的，而长期的利润率差距也使得资金很难回到实体产业中，由此对长期经济增长造成伤害。"土地财政"的副作用也越来越明显。地方政府往往通过低价出让工业用地来拉动经济增长，这使得我国工业用地使用效率低下，容积率明显低于发达国家。由于土地持有者预期土地价格会继续上涨，大量土地被囤积闲置，而没有被用于开发生产。"土地财政"扭曲了住房的居住属性，民众的居住需求难以得到满足，影响了人力资本的培养，抑制了中国的长期经济增长潜力。

（二）干扰市场参与者的决策行为，导致市场波动和巨大风险

购房者一旦形成上涨的价格预期，其未来购买行为将会前置到现期完成，致使需求增加，房价上涨。房地产商预期未来房价上涨，将会推迟住房出售，导致供给下降，同样使房价上涨。此外，房价上涨的预期会刺激房地产商高价拿地，造成房屋成本上升，推动房价上涨。值得注意的是，看涨预期对房价的影响是一个正向的反馈机制：在看涨预期指导下的行为本身就会推高房价，即所谓的预期自我实现机制。

在房地产看涨预期下，资金的进入与预期也形成了正反馈机制，看涨预期会吸引更多的资金进入，从而进一步推高房价。这实际上是典型的泡沫形成过程。在有新的资金进入时，泡沫得以维持；一旦资金中断，泡沫将破裂。由于现代金融的杠杆特征，大量资金都通过金融体系获得，而这些资金不断在金融体系内部流动，使风险在整个金融系统扩散。一旦泡沫破裂，房地产市场和金融体系都会遭受重创，引起系统性金融风险。

（三）冲击需求端调控政策，导致调控失效

以限购政策为例，大多数城市的调控政策都是在房地产过热时采用，以抑制高涨的需求。正常情况下，限购意味着需求下降，房价下跌，达到调控目的。但是这种调控模式面对房价上涨预期往往会产生相反的结果。如果购房者预期限购之后房价不会跌，但自己却丧失了购买资格，那么最优决策就是在限购前赶紧入市，造成短期需求急剧增加。而住房短期供给弹性较低，变化小。

因此，限购政策的出台有时反而会引起需求旺盛，推高房价。这种单一需求端调控政策导致房价暴涨已有前车之鉴：1988 年 8 月，英国决定取消夫妻双重按揭贷款利率优惠政策，大量购房者赶在优惠政策结束之前抢购住房，1989 年英国房价大幅上涨。

三、把握机遇，主动扭转只涨不跌的房价预期

自 1998 年房改以来，我国虽未经历完整的房价涨跌周期，但房价并非没有出现过下降的趋势，可是这样的机会并未被抓住，房价预期重回上涨老路。以深圳为例，2007 年 1 至 8 月，深圳新房房价从 10670 元/平方米涨到 18976 元/平方米。为了平抑房价，深圳 9 月出台调控措施，加上当年人民币处于加息周期，深圳房价预期很快扭转，到次年 12 月，房价下降至 11084 元/平方米。但是，2008 年第四季度，为了应对全球金融危机，我国推出了"四万亿"计划，房价预期顷刻再次翻转。深圳的商品住房销售价格从 2008 年的 12654.85 元/平方米上涨到 2017 年的 54445.26 元/平方米，上涨了 330.23%，而同期深圳的年人均可支配收入仅从 26729.31 元增加到 52938 元，提高了 98.05%，房价过快上涨趋势明显。

2016 年 3 月底，最近一轮房地产调控启动，至今已超过两年半。今年 7 月，中央政治局会议明确提出要"坚决遏制房价上涨"。本轮房地产调控措施之严厉，可谓史无前例。房价过快上涨的势头已被明显遏制，房价逐渐企稳。此外，土地流拍增加。2018 年 1—9 月土地流拍达到 935 宗，已经接近去年全年的 954 宗。房企降价促销增多。自 9 月起多地出现降价销售。我国房价预期呈现了企稳迹象，这是过去两年多来房地产调控取得的巨大成绩。

但是从历史经验看，房价调控成果初现即停止调控，致使房价上涨预期再现，不乏先例。为防止前功尽弃，重蹈覆辙，我国目前和未来数年都应该坚持调控不动摇，扭转房价只涨不跌的预期。

（一）要坚持房地产调控不动摇，持续平稳房价预期

德国是房地产调控的典范，其政策要点就是以各种有力措施来稳定房价预期。例如德国的住房政策有着很强的延续性，宏观经济政策变动不会影响房地产政策。重视供给端调控。在住房问题已经基本解决的情况下，从 20 世纪 90 年代到 2005 年仍然新建了 1000 万套公共福利住房。坚决打击投机性需求，对房屋投资收益征收高额税负。另一个预期管理的典范就是我国近年来的汇率政

策。2015 年"8·11"后，人民币汇率出现超调。我国货币当局及时予以引导和干预。首先是行动预期管理，包括启动逆周期调节因子，适度运用外汇储备以及加强资本流动管理等。其次是舆论预期管理，决策者和专家反复强调人民币不具有持续贬值的基础。人民币汇率得以稳定。我国房地产调控可以借鉴两者成功的预期管理经验。要坚持调控措施不动摇，消除市场对政策再次摇摆的幻想，继续稳定房价，扭转房价只涨不跌的预期。

（二）建立房地产调控长效机制，供需调控并重

建立房地产调控长效机制是党中央的既定方针，要长期坚持贯彻落实。第一，要完善多层次住房供给体系，建立多主体供给、多渠道保障、租购并举的住房制度。第二，要探索房地产财税制度改革，运用财税制度引导合理住房需求。第三，改变"土地财政"制度，构建合理的土地定价机制。第四，完善房地产调控的法律法规体系，提高房地产市场的法治化水平。

长期以来，我国房地产调控重需求抑制、轻供给疏导。前者易取得短期效果，后者能获得中长期效果且有利于稳定公众预期。因此我们要注重供给调控与需求调控相结合。

（三）贯彻落实"一城一策"，针对性管控房价预期

不同城市的人口、经济等情况不同，房地产市场也不尽相同，因此，贯彻落实"一城一策"是预期管理的重要一环。

2017 年 4 月住建部提出指导意见："对消化周期在 36 个月以上的，应停止供地；18 ~ 36 个月的，要减少供地；6 ~ 12 个月的，要增加供地；6 个月以下的，不仅要显著增加供地，还要加快供地节奏。"这就是"一城一策"调控思想的具体举措。此外，全国性政策的出台应考虑对不同城市房价预期的影响，并给予地方政府一定的自主操作空间。

（四）降低市场信息不对称，重建市场契约精神

为了降低市场信息不对称，首先，要建立高效的住房信息收集和披露系统，使市场参与者的决策建立在充分的信息基础之上。其次，要大力打击各种操纵市场行为，维护市场正常秩序。最后，要主动引导舆论，对相关政策进行广泛、深入的宣传，使政策得到及时、正确解读。同时知名专业人士要有自律意识和社会责任感，公开发表言论需要谨慎，避免引发公众恐慌情绪。

重建市场契约精神，打击一跌就闹的房闹行为也是管控房价预期的重要手

段。对于房闹行为要以事实为根据、以法律为准绳进行合适处理，以维护市场的稳定。

行百里路者半九十。目前平稳市场预期的努力已看到曙光，但仍不可掉以轻心。我们必须坚定房价预期调控的决心，抓住当前房价初步企稳的有利时机，扭转房价预期正当其时。我们要毫不动摇地将调控措施坚持下去，综合运用金融、土地、财税、投资、立法等手段，加快研究建立符合国情、适应市场规律的基础性制度和长效机制。既抑制房地产泡沫，又防止房价大起大落，这一调控目标是可以实现的。

警惕新一轮房价上涨，调控重点在于稳定房价①

警惕新一轮房价上涨，调控重点
在于稳定房价^①

2019 年春节后不少媒体披露房地产市场开始回暖。从 3 月房价变动趋势看，确实有此迹象。国家统计局公布的 70 个大中城市商品住宅价格变动中，无论新建住房还是二手住房均有不同程度的上涨，其中三、四线城市上涨趋势比较明显。即使政策严控，房价依然上涨，这也意味着未来稳定房价、防止房价进一步上涨的压力较大，调控的任务依然艰巨。从区域结构来看，3 月，三、四线城市房价环比上涨比较明显，需重点关注。

从宏观经济形势来看，经济企稳，企业信心增强，户籍制度改革加快城市人口落户，货币政策也将保持流动性合理充裕。有些城市开始出现房地产调控政策微松的迹象。尽管还没有形成大范围的楼市放松，但这一趋势需要关注。

为了我国房地产市场持续健康地发展，我们需要坚持房地产调控不动摇：第一，以供需相结合的调控方式促进房地产市场健康发展；第二，防止市场资金再次大量流入房地产领域；第三，加强房地产市场调控的"预期管理"，扭转房价只涨不跌的预期；第四，保持房价长期平稳，以经济发展和居民收入增速长期高于房价涨幅的方式从根本上解决中国的房地产泡沫和高房价问题，使房地产市场与经济发展和解决民生问题形成良性循环。

一、我国房价上涨趋势

三线城市新建住宅价格上涨趋势明显。从国家统计局公布的 2019 年 3 月 70 个大中城市商品住宅销售价格变动情况看，一线（4 个）、二线（31 个）、三线（35 个）城市新建商品住宅销售价格同比分别上涨 4.2%、12.2% 和 11.4%，环比分别上涨 0.2%、0.6% 和 0.7%；一、二线城市环比涨幅比上月

---

① 本文作者盛松成、宋红卫，发表于《经济参考报》，2019 - 04 - 17。

均下降 0.1 个百分点，而三线城市环比涨幅比上月扩大 0.3 个百分点。

二、三线城市二手住宅价格涨幅较高。从国家统计局公布的 2019 年 3 月 70 个大中城市商品住宅销售价格变动情况看，一线、二线、三线城市二手商品住宅销售价格同比分别上涨 0.5%、8.2% 和 8.4%，环比分别上涨 0.3%、1.2% 和 0.5%。

从禧泰网公布的中国房价行情（中国房地产业协会主办）来看，2019 年 3 月份 341 个城市中，二手住宅价格同比出现上涨的城市为 310 个，占比达到 90.9%，从环比数据来看，199 个城市出现上涨，占比达到 58.4%，并且涨幅比较靠前的城市也主要集中在三、四线城市。

二、近期房地产市场回暖的背景

我国房地产市场受宏观经济形势及政策的影响较大，目前情况总体有利于房价上涨。

第一，宏观经济企稳，企业信心增强。国家统计局公布 2019 年 3 月中国制造业采购经理指数（PMI）为 50.5%，较 2 月的 49.2% 明显回升，创 5 个月以来的新高。制造业 PMI 在连续 3 个月低于临界点后重返扩张区间，反映出经济整体景气度有所改善。基建投资带动整体投资稳定增长，制造业结构不断优化，民营企业获得政策支持，经贸关系阶段性缓和。

第二，加强货币和财政与其他政策之间的协调，保持流动性合理充裕。2019 年 4 月 12 日，人民银行公布的金融数据显示，3 月 M_2 增速为 8.6%，环比上升 0.6 个百分点。中国人民银行货币政策委员会 2019 年第一季度例会提出，坚持逆周期调节，进一步加强货币、财政与其他政策之间的协调，稳健的货币政策要松紧适度，把好货币供给总闸门，不搞"大水漫灌"，同时保持流动性合理充裕，广义货币 M_2 和社会融资规模增速要与国内生产总值（GDP）名义增速相匹配。

第三，户籍制度改革加快城市人口落户。2019 年 4 月 8 日，国家发展改革委发布《2019 年新型城镇化建设重点任务》的通知，加大户籍制度改革力度，突出抓好在城镇就业的农业转移人口落户工作，城区常住人口 100 万至 300 万的 II 型大城市要全面取消落户限制；城区常住人口 300 万至 500 万的 I 型大城市要全面放开放宽落户条件，并全面取消重点群体落户限制。超大特大城市要调整完善积分落户政策，大幅增加落户规模、精简积分项目，确保社保缴纳年限和居住年限分数占主要比例。

第四，部分城市房地产调控政策有微松的迹象。随着"因城施策"的进一步贯彻落实，地方城市有了更大的自主决策权。部分城市取消了限售政策，比如菏泽、太原；部分城市土地拍卖政策出现松动，比如阜阳、北京、厦门；部分城市降低了购房门槛，比如杭州、珠海。多地还出现首套房贷款利率下调及资金监管力度放松的现象。

三、坚持房地产调控不动摇　警惕新一轮房价上涨

目前部分城市房地产市场已经出现回暖态势，并且宏观经济形势也有利于房价上涨。我们认为，应坚持房地产调控不动摇，谨防新一轮房价上涨。

纵观我国十几年来的房地产调控，一个明显的特征是，经济下行时放松调控以拉动经济，房价上涨过快时则加强调控来平抑上涨，政策始终在两者间反复和摇摆。"放松调控 + 充裕的流动性"是房价上涨的重要条件，比如 2008年后放松楼市调控和货币市场流动性大量释放造成房价上涨，导致 2010 年的楼市调控。2014 年第四季度后放松楼市调控和几次降准降息后，开启了 2015年新一轮的房价上涨，这也是本轮房地产调控的背景。

坚持房地产市场调控不放松，巩固得来不易的调控成果，这意味着房地产业增加值对于 GDP 的贡献率将受到一定影响，也会影响到地方财政的卖地收入。虽然调控有代价，但我们仍应坚持调控不动摇，谨防重蹈覆辙。实际上，房价稳定，哪怕是小幅下跌也不会对经济增长有太大影响。通过增加供给（包括租赁住房）来满足刚需群体的需求，在一定程度上也能保障房地产投资和销售的基本平稳。

我们呼吁通过市场配置资源，但房地产调控不仅关系到经济发展，而且与国计民生息息相关，所以政府的合理、适度调控是必要的。

四、促进房地产市场健康发展的建议

其一，以供需相结合的方式促进房地产市场健康发展。长期以来，我国房地产调控重需求抑制、轻供给疏导。前者易取得短期效果，后者能获得中长期效果且有利于稳定公众预期。因此我们要注重供给调控与需求调控相结合。

单单需求端的调控仅仅是把需求提前或者延后释放，是"治标不治本"的权宜之计，不能从根本上解决房地产市场供需失衡的问题。如果需求端持续

抑制，就会形成购买力的"堰塞湖"，一旦政策松动，需求集中释放，就会对市场造成冲击。因此，为了保证房地产市场健康持续发展，必须坚持供需相结合的调控方式，合理适当地增加房地产供给。

其二，防止资金再次大量流入房地产领域。房地产作为资金密集型行业与金融业关联性较强，近年来这一趋势不断加大。从投入产出表可以计算出，金融业始终位居房地产业直接消耗系数排名的首位，并且系数从2002年的0.077上升到2012年的0.105。这一系数的变化反映了房地产业的金融属性在不断加强，即房地产行业的投资属性不断提高。

Wind公布的上市公司数据显示，房地产行业销售毛利润始终高于工业行业。2009年二者毛利率差值为21.7个百分点。随着房地产调控的持续，差值有缩小的趋势，但截至2018年第三季度（2018年A股上市房企年报未全部公布）二者毛利润率差值仍有16.9个百分点。较大的毛利润率差会吸引大量资金进入房地产领域。只有加强房地产调控不放松，把房地产行业的利润率调整到各行业平均利润率的大致水平，才能实现资金在房地产行业和实体制造业之间的合理配置。

其三，加强预期管理，扭转房价只涨不跌的预期。预期是影响市场主体行为的重要因素。然而，市场预期并不全都是理性的，短期内也并非都向基本面回归。由于预期具有自我实现和加强的机制，单边预期往往使市场超调。

预期管理对于房价调控尤为重要。当前以需求管制为主的调控手段，不仅没有改变公众对房价上涨的预期，反而强化了这一预期。本轮房地产调控之严厉，可谓史无前例。房价过快上涨的势头已被明显遏制，我国房价预期也发生了一定变化，这是过去三年来房地产调控取得的巨大成绩。但是从历史经验看，房价调控成果初现即停止调控，致使房价上涨预期再现，不乏先例。为防止前功尽弃，重蹈覆辙，我国目前和未来数年都应该坚持调控不动摇，扭转房价只涨不跌的预期。

其四，以经济发展和居民收入增速长期高于房价涨幅的方式从根本上解决我国的房地产泡沫和高房价问题。美国和日本调控房价泡沫具有着眼短期、被动调整、波动剧烈等特征，为此也付出了很大代价。1991年日本楼市泡沫破裂，房价短期内暴跌。当年首都圈和京畿圈新房均价一度分别达到106.4万日元/平方米和102.7万日元/平方米，1992年这两个地区房价分别下降了34%和49%，并进入连续十几年的下降期。房地产市场风险向金融市场及实体产业传导，导致日本经济结束了高速发展的黄金时期，陷入了 20 多年的低速发展。2007 年美国次贷危机时房价大跌，2008 年 12 月标准普尔 20 个大中城市房价指数为 150.54，较 2007 年 1 月（202.31）下降了 26%，并进入连续六年的下降期，造成经济多年的低增长。

　　与美、日的土地私有制不同，我国土地是国有的。我国政府因此也具备了比美、日更强大的土地供给调控能力。调控效果取决于政府的决心。如果供给主动去匹配需求，就能稳定房地产市场，确保调控成功。近两年的调控实践也已证明了这一点。

　　目前我国房地产市场调控思路和措施是正确的。调控重点在于稳定房价，而非打压房价。房价收入比是一个比值，化解房地产市场风险不仅可以通过降低分子（房价），还可以通过增加分母（收入）。控制住房价的同时，通过振兴实体经济，不断提高居民的收入水平，使得未来居民收入的增长长期超过房价的上涨，不断缩小房价收入比，通过"挤泡沫"而非"刺破泡沫"的方式，从根本上解决我国房价过高的问题，实现房地产市场长期健康发展。我国长期、平稳消除房地产泡沫将创造历史奇迹。

第三章

防范房地产市场风险

◎人民币升值不是房价上涨的原因

◎再谈人民币升值不是房价上涨的主要原因

◎当前房地产调控需谨防房企资金链风险

◎三、四线城市库存风险已经显露，到了该调整的时候

◎如何理解政治局会议对房地产市场发展的要求

◎"不将房地产作为刺激手段"不应与政策继续收紧划等号

人民币升值不是房价上涨的原因^①

2013 年 11 月 11 日，《第一财经日报》发表了一篇题为《人民币升值和高楼价的逻辑关系》的文章。该文提出人民币汇率上升吸引巨量国际热钱投资中国，造成中国楼价飙涨，还预言未来中国可能出现人民币对外大幅贬值、热钱大量外流和楼价大跌。

"人民币升值—吸引热钱—推高楼价"这个逻辑链条，初看起来颇有迷惑性，但实际上是完全不符合现实、没有统计数据支撑的主观推论。在我国房地产交易总额中，所谓的"热钱"只占很小部分，而且历史数据也证明，热钱规模和房价走势并没有一一对应的关系。预言人民币将对外大幅贬值、楼价将大跌更没有任何依据。

一、流入我国的热钱规模有限

汇率升值，确切地说汇率升值预期，确实会吸引热钱流入，但热钱的规模相对于我国房地产市场规模来说非常小。

关于什么叫热钱，国际上的争论由来已久。热钱并非一个定义严格、范畴清晰的经济学概念，但它的三大特点——高流动性、高敏感性和逐利性，国内外都有共识。本文将热钱定义为，以追求高额利润为目的、具有高度流动性的国际投机资金。热钱不只是追求利差和汇差收益，还追求资产价格溢价收益；它也不只是短进短出，其投机期限完全有可能超过一年。

国内外对于热钱规模（短期国际资本流动）的测算方法很多，主要以直接法和间接法为主。直接法将国际收支平衡表中的几个项目相加，得到短期国际资本流动规模。这个方法由 Cuddington（1986）开创，他使用的公式为"短期国际资本流入 = 误差与遗漏项流入 + 私人非银行部门短期资本流入"。

---

① 本文作者成叶华（系盛松成、叶欢、石春华三位作者的笔名），发表于《第一财经日报》，2013 - 12 - 04。

间接法又称余额法，该方法用外汇储备增量减去国际收支平衡表中的几个项目，得到短期国际资本流动的规模。此法由世界银行于 1985 年首先使用，后又经摩根信托担保公司（1986）及美国经济学家 Cline（1987）进一步丰富发展。

直接法优点在于简单、直观，但它可能会低估短期国际资本流动的规模。而间接法将扣减项目视为长期国际资本流动、未扣减项视为短期国际资本流动，因而忽略了通过虚假贸易和虚假外商直接投资（FDI）等方式流入的资金，因此间接法既可能高估短期国际资本流动，也可能低估实际热钱流动的规模。

鉴于数据可得性和计算的便利性，我们用间接法估算季度和年度的热钱流动规模。公式为

热钱 = 外汇储备增量 + 我国对外直接投资 − 货物和服务贸易差额 − 外商直接投资 − 境外上市融资 − 外债增量

上面等式中的外汇储备增量采用国际收支平衡表的口径，仅反映由交易产生的外汇储备变化，剔除了由汇率变动造成的估值效应及储备资产投资收益；此外在相应时点本文还考虑了央行运用外汇储备资产对商业银行注资、与财政部特别国债进行资产置换、商业银行用美元缴存法定存款准备金等的外汇储备运用情况对当期外汇储备增量的影响。境外上市融资的口径是我国境内企业在香港证交所上市融资的首次发行额与再筹资额之和。计算结果表明，流入我国的热钱规模相对较小，在热钱流入规模最大的 2009 年，也仅有 619 亿美元。而在 2011 年和 2012 年，热钱转为流出（见图 1）。

国家外汇管理局自 2010 年起开始按年发布《跨境资金流动监测报告》，利用残差法测算波动性较大的跨境资金流动，在剔除项目上扣除了一些稳定、合法合规的贸易投资项目，而将波动较大的跨境资金流动都纳入了"热钱"范畴。报告特别指出扣减后得到的差额不都是纯粹套利的、违法违规的或者不可解释的跨境资金流动，其中包括了我国金融领域的直接投资交易、企业合法的服务贸易活动、合理的进出口赊账及其他财务运作、个人合法的外汇收支，以及银行部门外汇资产调拨等。虽然外管局使用的公式与本文有所不同，但计算结果比较接近（见图 2）。

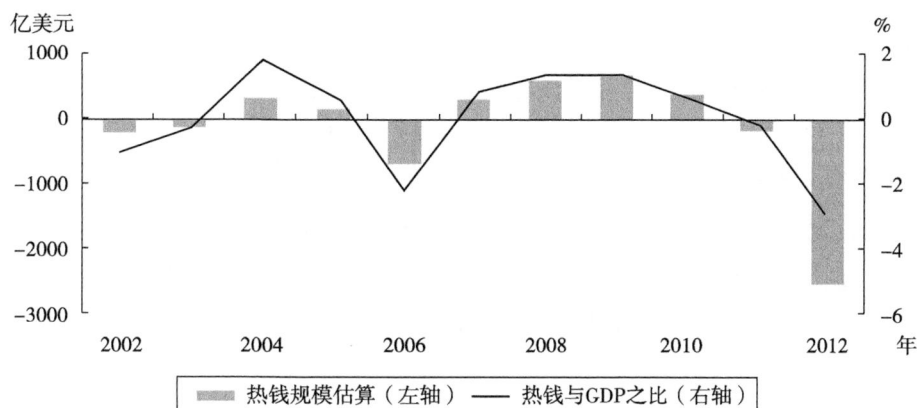

图1 我国热钱流入流出情况

（资料来源：本文计算）

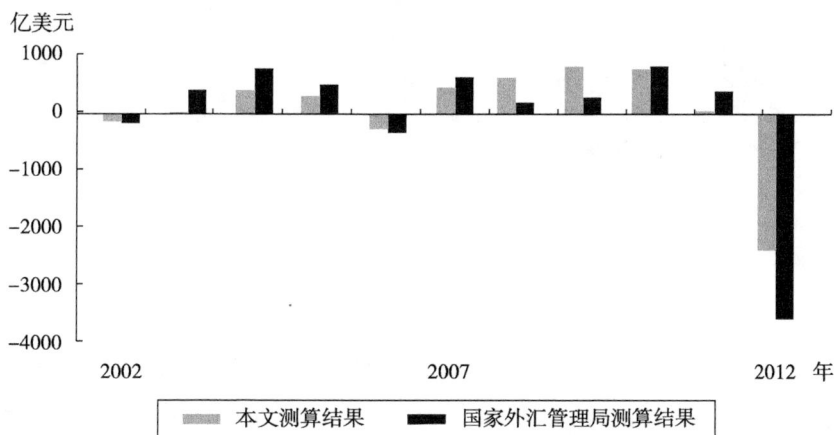

图2 短期国际资本流动规模

（资料来源：本文计算、国家外汇管理局）

二、相对于房地产市场交易规模，热钱规模很小

房地产市场交易包括新建商品房交易和二手房交易，总规模很大。2012年全国新建商品房销售额达到6.45万亿元人民币，同比增长10%。2013年前10个月，全国新建商品房销售额为6.12万亿元，同比增长32.3%。其中，住宅销售额为5.15万亿元，占84.1%；办公楼销售额为2779亿元，占4.5%；

商业营业用房销售额为 5823 亿元，占 9.5%；其他商品房销售额为 1151 亿元，占 1.9%。

二手房交易规模没有直接的统计数据。我们按照同期发放的个人住房贷款中新建房和再交易房的结构比例推算二手房交易规模，得到商品房交易总额在 2009 年约为 5.9 万亿元，2012 年达到约 7.9 万亿元的规模。2013 年 1—10 月，商品房交易总额约为 8.0 万亿元。由于二手商品房交易贷款难度更大、全款交易比例更高，因此实际二手房交易额占比应高于个人住房贷款中再交易房的占比，即我国商品房交易总额实际应比我们的计算结果更高（见图 3）。

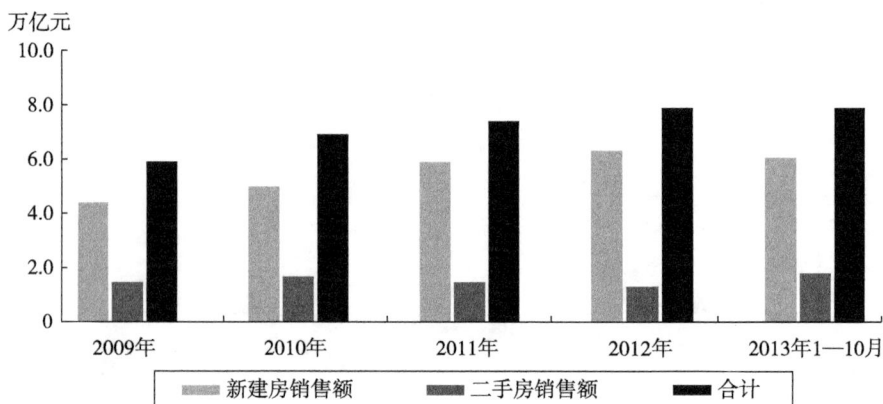

图 3　我国房地产交易规模

（资料来源：本文计算）

热钱的投资对象很多，不可能都投入房地产。我们假设 50% 的热钱投入商品房交易。按照我们的计算结果，在热钱流入最多的 2009 年，流入房地产的热钱仅占商品房交易总额的 3.6%；若按照国家外汇管理局的热钱测算结果，在热钱流入最多的 2010 年，流入房地产的热钱也仅占商品房交易总额的 3.8%。热钱占比如此之低，并不能对房价产生较大影响。中国房地产业协会商业地产专委会常任副秘书长陈云峰也表示："（热钱）大约占房地产吸纳资金的 5%，所以影响不了房地产整个行业。"

三、热钱规模与房价变动并不一致

由于没有完整的全国房价指数序列，我们使用商品房销售均价的环比涨幅代表房价走势。从历史数据看，热钱规模与房价之间并不存在基本一致的走势。

2007 年第四季度，热钱流入 589 亿美元，但房价出现了环比下降；2012 年第二季度，热钱大幅流出 1268 亿美元，但房价仍然上涨。考察 2003 年第一季度到第二季度之间的热钱规模和商品房销售均价环比涨幅季度数据的相关关系，虽然同阶相关系数高达 0.49，但热钱规模与滞后一阶、三阶的房价环比涨幅相关系数分别为 -0.24 和 -0.40，即当季的热钱流入与一个季度和三个季度以后的房价呈负相关，表明热钱和房价走势之间并不存在稳定的正向联系（见图 4）。

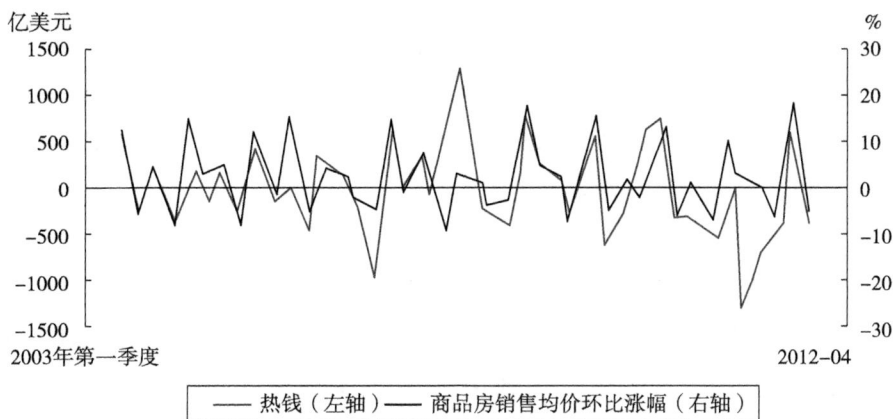

图 4　商品房销售均价环比与热钱规模

（资料来源：本文计算）

四、不应将房价上涨归因于热钱因素

笔者认为，房地产价格过快上涨主要缘于其供需失衡，在于经济长期增长、社会积累大量财富后的投资投机需求的体现。

人口增长、国民收入增加、城市化发展、国际需求等因素都会提高房地产市场的需求，同时房地产又受稀缺性、垄断性、基本价值的不确定性等供给因素的制约。最近几十年来，世界上多数大楼盖于经济快速发展的区域。20 世纪 80 年代末，世界上近一半的高楼建设在东京，而到了 90 年代中期，摩天大楼建设转移到了上海、北京、广州。经济长期增长，社会积累了大量财富，居民住房需求迅速提高，是我国房地产需求迅速增加的真实背景，而经济长期繁荣、房地产供不应求是房地产投机的根本原因。

而热钱投资对房地产影响极为有限。

首先，热钱投资方向很多，包括股票、债券、期货等多种金融产品，房地产仅是各种投资渠道之一。热钱投资到房地产上的资金有限，直接购买商品房的更少。

其次，热钱投资房地产受到严格的限制。2006 年 7 月 11 日，住建部联合五部委出台了第一份限制外资进入房地产行业的政策，即 171 号文件《关于规范房地产市场外资准入和管理的意见》，之后对外资进入房地产的限制和监管也从未放松，甚至不断从严。

考虑以上两点因素，再结合中国房地产市场的巨大体量，可以确切地说，热钱对房地产市场的影响很小；认为热钱推高房价，进而把房价上涨归因于人民币汇率升值，这个论断也是站不住脚的。

笔者认为，预言人民币对外大幅贬值、楼价大跌，也看不到任何依据。

人民币汇率已接近均衡水平，不会对外大幅贬值。2005 年 7 月 21 日，中国正式宣布放弃盯住单一美元的浮动汇率制度，转而实行盯住一篮子货币的有管理的浮动汇率制度，人民币汇率总体趋升。汇改以来，人民币兑美元名义汇率已累计升值 34%。中国人民银行副行长、国家外汇管理局局长易纲在接受新华社记者采访时表示："目前人民币汇率已非常接近均衡水平。"

当前我国经济增长总体稳定，虽然增速比前些年有所下降，但仍居世界前列。我国的外贸也稳定发展，目前已是全球第一大贸易国。十八届三中全会确定的一整套经济金融改革方案，将进一步激发我国经济社会活力，促进我国经济持续稳定发展，并继续吸引国际资本投资我国。说国际热钱会大量外流、人民币大幅对外贬值，没有根据。

再谈人民币升值不是房价上涨的主要原因^①

2013 年 12 月 12 日，张庭宾先生发表题为《再析人民币升值与楼价上涨的关系》的文章（下称"张文"），对笔者的《人民币升值不是房价上涨的原因》一文（下称"成文"）提出质疑，认为"流入中国的热钱总量远不止该文测算的"，坚称"人民币升值是高楼价的重要原因之一"。对此，笔者不能认同，再做商榷。

一、流入我国的热钱规模有限

"成文"对流入我国的热钱规模进行了测算，测算公式是

热钱＝外汇储备增量＋我国对外直接投资－货物和服务贸易差额－外商直接投资－境外上市融资－外债增量

等式中相关指标口径在"成文"中已有说明，这里不再赘述。根据此公式测算，我国热钱流入规模不大，流入规模最大的 2009 年也仅有 619 亿美元。2011 年和 2012 年，热钱由流入转为流出。这一结果与国家外汇管理局利用残差法测算的波动性较大的跨境资金流动规模比较接近。

上述公式可能存在一个问题：隐藏在"货物和服务贸易差额"及"外商直接投资"中的热钱也被一并减去了，在某种程度上会造成热钱流入规模的低估。那么，被一并减去的热钱规模究竟有多大呢？这是关键问题。但遗憾的是，"张文"并未基于数据对此进行客观分析，而是引用他人测算结果试图证明热钱规模很大，但这些测算口径不一、结果不同，有些是 2002 年至 2008 年7 年间的热钱流入总量，有些是 2005 年至 2007 年第三季度近 3 年间的热钱流入总量，有些未说明是热钱流入总量还是境内热钱余额。不分青红皂白，只论数字大小，由此便得出结论有失严肃性，缺乏说服力。

---

① 本文作者成叶华（系盛松成、张琳琳两位作者的笔名），发表于《第一财经日报》，2013 － 12 － 25，系作者一个月内第二次评论人民币升值与房价上涨的关系。

那么，隐藏在"货物和服务贸易差额"及"外商直接投资"中被一并减去的热钱究竟有多少？

目前尚无相关统计，只能估算。我们假定"货物和服务贸易差额"及"外商直接投资"中均有10%为热钱，对"成文"测算的热钱流入规模进行修正。必须说明，贸易顺差和外商直接投资中的热钱占比值得研究，但笔者认为，10%已是很高比重。这样修正后的测算结果仍显示，流入我国的热钱规模有限。其中，2008年和2009年热钱流入规模相对较大，分别为1033亿美元和933亿美元。2002年、2006年和2012年为热钱流出。

二、不能将房价上涨归因于热钱因素

"张文"坚持"人民币升值是高楼价的重要原因之一"的观点，认为热钱规模远小于商品房交易规模并不能证明热钱未导致房价上涨，因为热钱一般不直接买房子，而是通过银行理财产品、信托计划参与房地产项目，成为房地产商的资金来源之一。

现实中可能有部分热钱通过银行理财产品、信托计划流向了房地产。由于热钱的投资对象很多，不可能都投入房地产，因此仍假定50%的热钱投入了房地产，同时假定其中的10%用于购买商品房、40%用于购买为房地产项目融资的理财产品和信托计划。那么测算结果显示：

在热钱流入最多的2008年和2009年，用于购买商品房的热钱仅占当年商品房交易总额的2.1%和1.1%；用于购买房地产项目融资类理财产品、信托计划的热钱仅分别占当年房地产开发企业资金来源的7.2%和4.4%。热钱占比如此之低，不可能对房价产生较大影响。

此外，修正后的热钱规模和房价走势之间仍不存在稳定的正向联系，仍支持"成文"中关于不能将房价上涨归因于热钱因素的判断。

三、也不应将房价上涨归因于货币因素

"张文"中关于房价上涨的原因有四种提法，分别是："人民币升值是高楼价的重要原因之一"、热钱推高楼市、外汇占款推高楼市、"人民币增发是楼价上涨的主要货币因素"。从文中分析看，作者可能认为这四种提法是一个意思，其逻辑是：人民币增发是楼价上涨的主要货币因素—外汇占款是人民币增发的最大来源—热钱在外汇占款中占有相当比重—人民币升值吸引热钱流入

中国。笔者认为此逻辑存在以下问题：

第一，人民币升值，确切地说人民币升值预期，确实会吸引热钱流入中国，但人民币升值预期不等同于热钱流入。

第二，热钱流入后兑换人民币，形成外汇占款。但由于热钱流入规模有限，对我国外汇占款的影响并不大。在热钱流入最多的 2008 年和 2009 年，假定所有流入的热钱均兑换为人民币，热钱在当年人民银行外汇占款增量中的占比分别为 21% 和 25%。

第三，人民币增发是房价上涨的主要货币因素吗？我们认为，不应将房价上涨归因于货币因素。人民银行调查统计司盛松成司长曾在《中国金融》上发表题为《单一商品价格与价格总水平决定因素是不同的》的署名文章，系统阐述了为什么不能将房价上涨归因于货币的原因：货币供给影响价格总水平，而非单一商品价格。商品房作为单一商品，其价格变动取决于供需状况。供需失衡导致房价上涨，房价上涨吸引投机资金，投机资金又助推房价上涨。因此，"与其说高房价是'印出来的'，确实还不如说是'炒出来的'"。否则，如果说货币超发导致房价上涨，那么比特币疯涨也是货币超发引起的吗？

将房价上涨归因于货币因素是似是而非、以讹传讹的误导。全世界没有一个严肃的经济学家认为房价上涨是由货币因素引起的，也没有任何一个国家曾通过改变货币供应来调节房价。严肃认真探究房价上涨的真正原因，使房地产调控更具针对性和有效性，这是研究人员应有的社会责任感，也是笔者撰文的初衷之所在。

当前房地产调控需谨防房企资金链风险[①]

自 2016 年 3 月以来，我国房地产市场调控趋严，调控手段也不断增多，除了传统的限购、限贷等，还有"限售、限商、竞自持面积"等新举措。随着调控的持续和深入，房地产市场的风险也逐渐显露，其中较为突出的就是房企资金链问题。

一、当前房地产企业资金链风险

根据 2017 年 6 月 25 日商务部研究院与中国财富传媒集团中国财富研究院联合发布的《中国非金融类上市公司财务安全评估报告》（2017 春季），2017 年中国 25 个一类行业中，财务安全状况最好的是纺织服装行业，最差的是房地产业。在财务安全最差的 100 家公司中，房地产行业数量最多，达到 23 家。目前房地产行业资金链究竟存在哪些问题，风险有多高？本文从七个方面予以分析。

（一）房地产开发资金主要来自自身造血

目前房地产一半以上的资金来源依靠项目回款，其次为自筹资金，再者为银行贷款，利用外资占比最小。截至 2017 年 8 月，四个资金来源占比依次为 51.45%、31.5%、16.94% 和 0.11%。随着调控的持续和深入，资金来源将更多地依靠项目销售回款，而与此同时，房地产去化放缓，这意味着资金风险可能上升。

从其他资金来源看，自筹资金比例相对比较稳定，基本保持在 30% 左右的水平，个别年份会因为融资环境变化而出现小幅上浮。银行贷款呈现不断下降的趋势，2010 年其占比为 17.3%，2016 年下降为 14.92%。银行贷款还表现出与调控政策的趋同性，即调控收紧时期该比例明显下降，放松时期该比例

---

① 本文作者盛松成、宋红卫，发表于《中国房地产网》，2017 – 10 – 27。

有所上升。当然也存在企业利用其他手段套取银行贷款补充企业自有资金的情况，这不作为本文分析内容。利用外资的占比也呈下降趋势。2010 年，房企利用外资 795.56 亿元，占比 1.1%，2016 年利用外资下降到 140 亿元，占比仅为 0.1%。

（二）房企负债率较高

房地产作为资金密集型的行业，对资金具有先天的高度依附性。同时，由于前期投资较大、开发周期较长、企业销售回款较慢等原因，企业在规模扩张的阶段，普遍使用了较高的财务杠杆，负债率较高。在严厉的调控下，房地产销售受阻，回款周期将会变长，回款周期和债务周期会产生错配；同时，房地产行业资产负债率持续上升，目前处于高位，存在一定的风险。2009 年，房地产行业负债率为 65.02%，2011 年突破 70%，而 2016 年已达到 76.7%。7 年间，房地产行业负债率增加了 11.68 个百分点。

（三）房企盈利能力下降

近年来，房地产行业的盈利能力不断下降，销售毛利率和销售净利率分别从 2009 年的 36.54% 和 16.65%，下降到 2016 年的 27.24% 和 10.48%，分别下降 9.3 个和 6.17 个百分点。房地产盈利能力的下降主要受两个方面的影响，一是土地价格持续上涨，二是融资成本不断提高。成本的快速上升挤压了行业的利润空间。

（四）房企融资难度上升

自 2016 年 10 月以来，对房企发行公司债的监管日趋严格，截至 8 月 17 日，证监会共对 46 家公司债发行的申请终止或中止审查，其中房地产板块以 14 家企业占比最高。

随着房地产调控趋严和金融监管加强，房企在国内融资的难度不断上升，部分房企已有转向海外融资的趋势。以往的经验表明，国内调控收紧时期是利用外资增加较为明显的时期。本轮调控收紧后，利用外资的增长更为明显。从同策研究院监测的 40 家典型房企融资数据看，2017 年 9 月，40 家典型上市房企完成融资金额折合人民币共计 700.534 亿元，较上月（621.98 亿元）增加 12.63%。自 6 月房地产企业融资达到峰值以来，7 月、8 月融资总额持续下滑，9 月融资额较 8 月有所提高，但仍未超过 7 月融资额（816.15 亿元）。从融资渠道看，9 月其他债权融资总额达 409.78 亿元，位居第一；信托贷款筹资总额位居第二，较8月大幅提升（增加501.82%）；境内银行贷款总额位居第三，较上月略有下降（降低13.43%）；海外银行贷款、中期票据、公司债、委托贷款依次位列其后。从融资成本来看，40家典型房企融资成本明显提高。在9月所有已披露的房企融资中，除极个别外，成本均高于4.80%。其中更为市场化的公司债、其他债权融资利率波动幅度较大。

（五）房企债务违约风险上升

前期房企依靠大量举债快速扩张，相关债务的集中兑付期已经临近。2015—2016年，上市房企新增债务高达8520亿元，比过去5年间8200亿元债务总和还要多。上市房企存量债务期限一般为2~3年，因此，2018年和2019年将是债务的集中兑付期（2018年为3375亿元，2019年为4474亿元），房企偿债压力较大。

（六）房企并购趋势明显

近年来，房地产行业的并购呈现两个特点。

第一，房地产行业并购规模呈上升趋势。近年来，中、小房企被并购成为常态，并购资金规模也在扩大。2013年，房企并购案例为181个，并购规模为1104.69亿元。2016年，房企并购案例为344个，并购资金规模达到4107.71亿元。三年间，并购资金规模增长了271.84%，年均复合增长率为140%。

第二，房地产行业的并购规模已经超越其他行业。2017年前三季度房地产行业的并购规模为2581.83亿元，居所有行业首位。而2015年和2016年同期，房地产行业的并购规模分别为2113.41亿元和2670亿元，分别居行业第四位、第二位。房地产行业并购规模在三年内已从行业第四位跃升到第一位。

（七）房地产行业分化加速企业间并购

从2016年房地产企业绩效看，房企间分化明显，中、小型房企绩效指标与大型房企相比存在较大的差距，大型房企盈利能力较小型房企高一倍以上。大型房企总资产报酬率为7.9%，中型房企为3.6%，小型房企仅为2.1%；大型房企销售利润率为23.1%，中型房企为14%，小型房企仅为12.6%。此外，大型房企在资产质量、债务风险及经营增长等方面也明显优于中小房企（见表1）。

在融资难度不断加大、土地成本日益高涨、企业盈利能力下降的情况下，中、小房企在资金实力、品牌和规模等方面均处于劣势。同时，受调控政策影响最明显的也是中、小房企，这将加大其被大型房企并购的可能性。

表1　　　　　　　　　　2016年房地产企业绩效评价情况

指标	全行业平均值	大型房企	中型房企	小型房企
一、盈利能力状况				
净资产收益率（%）	6.9	14.1	6.8	2.4
总资产报酬率（%）	3.5	7.9	3.6	2.1
销售（营业）利润率（%）	17	23.1	14	12.6
盈余现金保障倍数	0.7	0.6	1.4	1.9
成本费用利润率（%）	14.7	21.5	12.1	2
资本收益率（%）	7.1	11.4	6.8	2.9
二、资产质量状况				
总资产周转率（次）	0.3	0.3	0.3	0.3
应收账款周转率（次）	5.2	10.4	4.5	4.1
不良资产比率（新制度）（%）	4	4.3	3.5	4.5
流动资产周转率（次）	0.3	0.5	0.6	0.6
资产现金回收率（%）	1.5	3.9	3.1	0.3
三、债务风险状况				
资产负债率（%）	70	70	70	70
已获利息倍数	2.8	4	2.5	2.1
速动比率（%）	66.9	74.8	66.7	60.6
现金流动负债比率（%）	2.5	1.8	0.8	4
带息负债比率（%）	46.2	45.6	46.4	43.8
或有负债比率（%）	4.6	4.6	4.6	4.6
四、经营增长状况				
销售（营业）增长率（%）	−0.8	8.7	8.9	−3.8
资本保值增值率（%）	103.2	112	103.2	101.5
销售（营业）利润增长率（%）	−6.7	8.3	−13.8	−1.5
总资产增长率（%）	10.6	11.4	10.7	7.7
技术投入比率（%）	0.3	0.3	0.3	0.4

资料来源：Wind，同策研究院。

通过上述七个角度的分析，可以看到，房企资金链的风险问题应引起有关方面的重视，房企自身更要为其资金链风险负起责任。

二、房地产企业资金链风险产生的主要原因

我们从外部和内部两个方面分析房地产资金链风险产生的主要原因。

（一）外部因素

1. 房地产市场调控政策的影响。我国房地产市场调控政策是全产业链、多维度、全方位的调控。金融方面的调控增加了房企融资的难度，也提高了房企的融资成本。从 2017 年情况看，房地产调控在短期内基本不会松动。限购限贷等政策也在一定程度上削弱了房企自身的造血能力。

2. 经济形势的影响。经济形势的变化会改变房企生存的基础。从货币环境看，2017 年 8 月末，M_2 增速创历史新低，为 8.9%，9 月末 M_2 增速也仅为 9.2%。从房地产行业看，拿地成本不断上升，利润被挤压，企业的风险也在上升。

（二）内部因素

1. 企业规模化扩张战略较为激进。近年来，房企的规模优势逐渐显现，房地产行业集中度不断上升，快速规模化成为几乎所有房企的战略目标。在融资成本较低、土地成本不太高的时候，企业规模化扩张存在一定的合理性。而目前形势下，激进的企业战略有可能导致企业资金链风险爆发。

2. 企业投资决策失误。房企在规模化扩张过程中，在城市选择、项目定位方面的失误都有可能加大企业资金链风险。比如调控时期，购房者购买力受到限制，房企若定位于高端房地产项目开发，其库存去化就会面临风险。

3. 房企财务管理能力有待提高。目前房企普遍存在"长债短借、以债养债"的现象，一旦遇到政策调控或者融资不能按时到位，就会形成资金和债务的错配。

三、房地产企业资金链风险对市场的影响

（一）从行业发展的角度看，房地产行业集中度上升，市场竞争减少，可能形成寡头垄断

近年来，房企市场集中度呈现趋势性上升。TOP10 房企的市场占有率从 2014 年的 16.9% 提高到 2016 年的 18.8%；TOP20 房企的市场占有率从 2014 年的 22.8% 提高到 2016 年的 25.2%；TOP50 房企的市场占有率则从 2014 年

的 31.2% 提高到 2016 年的 34.6%。

龙头房企优势更加明显，2016 年，TOP10 房企销售金额超过 3000 亿元的就有 3 家，规模超过 2000 亿元的房企有两家，第 10 名销售规模也超过 1100 亿元。目前国内市场竞争格局与以寡头企业为主导的美国房地产市场（美国 TOP5 房企住宅销售市占率为 20%，目前我国为 12.8%）仍存在一定差距，未来中国龙头房企的市场份额可能进一步提高。未来几年内，房地产行业将出现 3 家左右的万亿房企，TOP30 房企市占率可能达到 52%，甚至更高，这意味着寡头垄断格局的形成。

（二）从社会层面看，房企资金链问题可能引发局部金融风险或引发群体性事件

中、小房企抗风险能力较差，也更容易发生资金链问题。由于企业实力和资质等，中、小房企较难从银行等渠道获得贷款，相当一部分贷款来自民间借贷融资，后者的特点是偿债时间较短、借贷成本较高。在调控时期，销售回款放缓可能导致资金链条断裂。

近些年，由于资金链断裂而导致的房企跑路事件屡有发生。民间借贷往往伴随"联保互保"等现象，一旦问题产生，容易引发连锁反应，致使多个公司或者个人出现资金危机，导致局部金融风险，甚至可能出现"群体讨债"事件。房企资金链断裂而导致的烂尾现象也会引发业主的群体维权事件，影响社会稳定。

四、谨防资金链风险的对策建议

（一）政府和金融机构方面

1. 以房地产市场长效调控机制建立为契机，不断健全房地产市场的政策和制度，规范市场交易，严厉打击扰乱房地产市场交易及侵害购房者合法权益的违法违规行为。

2. 改革金融监管体系。近年来我国金融市场迅速发展，金融产品不断创新，这些都对房企融资产生较大影响，因此应加强金融功能监管、行为监管，实现穿透式监管。

3. 金融机构作为房企融资的主要参与主体，应遵守国家的相关法律法规，客观评估房企融资的风险，避免由业绩和利润引导下的碰触高压线的行为。

（二）房企方面

1. 房企应根据自身情况，制定切实可行的发展目标。近年来销售规模成为房企争相追逐的目标，高价拿地、高成本融资、高负债运营屡见不鲜，由此增加了企业风险。在行业调整期，风险爆发的概率也大大提高。

2. 拓宽企业融资渠道，加快资金回笼。尽管房地产融资模式众多，但就具体房企来讲，有效的融资渠道有限，部分企业甚至仅能依靠银行贷款。拓宽融资渠道，能够有效应对企业资金链断裂的风险。同时，加快项目销售能加速资金回笼，提高企业自身的造血功能，抵御资金风险。

3. 提高财务管理能力，优化资金结构。房企应对自身的融资能力、资金使用情况、项目回款等形成系统性的计划、监督和管理，建立财务风险预警机制，避免债务和资金的错配。

三、四线城市库存风险已经显露，到了该调整的时候[①]

2015 年中央经济工作会议提出，2016 年经济社会发展主要是抓好去产能、去库存、去杠杆、降成本、补短板五大任务。其中，去库存是指化解房地产行业的库存问题。

本文主要研究三个问题：（1）我国房地产市场库存到底有多少？（2）"去库存"存在哪些主要问题及对市场的影响有多大？（3）我们应该从"去库存"中吸取哪些经验教训？

研究结果显示，我国房地产市场整体库存并不高，按照国家统计局狭义库存计算，去化周期为 4~6 个月。主要问题是城市间结构性分布不均，35 个一、二线核心城市库存仅占 19.33%，三、四线城市库存占比达到 80.67%。研究还发现，"去库存"过程比较突出的问题是，"一城一策"没有得到真正的贯彻执行。20 个原本库存不高的一、二线核心城市 2017 年库存较 2015 年下降了 42.45%，供应进一步紧缺，房价快速上涨。库存较高的三、四线城市却出现补库存的现象。按照广义库存口径计算，117 个样本城市 2017 年的库存较 2015 年增加了 1.17%。进一步研究还发现，补库存的城市中，68% 的地区产业基础薄弱，人口流出，长期库存过剩的风险已经显露，需要高度关注。

一、"去库存"战略的背景

"去库存"战略的背景可追溯到 2010 年。为应对 2008 年国际金融危机，

① 本文作者盛松成、宋红卫，发表于《华尔街见闻》，2018 - 09 - 06。2017 年 12 月，盛松成、宋红卫、李首均合作的《高度警惕房地产泡沫出现在三、四线城市 应加快制定房地产市场长效调控机制》一文较早提出应关注三、四线城市房地产泡沫问题。2018 年 2 月，该文被某一国家级内参采用并获得党和国家主要领导及有关领导的批示。该文还于 2020 年 2 月获第十二届上海市决策咨询研究成果一等奖。

我国采取了一系列经济刺激政策，房价随之快速上涨。2010 年，为抑制房价过快上涨，国务院办公厅发布国办发〔2010〕4 号文件（市场称为"国十一条"），标志着房地产市场进入新一轮调控收紧期。此后，收紧政策接连出台，最终涉及 40 个左右的一、二线城市。

在此背景下，房企开始加大对三、四线城市的投资布局，三、四线城市的库存因此上升。2014 年 12 月全国商品房待售面积达到 6.2 亿平方米，其中住宅待售面积达到 4.1 亿平方米，并且呈现继续上升的趋势。库存问题开始引起有关方面的担心，除北上广深和三亚五个城市外，其他城市的限购政策陆续解除。但这并未改变库存上升的趋势，到 2015 年 12 月全国商品房待售面积达到 7.2 亿平方米，同比增长 16.1%，其中商品住宅待售面积达到 4.5 亿平方米，同比增长 9.8%，库存问题愈加严重。于是中央经济工作会议提出了"去库存"的战略措施。

二、房地产库存的几个测算

有两个重要问题与"去库存"战略有关：一是我国住房市场库存到底有多大，二是我国住房的存量究竟有多少。

经测算，我国房地产库存情况整体上并不高，去化周期仅 5～6 个月，但区域结构存在较大的差异，部分三、四线城市存在库存较高的问题。进一步研究发现，一些三、四线城市在"去库存"过程中反而出现"补库存"的现象，尤其在人口净流出的三、四线城市，长期库存风险开始凸显。此外，要关注我国的存量住房规模。

（一）库存水平的测算

1. 商品住宅待售面积。该指标是国家统计局定期公布的重要参考指标，主要指已经竣工但还未销售的房子，可以理解为现房库存，即狭义库存。国家统计局数据显示，2010 年初我国商品住宅待售面积为 1.05 亿平方米，到 2014 年底达到 4.07 亿平方米，增加了 287.6%。2016 年 2 月，商品住宅待售面积达到 4.66 亿平方米的历史高位。此后，在"去库存"战略引导下，待售面积明显下降，2018 年 7 月待售面积下降至 2.69 亿平方米，较最高点下降了 42.27%。

2. 广义住宅库存面积。本文主要指已经开工建设但还未销售的面积，该指标没有直接统计数据，可以由新开工面积和销售面积的差值来估算。按此口径，自 1997 年至 2015 年，广义住宅库存面积为 29.00 亿平方米，截至 2018 年 7 月广义库存下降到 25.83 亿平方米。如果考虑到 1997 年以前的情况（数据缺失），或者考虑到还未开工的已供土地的情况，实际数值会更高。

我国住房库存水平的高低没有绝对的衡量标准。从狭义库存的角度来看，按照近五年（2013—2017 年）商品住宅年平均销售规模 12.31 亿平方米衡量的话，提出"去库存"战略时的去化周期为 0.37 年（4.4 个月）。即使按照 2008—2013 年年均 8.68 亿平方米的销售规模来衡量，当时去化周期也仅为 0.52 年（6.2 个月）。由此可见，库存总量问题并不严重。从广义库存的角度看，分别用上述两个阶段销售规模测算，当时去化周期分别为 2.35 年（28.2 个月）和 3.34 年（40.1 个月）。考虑到工程周期，库存问题也并不太严重。

房地产库存并不是中国特有的问题，发达国家也有类似情况。以美国为例，根据美国商务部数据，新建待售房屋保持在一定水平，自 1963 年至 2017 年间平均库存水平为 31.3 万套。2018 年 5 月，美国新建待售房屋为 29.8 万套，按过去五年的平均销售规模（52.8 万套）测算，当前去化周期为 0.56 年（6.7 个月）。美国去化周期还稍高于我国。考虑到城市化发展阶段，美国库存情况则可能比我国更严重。因为美国在 20 世纪 60 年代城镇化率就已经超过 70%，目前已经超过 80%，而我国正处于快速城镇化进程中，住房需求高于美国，库存高于美国才合理。

我国房地产市场库存整体水平并不高，主要是结构性问题。通过估算，2015 年"去库存"战略提出时，35 个一、二线核心城市待售面积在总库存中仅占 19.33%，而 80.67% 的库存都集中在三、四线城市。在三、四线城市中，库存也存在分化。2015 年 12 月，41 个城市中，14 个城市去化周期低于 12 个月，19 个城市去化周期在 12 个月和 24 个月之间，41 个城市中仅有 8 个（占比 19.5%）城市去化周期超过 24 个月（见表 1）。

表 1　　　　　　　　2015 年部分城市库存去化周期情况

城市	去化周期（月）	城市	去化周期（月）	城市	去化周期（月）	城市	去化周期（月）
威海	251.6	青岛	18.8	龙岩	13.4	上海	8.7
锦州	93.1	天津	16.2	滁州	13.2	三明	8.4
呼和浩特	72.1	湛江	16.1	成都	13.1	惠州	7.8
南平	42.6	长春	15.9	宁波	12.4	南昌	7.4
江阴	30.0	西安	15.8	蚌埠	12.3	深圳	7.4
宁德	27.2	长沙	15.7	杭州	11.1	南京	6.0

续表

城市	去化周期（月）	城市	去化周期（月）	城市	去化周期（月）	城市	去化周期（月）
淮北	25.9	莆田	19.5	武汉	14.7	厦门	10.2
湖州	24.8	徐州	15.0	福州	13.8	广州	10.2
舟山	21.8	温州	14.9	北京	10.6	香河	5.9
东营	20.6	芜湖	14.8	重庆	10.6	苏州	5.2

注：1. 去化周期 = 2015 年 12 月库存面积/2015 年销售面积 × 12。

2. 本表库存指已经取得预售许可证但还未销售出去的新建商品住宅面积。

资料来源：中指数据，同策研究院整理。

（二）存量水平的测算

存量住房指已被购买或自建并取得所有权证书的住房，代表可供使用的城镇住房面积。该指标也没有直接统计数据。根据国家统计局数据，2017 年我国城镇常住人口为 81347 万人，人均居住面积为 36.5 平方米（2016 年），可估算城镇存量住房面积为 297.73 亿平方米（常住人口与人均居住面积的乘积）。严格意义上来讲，这一数据还不能准确地反映全部存量住房的情况，仅仅是城镇人口使用的存量面积，空置房则不包括在内。

目前没有专门统计空置房的指标，市场上对于空置率的测算也存在较大的分歧，本文重点参考两位官员公开发表的有关空置率的指标或观点来估算。一是 2018 年 3 月全国政协经济委员会副主任、中央农村工作领导小组原副组长兼办公室主任陈锡文在解读"乡村振兴"的专访中提到："2017 年大中城市房屋空置率是 11.9%，小城市房屋空置率 13.9%，农村房屋空置率 14%"。二是 2018 年 6 月中财办原副主任杨伟民在"2018 陆家嘴论坛"演讲中谈到中国住房空置率问题时指出，我国无论是城镇还是乡村住宅的空置率都相当高，比日本还高，日本是 13%。他没有给出我国城镇住房具体空置率，但是据此可以推测应该在 13% 以上。综合以上观点，并按保守的 13% 来估算，中国城镇住宅的空置面积为 38.7 亿平方米。

（三）城镇存量住房可容纳人口的测算

城镇存量住房容纳人口的规模可以按以下几个口径来测算。

1. 包括空置住房面积的存量口径。该口径测算为 336.43 亿平方米，可以容纳 9.22 亿人，城镇化率可达到 66.3%（按照城镇常住人口 8.13 亿人，人均居住面积 36.5 平方米估算，下文同）。

2. 在口径 1 基础上纳入待售面积。按所有已经竣工可以入住的住房面积测算为 339.24 亿平方米，可以容纳 9.29 亿人，城镇化率可达 66.8%。

3. 在口径 2 基础上纳入已经开工的面积。该口径指在不增加新开工的情况下，已开工的项目完成后存量的面积。按此测算，我国城镇存量住房为 362 亿平方米，能容纳 9.92 亿人，城镇化率可达 71.3%，基本能够满足我国城镇化进入后期发展阶段的需求。

三、去库存对市场造成的影响

从国家统计局公布的待售面积来看，去库存已取得一定效果。截至 2018 年 7 月，住宅库存为 2.69 亿平方米，较其最高点降低了 42.27%。然而，去库存也给市场带来以下三个方面的问题。

（一）"一刀切"的全国性宏观调控政策弱化了"一城一策"的差异性调控

2014 年 "930" 新政提出认房不认贷、首套房贷款最低首付款比例下调至 30%、贷款利率下限为贷款基准利率的 0.7 倍等一系列全国性房贷放松政策。当时，四个一线城市的库存并不高（去化周期均小于 12 个月），且处于严格的限购状态。"930" 新政出台意味着变相的放松，"去库存" 的提出加剧了一线城市房价的上涨预期。2016 年四个一线城市房价整体上涨，其中深圳最为明显，涨幅达到 60%（见表 2）。

降准、降息及有关房地产业相关税费减免等全国性利好政策也在一定程度上刺激了一线城市房价的上涨。一刀切式的全国性调控政策，在执行过程中难以平衡城市间的差异，致使 "一城一策" 很难真正地落实。

表 2　　　　　　　　一线城市商品住宅库存情况

城市	2015 年 12 月商品住宅库存面积（万平方米）	2015 年销售量（万平方米）	2015 年 12 月去化周期（月）	2016 年房价涨幅（%）
北京	1000.84	1133.86	10.6	30.27
上海	1075.35	1488.06	8.7	18.81
广州	919.97	1082.21	10.2	10.11

城市	2015 年 12 月商品住宅库存面积（万平方米）	2015 年销售量（万平方米）	2015 年 12 月去化周期（月）	2016 年房价涨幅（%）
深圳	410.46	665.89	7.4	59.92

注：1. 6 个月均销售量指从 2016 年 7 月到 12 月的连续 6 个月销售量的平均值。

2. 2016 年房价涨幅是 2016 年全年房价的均值与 2015 年情况的比较。

3. 本表库存指已经取得预售许可证但还未销售出去的新建商品住宅面积。

资料来源：中指数据、同策研究院整理。

（二）"去库存"反而使热点城市供应不足

随着"去库存"战略的实施，核心城市库存下降明显，20 个热点城市库存总量从 2015 年的 2.50 亿平方米下降到 2017 年的 1.44 亿平方米，降幅为 42.4%，部分城市库存下降的幅度更大，比如杭州、西安、武汉等城市降幅超过 60%（见表 3）。库存降低导致供给不足，市场供需失衡加剧。为稳定房价，新政频出，反而导致市场乱象丛生，主要表现为：

（1）房企为了快速回笼资金，更青睐全款或首付款比例高的客户，增加了刚需群体的购房难度。

（2）新房价格管制导致一、二手房价格倒挂，制造了套利机会，也为权力寻租创造了空间。西安 5 月在摇号过程中存在违规操作，35 名公职人员因此受到处分。

（3）派生投资需求，与"房住不炒"基调相违背。为了变相获取购房资格，假离婚、假落户，甚至以注册公司的名义买房的乱象频生。

（4）价格管制造成实际供应减少。限价政策压缩了房企的利润空间，房企捂盘惜售加剧了热点城市供应短缺，造成房价上涨。

表 3   2015—2017 年 20 城市库存及变动情况

城市	2015 年（万平方米）	2016 年（万平方米）	2017 年（万平方米）	三年变动（%）	城市	2015 年（万平方米）	2016 年（万平方米）	2017 年（万平方米）	三年变动（%）
北京	1000.84	716.68	646.59	-35.40	苏州	512.39	450.35	454.45	-11.31
上海	1075.35	661.04	541.15	-49.68	厦门	301.11	186.77	200.94	-33.27
天津	1837.70	1033.96	1167.79	-36.45	西安	1885.42	1071.92	588.39	-68.79
重庆	1445.83	1297.67	827.94	-42.74	长沙	1808.58	952.52	976.94	-45.98

续表

城市	2015 年 （万平方米）	2016 年 （万平方米）	2017 年 （万平方米）	三年变动 （%）	城市	2015 年 （万平方米）	2016 年 （万平方米）	2017 年 （万平方米）	三年变动 （%）
深圳	410.46	380.65	338.59	-17.51	宁波	584.20	345.15	308.13	-47.26
广州	919.97	739.03	744.36	-19.09	福州	292.50	217.90	184.50	-36.92
杭州	1090.83	603.24	364.26	-66.61	沈阳	2839.04	2650.59	2152.53	-24.18
南京	601.61	299.42	297.64	-50.53	青岛	1893.08	1414.57	1126.33	-40.50
武汉	2773.39	998.00	1085.58	-60.86	南昌	364.57	291.57	316.50	-13.19
成都	2305.79	1865.03	1294.60	-43.85	长春	1061.70	855.58	772.38	-27.25

注：本表库存指已经取得预售许可证但还未销售出去的新建商品住宅面积。

资料来源：中指数据，同策研究院整理。

（三）部分三、四线城市库存由"去"变"补"，人口净流出区域长期风险积聚

"去库存"背景下，三、四线城市销售形势趋好。国家统计局公布的 40 个大中城市住宅销售情况显示，三线城市住宅销售面积在 2016 年进入快速增长时期，当年增幅达到 19.75%。2017 年涨幅开始明显超过一、二线城市。因此，开发商也开始积极在三、四线甚至级别更低的城市大量购置土地。同策研究院监测的 111 个城市中，71 个三、四线城市在 2016 年 1 月至 2018 年 7 月住宅面积成交了 4.68 亿平方米，而同期新增住宅规划建筑面积达到 4.76 亿平方米，土地供应超出住宅销售量，"去库存"变成了"补库存"。同期，一线和二线城市的规划面积库存负增长，增速分别为 -28.07% 和 -12.26%（见表 4），原本库存不高的一、二线城市更加剧了库存紧张的局面。

表 4　2016 年 1 月至 2018 年 7 月期间住宅销售和住宅规划建筑面积情况

城市	商品住宅成交面积 （万平方米）	住宅规划建筑面积 （万平方米）	土地与住宅比较 （%）
一线（4 个）	7571.37	5445.79	-28.07
二线（36 个）	88703.13	77824.70	-12.26
三、四线（71 个）	46831.39	47631.11	1.71

资料来源：中指数据，同策研究院整理。

从长期看，缺乏产业支撑、人口外流的三、四线城市风险更高。我们监测

的 25 个住宅规划面积超过住宅销售面积的城市中，有 17 个（占比 68%）城市出现人口净流出。这些城市的库存在人口外流趋势下风险进一步增加。

"补库存"的三、四线城市在区域分布上呈现以下特征：东部经济圈的三、四线城市人口出现净流入，比如常熟、常州、湖州、太仓，这一类城市长期风险不高；部分中西部核心城市周边的三、四线城市也呈现人口净流入的特征，比如岳阳、宜昌，这一类城市人口流入虽低于东部经济圈三、四线城市，但风险也相对较小；中西部其他人口净流出的三、四线城市，尤其是流出量比较大的城市，长期风险较高，比如遵义、泸州、南充等。

表 5　　2016 年 1 月至 2018 年 7 月期间库存变动和人口净流入情况

城市	库存变动 （万平方米）	人口净流入 （人）	城市	库存变动 （万平方米）	人口净流入 （人）	城市	库存变动 （万平方米）	人口净流入 （人）
张家口	1180.95	−27.09	湛江	383.63	−107.51	淮北	125.42	4.26
泸州	1144.86	−77.66	岳阳	368.89	6.56	衡水	120.46	−9.59
柳州	700.53	10.20	常州	283.74	95.90	大理	119.03	−4.41
南通	583.74	−36.46	眉山	273.62	−50.11	常熟	99.50	44.39
遵义	568.31	−177.96	宜宾	271.40	104.90	孝感	89.60	−32.78
宿州	446.07	94.15	扬州	266.26	−12.53	宜昌	81.76	18.69
湖州	431.18	32.66	襄阳	186.78	−26.88	南充	44.28	−101.08
太仓	428.52	22.90	黄冈	170.06	−114.77			
常德	388.56	−26.60	肇庆	125.77	−35.71			

注：1. 库存变动指该期间供应土地规划建筑面积超过销售的住宅面积的部分。

2. 人口净入为 2016 年该市常住人口和户籍人口的差值，2017 年数据缺失较多，2016 年数据不影响分析结构。

资料来源：中指数据，同策研究院整理。

三、四线城市正处于城镇化进程中，有些地区工业化刚起步，低成本成为吸引企业入驻、推动工业化和城镇化的主要优势，但去库存战略带动了房价的快速上涨，进而推升土地成本、人力成本等，将挤压企业的利润空间，成为企业进入这些地区的阻碍，甚至会迫使本地企业外迁。全球制造业转移也在很大程度上缘于转出地成本高企、丧失比较优势。因此，三、四线城市房价过快上涨可能会对中国的城镇化进程及全面工业化造成较大负面影响。

四、去库存后的九大思考

思考一：什么是合理的库存水平

明确合理的库存水平是讨论"去库存"的前提。一般的商品都有安全库存，这既能避免商品脱销，又不造成商品积压。关乎重大国计民生的住房，更需要合理的安全库存。

住建部给出了指导意见："对消化周期在 36 个月以上的，应停止供地；18 ~ 36 个月的，要减少供地；6 ~ 12 个月的，要增加供地；6 个月以下的，不仅要显著增加供地，还要加快供地节奏。"这是一个相对量的指标概念，会受到短期销售数据波动的影响，因此还需要有绝对量的库存指标。绝对量指标可以参考三个数量：一是老旧住宅的折旧量，按照住宅 70 年折旧计算，每年的折旧率为 1.4%；二是城镇化进程中新进入居民的需求量；三是居民用于提高居住水平的改善需求量。

思考二：如何认定一个城市合理的住房需求

合理居住需求的认定是房地产调控的基础。部分地区"万人抢房"现象中的所有人都是符合限购标准又有实际购买力的刚需人群吗？如果都属于合理需求，那么摇号只是暂时缓解了住房供不应求的矛盾，那么这个城市最大的问题就不是怎么摇号分配，而是如何增加实际供给。如果参与摇号的大多为投资、投机者，一房难求不过是虚假的火热局面，却会向市场传递错误信号，甚至造成恐慌。此外，应严格审核企业购房。在保证企业正常运营、发展所需住房的情况下，严禁企业参与炒房。

思考三：三、四线城市"去库存"带来的后果

如果从防范化解风险的角度看，"去库存"降低了整体金融风险。因为开发企业回笼了资金，避免了资金链断裂和债务违约，同时把库存从高杠杆部门转移到低杠杆部门。

如果从整个社会资源配置效率来看，"去库存"仅仅实现了库存的转移。由于部分三、四线城市自有住房率相对较高，在"去库存"的影响下，除部分进城农民购房外，还有部分居民是出于投资或投机。这些地区产业薄弱，人口外流，房子难以出租，只能空置。因此，社会整体的住房的库存仍然较高，而住宅空置以及不可再生的土地资源浪费都不利于经济持续增长，并造成不可挽回的损失。

思考四：如何把供给和需求相结合进行动态管理调控

以往调控政策主要侧重需求端，以"限"为主。这样短时间内抑制住了需求的释放，量价增长会放缓，甚至会有所下跌，但是需求问题并没有解决，一旦政策松动或者改向，被抑制的需求集中释放将会造成更大的冲击。这种现象过去多次被验证。这也说明仅从需求端进行调控往往达不到预期效果。

供给和需求相结合进行调控才是解决房地产问题的根本途径。未来调控要注重两点：一个是供给端调控，一个是动态调控。供给调控解决市场需求问题，动态调控则根据供求关系因时而变。从我国最近15年来的房地产调控政策措施看，尤其应避免单一的需求调控。

思考五：房价调控的思路应从局部向整体转变

由前文关于库存产生的背景分析可以看出，三、四线城市库存问题突出主要是2010—2014年期间一、二线城市调控政策所致。

目前的房地产市场调控思路带有明显的局部性特征，主要表现在两个方面。一是"重"新房"轻"二手房。部分城市已经进入二手房主导的阶段，在北京、上海等城市，二手房成交量是新房成交量的2～3倍，二者关联程度越来越高。限制新房价格而放任二手房价格容易形成价格倒挂，造成市场的扭曲。二是"重"房"轻"地。近年来土地成本在房价中占的比重越来越大，房价的上涨模式已经由传统的需求拉动转化为需求拉动和成本推动共同作用的机制。热点城市基于控制地价而施行愈加严格的土地拍卖政策和不断升级的限制条款，比如要求房企自持、无偿代建等，实质上增加了房企的购地成本。增加的成本必然向购房者转嫁，同样会推高房价。目前还有不少城市的土地价格也定得比较高，尽管溢价率比较低，但是没能解决地价高的问题。当前调控的思路集中在控制房价上，而对如何降低住房成本，考虑不多，做的更少。

房地产市场作为一个系统性的整体，各个环节紧密相连，难以分割。局部性的调控很难达到预期的效果，反而可能进一步扭曲市场，增加未来调控的难度。因此，房地产调控的思路应该从局部向整体转变。

思考六：如何真正落实"一城一策"

真正贯彻落实"一城一策"是房地产调控的要义。由于不同城市间经济、产业、人口、收入水平等存在较大差异，各个城市的房地产市场表现也不尽相同，甚至差别很大。热点城市住房供不应求，房价高企；不少三、四线城市则供大于求，存在库存压力。如何结合每个城市实际情况，对房地产业合理定位，并制定与经济发展相匹配的房地产业长期发展目标，才是真正落实"一城一策"的根本。

实现"一城一策"需要做到两个结合。一是短期调控和长期目标相结合。短期内房地产市场的调控思路不能单以房价高低或者库存多少为准绳，而应以城市长期发展为准则。如果一个城市未来规划产业人口导入，可以保有适当的库存，以备未来流入人口住房需求。如果城市的房价收入比不高，产业发展带来收入增长，在不影响实体产业发展的前提下，可以允许房价适当上涨。二是全国政策和城市政策相结合。按照 2015 年 3 月出台的楼市新政，二套房的首付比例统一下调到 40%，同时减免购房税费。当时一线城市仍在执行限购政策，而新政违背了既定的政策，导致调控失效，造成房价再度上涨。因此，应将全国政策和城市政策相结合，正确合理评估政策的影响并储备相应对冲措施。

思考七：如何在"去库存"基本完成后应对潜在通胀和金融风险

目前"去库存"已经接近尾声，房价出现大幅上涨的城市基本都出台了调控政策。2018 年 7 月我国商品住宅平均成交价格为 8498.58 元/平方米。结合前文估算的存量住宅面积和空置面积，可估算当前我国城镇住房资产价值介于 249.62 万亿~285.92 万亿元。当房价上涨空间受限后，投资者将会套现离场，即使按照存量房交易 10% 的活跃成交量来估算，也将达到 24.96 万亿~28.59 万亿元的交易规模。如此大规模的资金释放，可能造成通胀压力。

当前国内投资渠道仍然比较有限，如何承接如此大规模的资金转移，如何应对通胀压力和资产价格波动及资本外流，如何维护金融安全和金融稳定，也需要未雨绸缪。

思考八：预期管理在房地产市场调控中不可缺位

人们的预期也是影响房地产市场价格波动的重要因素。我国房地产市场发展 20 年来，房价的持续上涨使市场形成了对房价上涨的长期预期。经济对于房地产的依赖较大，同时地方政府对土地财政的依赖也较大，因此，市场倾向于将当前的调控解读为短期现象，多数人仍然认为房地产在经济下行期仍将是"稳增长"的重要手段，房地产调控或将放松。市场的这种预期增加了调控的难度。

预期管理是房地产市场调控政策的重要组成部分，应予以高度重视。可以借鉴我国外汇市场预期管理的成功经验，从政策、市场、媒体等多个方面来推进房地产市场的预期管理。

思考九：我国房地产市场信息化、透明化建设亟待解决

目前我国房地产市场的统计仍存在一些空白。（1）空置房情况。尽管有些城市利用电表等工具可以间接地估算空置情况，但是依然缺乏准确的统计指标。（2）城市的存量住房情况。大多数城市可能都不清楚到底有多少可供居住的房子。这些关键数据缺失或不准确，会使调控事倍功半，甚至南辕北辙。房地产市场统计应该更加信息化、透明化。公开、透明的信息有利于市场主体作出理性判断，减少盲目决策，也有助于改善调控效果。

如何理解政治局会议对房地产市场发展的要求①

2019年7月30日，中央政治局会议再次提出"坚持房子是用来住的、不是用来炒的定位"，并强调落实房地产长效管理机制，首次提出"不将房地产作为短期刺激经济的手段"。应如何理解中央政治局会议对于房地产市场健康发展的精神？房地产调控不是压制房地产市场的发展，而是使房地产市场发展相对可控，与整体经济发展水平相适应，供给和需求相协调。长期来看，这也将促进我国经济的健康持续发展。

一、如何理解房地产市场健康发展

本次中央政治局会议重申"房住不炒"的定位。而早在2018年末全国住房城乡建设工作会议上，住建部有关负责人就表示，对2019年房地产市场将以"稳地价、稳房价、稳预期"为目标，促进房地产市场平稳健康发展。因此，"稳"是房地产市场健康发展的重要评判标准。也就是说，房地产市场稳定与否要从地价、房价、预期以及影响这三者的因素来判断。

笔者曾在2019年4月撰文，提出要警惕新一轮房价上涨。当时，从房价变动趋势看，房地产市场出现了回暖迹象。我们认为，为了我国房地产市场持续健康发展，必须坚持房地产调控不动摇，巩固得来不易的调控成果，绝不能半途而废、重蹈覆辙。随着中央政治局4月19日召开会议，强调"坚持房子是用来住的、不是用来炒的定位"，房地产市场已明显降温。6月，一、二、三线城市新建商品住宅价格同比分别增长4.4%、11.4%和10.9%，增速已分别较4月的高点回落0.3个、0.9个和0.4个百分点。

经济稳定发展与房地产市场健康运行二者是统一的、一致的。一段时

---

① 本文作者盛松成、宋红卫、汪恒，发表于《第一财经》，2019-08-11。

间以来，我国房地产业利润高于其他实体经济，坚持调控有利于使房地产业的利润逐步接近其他行业，资金更多地流向其他实体经济，而经济的发展也将促进居民收入的增长。因此，我国在控制房地产业的同时，通过振兴实体经济，不断提高居民收入水平，不断缩小房价收入比，这将使我国避免美国、日本等地曾经发生过的房价暴跌式调整，也将创造房地产平稳发展的历史奇迹。

此外，房地产市场健康平稳发展，对经济增长也具有带动作用。按照广义房地产业增加值对国内生产总值（GDP）的贡献来测算，我国目前房地产的贡献率比较高，仍然是经济平稳运行的重要组成部分。即使是经历过房价泡沫破灭的日本，房地产对其经济的贡献率也依然较高，在13.5%左右，而美国约为14.5%。

二、房地产投资合理增长是房地产市场健康发展的基本条件

本次中央政治局会议提出当前我国经济发展面临新的风险挑战。2019年上半年GDP累计同比增速为6.3%，其中第一季度增速为6.4%，第二季度为6.2%。从上半年消费、投资和净出口看，三者对GDP的拉动分别为3.8个、1.2个和1.3个百分点。

制造业投资、基础设施投资和房地产投资是固定资产投资的三大主要组成部分，合计占比超过80%。从2019年上半年投资增长情况来看，制造业投资增速为3%（1—5月为2.7%），基础设施投资增速为2.95%（1—5月为2.6%），边际上均出现改善，而房地产业投资增速为10.9%（1—5月为11.2%）。尽管制造业投资和基建投资已有所回升，但未来可能面临着要对冲房地产投资下行的问题。

房地产投资主要包括建安工程部分和土地购置。在理论上房地产投资的下降会导致新开工、施工及土地购置的下降。住宅新开工面积6月增速较5月下降0.9个百分点，住宅施工面积和土地购置费的增速也分别下降0.1个和3个百分点。如果房地产市场投资继续下行，将会造成土地购置减少，新开工面积及施工面积下降，最终的结果就是房地产市场供应量的下降。

表1　　　　　　　　　　　房地产投资各组成部分增速　　　　　　　单位：%

时间	房地产开发投资 完成额增速	住宅新开工面积增速	住宅施工面积增速	土地购置费增速
2019 - 04	11.90	13.80	10.40	29.70
2019 - 05	11.20	11.40	10.40	27.20
2019 - 06	10.90	10.50	10.30	24.20

　　房地产市场投资与库存之间存在较强的关联。通过交叉相关量化分析，可以看出房地产市场库存滞后于房地产开发投资 1.5~2 年的时间。也就是说房地产开发投资的下行在 1.5~2 年后将会导致低库存情况的出现。

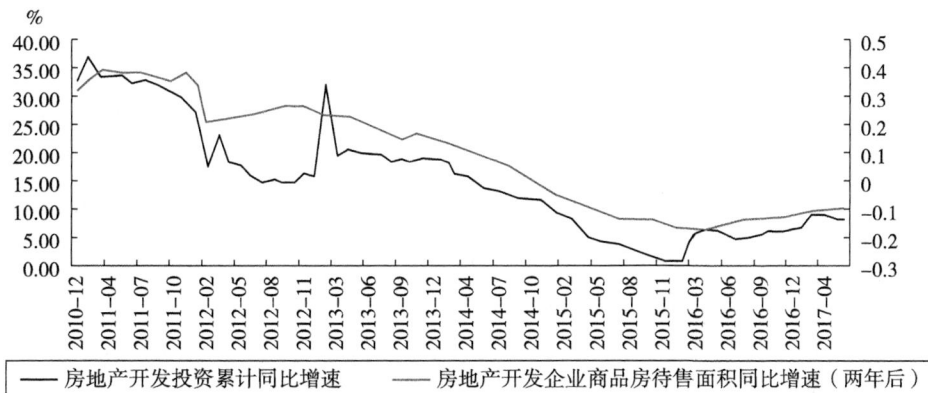

图1　房地产投资与房地产库存的相关性

　　2019 年 6 月我国商品房和商品住宅的库存面积分别为 5.02 亿平方米、2.32 亿平方米，均低于 2014 年同期调控开始放松时的水平（商品房和住宅库存面积分别为 5.44 亿平方米、3.59 亿平方米）。整体看来，调控政策已有较长时间没有继续加强，这表明调控政策已经基本达到目标，当前市场投机需求基本得到遏制，刚需和改善已经成为需求主体。在这种情况下，商品住宅库存仍持续下降或可以表明当前我国居民的合理居住需求可能大于实际供给。如果当前的供需格局不改变，商品住宅库存可能会持续下降。对比 2014 年 6 月，我国当时商品住宅的去化周期为 5.07 个月（按 6 个月移动平均月度销量计算，下同），2019 年 6 月已经下降为 2.11 个月。人民银行在 2019 年 7 月发布的《中国区域金融运行报告》中指出，房价上涨所导致的居民杠杆率每上升 1 个百分点，社会消费品零售总额增速就下降 0.3 个百分点。合理的房地产开发的投资增加是扭转短期供需格局和稳定预期的有效措施，短期房地产市场的稳定是长期稳定的基础。

因此可见，保持房地产开发投资适度增长与"稳地价、稳房价、稳预期"是高度一致的，其内涵体现的就是"供需相结合的调控思路及预期调控对于稳定房价的重要性"。

从短期来看，我国近期出台的很多政策都涉及房地产业，进一步扩大了对于房地产业的整体投资需求；从长期来看，我国住宅需求主要包括城镇化过程中新增城镇人口的居住需求和城镇存量住房的折旧拆迁需求。根据国务院发布的《国家人口发展规划（2016—2030年）》，2030年我国城镇化率预期发展目标为70%（按照过去20年城镇化率年均提高1.31个百分点的增长速度，2030年基本可以实现70%的预期水平），未来12年我国城镇人口将会增加1.46亿人。按照当前城镇居民人均住房建筑面积39平方米（根据国家统计局2018年数据），未来新增城镇人口的住房需求为56.70亿平方米，城市住房折旧拆迁规模未来12年将达到55.58亿平方米。未来12年间城镇住宅总需求约为112.29亿平方米（按照30年折旧则为186.40亿平方米）。过去5年间，城镇住宅成交面积为64.79亿平方米，未来城镇住宅需求是过去5年间的1.73倍（按折旧期限30年计算为2.88倍）。

除了住宅投资需求外，我国还有大量其他的房地产开发投资需求。我国人口城镇化的持续推进必然会带动城市商业需求的增加，同时，居民生活水平的提升带动的消费升级同样会产生大量的商业需求，这些都需要持续的商业地产开发投资才能得以满足。而随着老龄化和居民消费升级的进一步发展，以养老地产和旅游地产为代表的产业地产同样需要大量的资金投入。要保障房地产开发投资的合理增速，房地产市场和整体经济才能长期健康发展，这也是我国房地产市场长效调控机制的重要组成部分。

三、保持房地产市场健康发展的五点建议

保持房地产投资开发的合理增长绝不意味着短期内刺激房地产，而是着眼于促进经济长期稳定发展的需要。为此，我们提出以下五点建议。

1. 加强房价预期管理

2018年10月，我们就提出房价预期调控的重要性。预期管理是稳房价、稳地价、稳预期的重要一环。预期的稳定可以平抑市场波动，稳定当前地价，降低投机的获利空间，遏制市场投机行为，降低房屋的投资属性，实现房住不

炒的政策目标。在总体需求不发生大量下降的情况下，稳预期就离不开供给端发力，而维持房地产开发投资的合理稳定增长就是供给端调控的重要手段之一。同时，不将房地产业作为短期经济刺激的手段也意味着房地产业在长期经济发展中必然要实现与整体经济的协调，防止大起大落式的发展模式，这也将稳定当前房地产市场预期。

2. 坚持房地产市场调控不放松

要坚决贯彻落实"房住不炒"的政策基调。实际上，房价基本稳定，哪怕是小幅下跌也不会对经济增长产生较大影响。保持房地产开发投资的合理增长，能够增加供给来满足刚需和改善群体的需求，实现房地产投资和房价稳定的良性循环。同时通过平抑房价进一步打击房地产投机需求，实现房地产调控的三稳目标。

3. 以供需相结合的调控方式促进房地产市场健康发展

实践证明，供需结合的调控方式才更加有效。保证房地产开发投资的合理增长并坚持限购限贷不放松就是这一调控思路的具体体现。供给稳定，能保证房价的稳定，进而确保预期和地价的稳定，供需调控相结合能实现房地产业的健康发展。

4. 执行调控政策的同时合理解决房企正常融资

2019年6月房企开发资金来源增速为7.2%，比5月下降0.4个百分点；第二季度主要金融机构人民币新增房地产贷款同比下降了9.32%。严控房企违规融资完全应该，与此同时满足房企正常、合理的融资需求，以保证合适的投资水平。要积极响应"一城一策、因城施策"的政策方针，对于人口仍在持续流入、产业基础好的大中城市的房地产项目应该支持合理必要的融资需求；对于人口持续流出、产业基础较差的收缩型城市，要严控资金流入，甚至加大调控力度，规避相应的风险。对于国家政策扶持的重点领域相关的房地产项目也要予以积极支持，同时要严格按照住建部的要求对消化周期在36个月以上的城市，应停止供地；18~36个月的，要减少供地；6~12个月的，要增加供地；6个月以下的，不仅要显著增加供地，还要加快供地节奏。地价和房价的稳定是预期稳定的根本，这样，房地产业就不会成为短期刺激经济的工具，进而实现房地产业的健康发展。

5. 积极构建与完善房地产市场长效机制

长效机制是我国房地产业长期健康发展的重要条件，目前已经进入实施与试点阶段。长效机制的建立有助于改变政策实施的动态不一致现象，有效遏制房地产市场的短期行为，精确调控地价和房价，为落实好"一城一策、因城施策、城市政府主体责任"创造条件，促进房地产市场和整体经济的健康协调发展。

"不将房地产作为刺激手段"不应与政策继续收紧划等号[①]

2019 年 11 月 16 日，中国人民银行发布的 2019 年第三季度货币政策执行报告提及，"按照'因城施策'的基本原则，落实房地产长效管理机制，不将房地产作为短期刺激经济的手段"。

在我们看来，不作为刺激手段不应与政策继续收紧划上等号。目前房地产业在我国经济中仍有着重要地位，在经济面临下行压力、地产拐点逐步形成的背景下，房地产调控不应再大幅收紧，保持整体调控稳定在当前的水平是较为适宜的。

2019 年 11 月 14 日国家统计局发布国民经济运行指标数据，我国房地产行业从投资开发、销售、拿地、开工及融资整个产业链条均表现出下行趋势。其中，房地产开发投资 1—10 月为 109603 亿元，同比增长 10.3%，为 2019 年月度最低值，增速比 1—9 月回落 0.2 个百分点，且已经历了 6 个月持续下降。同期，商品房销售增速为 0.1%，增速 2019 年来第一次由负转正。土地购置面积增速为 −16.3%，连续 9 个月负增长。房屋新开工面积增速为 10.0%，房地产开发企业 2019 年到位资金增速为 7.0%，两者均处于 2019 年月度增速的低位。截至 9 月末，房地产贷款同比增速已连续 14 个月回落，较 2018 年末回落 4.4 个百分点。9 月末人民币房地产贷款余额占全部人民币贷款的 28.9%；2019 年前三季度新增房地产贷款占同期人民币贷款增量的 33.7%，较 2018 年低 6.2 个百分点。房地产企业表外融资也大幅萎缩。在某种程度上可以判断房地产行业"拐点"正在形成。

[①]　本文作者盛松成、宋红卫、汪恒，《"不将房地产作为刺激手段"不应与政策继续收紧划等号》，发表于《中国房地产金融》，2019 年第 12 期。本文部分内容与《以供需结合方式促进房地产市场健康发展》（盛松成，2019）、《如何理解政治局会议对房地产市场发展的要求》（盛松成、宋红卫、汪恒，2019）略有重复，重复部分予以删除。

目前房地产业在我国经济中仍有着重要地位。按照国家统计局公布的房地产业增加值来计算，2018 年房地产业对国内生产总值（GDP）的贡献为 6.65%。房地产业增加值中的自有住房虚拟租金目前是按照折旧法来计算，但该部分值实际被低估。我们按照市场租金法重新测算，2018 年房地产业对经济的贡献达到 12.7%。按照国家统计局公布的数据，2019 年 1—10 月房地产业投资占固定资产投资和 GDP 的比例分别达到 21.45% 和 14.05%（1—9 月数据替代的估计值）。因此，稳定房地产业的发展具有重大意义，这不仅是"稳地价、稳房价、稳预期"的重要前提，也是稳定经济发展的重要支撑。

从长期来看，我国仍然处于快速城镇化阶段，2030 年之前我国新建住宅市场仍然存在较大的需求，保守估计规模将达 139.43 亿平方米。房地产市场平稳健康发展也是城镇化顺利实现的保障。

目前我国房地产业存在一定的问题，这影响到房地产业稳定作用的发挥。（1）房地产业的行业"拐点"正在形成，不利于经济稳定及产业作用的发挥；（2）房地产市场集中度逐渐提高，大型房企对于调控的应对能力和承压能力逐步变强，房地产调控的效力有所减弱；（3）房地产投资的持续下行会造成供给的进一步下降，并可能导致未来房价的上涨；（4）当前我国也面临居住用地供给不足的情况；（5）长期以来，土地供应与人口错配和土地供应结构的问题还在继续影响着整体市场稳定；（6）近期严厉的融资政策将会影响未来一段时期内的房地产供应。

为了稳定房地产业的发展进而稳定我国整体经济发展，我们需要采取有效措施，以"稳地价、稳房价、稳预期"为宗旨，以供需相结合的调控方式促进房地产市场健康发展，支持房地产业合理融资需求，调整土地供应结构，增加住房供给，加强房价预期管理并继续构建和完善市场长效机制，最终实现房地产稳定发展这一目标。

一、当前房地产业在经济中仍具有重要地位

（一）房地产对于经济的贡献

利用市场租金法重新评估我国房地产行业增加值后，2018 年房地产行业对于经济增长的贡献达到 12.73%，仍然是经济平稳运行的一块"压舱石"。即使是经历过房价泡沫破灭的日本，经历过次债危机的美国，房地产对其经济的贡献率也依然较高，二者基本稳定在 12%～13%。目前我国房地产业对经

济的贡献基本与二者相当，但是从经济发展阶段来看，我国目前正处于快速城镇化和高速工业化的进程中，房地产市场的需求仍处于增长阶段，高于美国和日本等发达国家。

（二）房地产对于投资的贡献

我国自 1998 年"房改"以来，房地产投资在固定资产投资中的占比始终保持在 20% 左右的水平，2019 年 1—10 月房地产投资占固定资产投资的比例达到 21.45%，房地产投资对固定资产投资的贡献率较高。房地产投资占 GDP 的比重达到 14.05%，达到 2017 年以来的相对高位（见表 1）。Burns 和 Grebler 在其著作《国家住房论》（*The Housing of Nations*）中提出了住宅投资倒"U"形曲线的假说，即住宅投资与 GDP 的比值先上升、后下降。美国和日本的房地产投资基本符合这一理论假说，但是值得注意的是美国和日本房地产投资均是在城镇化率达到 75% 以后才进入倒"U"形曲线的下降阶段。2018 年我国城镇化率仅为 59.58%，可见房地产投资在未来较长时期内（城镇化基本完成前）仍然要发挥较为重要的作用。

表 1　　　　　　　　**我国房地产投资与固定资产投资的关系**

年份	固定资产投资（亿元）	房地产投资（亿元）	房地产投资占固定资产投资比例（％）	房地产投资占GDP 比例（％）
1999	22419.04	4010.17	17.89	4.43
2000	24242.82	4901.73	20.22	4.89
2001	27826.62	6245.48	22.44	5.63
2002	32941.76	7736.42	23.49	6.36
2003	42643.42	10106.12	23.70	7.35
2004	58620.28	13158.25	22.45	8.13
2005	75096.48	15909.20	21.19	8.49
2006	93472.36	19422.90	20.78	8.85
2007	117413.91	25288.80	21.54	9.36
2008	148167.25	31203.20	21.06	9.77
2009	194138.62	36241.80	18.67	10.40
2010	241414.93	48259.40	19.99	11.71
2011	301932.85	61796.90	20.47	12.66
2012	364835.07	71803.79	19.68	13.33
2013	436527.70	86013.38	19.70	14.51

年份	固定资产投资 （亿元）	房地产投资 （亿元）	房地产投资占 固定资产投资比例（%）	房地产投资占 GDP 比例（%）
2014	502004.90	95035.61	18.93	14.82
2015	551590.04	95978.85	17.40	13.99
2016	596500.75	102580.61	17.20	13.86
2017	631683.96	109798.53	17.38	13.38
2018	635636.00	120263.51	18.92	13.36
2019 年 1—10 月	510880.00	109603.00	21.45	14.05

注：由于 GDP 只有季度数据，2019 年 1—10 月房地产投资占 GDP 比例为 1—9 月数据替代的估计值。

资料来源：Wind，同策研究院整理。

二、房地产行业未来仍然存在一定的需求空间

从长期来看，我国住宅需求主要包括城镇化过程中新增城镇人口的居住需求和城镇存量住房的折旧拆迁需求。根据国务院发布的《国家人口发展规划（2016—2030 年）》，2030 年我国城镇化率预期发展目标为 70%，未来 12 年我国城镇人口将会增加 2.15 亿人。按照目前城镇居民人均住房建筑面积 39 平方米[①]计算，未来新增城镇人口的住房需求为 83.85 亿平方米。城市住房折旧拆迁规模未来 12 年将达到 55.58 亿平方米[②]。未来 12 年间城镇住宅总需求约为 139.43 亿平方米[③]。

同时，我国家庭结构也在发生变化。国家公安部公布的户籍家庭的户均人口数量呈现下降趋势，2017 年全国户均人数为 3.09 人，城市户均人数为 2.99人，分别较 2007 年下降 6.71% 和 5.41%。2008—2017 年的 10 年间，全国户均人数年均下降 0.67%，城市户均人数年均下降 0.54%。如果按照近 10 年的变化幅度来计算，2030 年全国户均人数为 2.82 人，城市户均人数为 2.77 人。

---

① 根据国家统计局 2018 年数据。

② 根据城镇人口与人均居住面积计算的存量面积按照 70 年折旧核算，但如果按照折旧期限 30 年（时任住建部副部长仇保兴曾经在第六届国际绿色建筑与建筑节能大会上说我国的住宅使用周期只有 25～30 年，前重庆市市长黄奇帆在最近一次公开演讲中再次提及这一标准）核算，折旧拆迁规模 129.69 亿平方米。

③ 按照 30 年折旧则为 213.54 亿平方米。

根据 2030 年我国城镇化率预期目标为 75% 来计算，将新增 2.15 亿城镇人口。按照目前的户均 2.99 人计算，新增户数为 7191 万户；如果按照户均人数 2.77 人计算，新增户数为 7762 万户。家庭结构的变化就会导致城市户数增加 571 万户。如果考虑到当前存量家庭户数的变化，当前城镇人口为 8.31 亿人，按照户均 2.99 人可以计算出家庭户数为 27793 万户。当户均人数下降为 2.77 人后，家庭户数变为 30000 户，户数增加 2207 万户。综合来看，家庭结构的变化就会导致家庭户数增加 2778 万户。按照户均 100 平方米来计算，这又要增加 27.78 亿平方米的住房需求。这意味着 2019—2030 年，我国年均仍然需要增加 13.93 亿平方米的住房（如果折旧按 30 年计算，则为 20.11 亿平方米），而我国 2010—2015 年、2016—2018 年的年均新建住宅成交量分别为 10.15 亿平方米和 14.34 亿平方米。即使按照最低限度估计，我国未来 12 年的住宅年均交易量也只是低于楼市上升周期的 2016—2018 年，要高于 2010—2015 年。而且这还是在没有考虑住房面积改善情况下的计算结果。我国住房建筑面积都包括公摊面积。如果按 80% 的得房率计算，我国 2018 年的实际人均居住建筑面积仅为 31.2 平方米，而在 2016 年，欧盟国家的人均住房面积就已经达到 38.42 平方米。如果考虑到住房改善的需求，我国未来的新房建设需求还会更大。在住房需求没有明显下行的情况下压制供给，会造成未来供需失衡，并最终推高房价。

除了住宅投资需求外，我国还有大量其他的房地产开发投资需求。我国人口城镇化的持续推进必然会带动城市商业需求的增加，同时，居民生活水平的提升带动的消费升级同样会产生大量的商业需求，这些都需要持续的商业地产开发投资才能得以满足。而随着老龄化和居民消费升级的进一步发展，以养老地产和旅游地产为代表的产业地产同样需要大量的资金投入。

三、谨防影响房价稳定的条件形成

（一）目前房地产业链条正在形成"拐点"

目前房地产行业整个产业链条均处于连续下降趋势。房企融资增速从 2019 年 4 月的 8.9% 下降到 10 月的 7.0%，资金端的收紧直接影响到房地产开发企业的拿地和新开工情况。土地购置面积 1—10 月累计同比 -16.3%，并且连续 8 个月负增长，同期房屋新开工增速也从 4 月的 13.1% 下降到 10 月的 10%。购置土地和新开工的下降会进一步影响到商品房的销售和房屋竣工（房地产市场供给），商品房销售面积、房屋竣工面积1—10月累计同比分别增长0.1%、-5.5%，后者已连续8个月负增长（见表2）。

表2　　　　2019年3—10月房地产业相关指标累计同比增速变动情况　　单位：%

月份	3	4	5	6	7	8	9	10
房地产开发资金来源	5.90	8.90	7.60	7.20	7.00	6.60	7.1	7.0
房地产开发投资完成额	11.80	11.90	11.20	10.90	10.60	10.50	10.50	10.3
本年购置土地面积	-33.10	-33.80	-33.20	-27.50	-29.40	-25.60	-20.20	-16.3
房屋新开工面积	11.90	13.10	10.50	10.10	9.50	8.90	8.6	10.0
房屋竣工面积	-10.80	-10.30	-12.40	-12.70	-11.30	-10.00	-8.6	-5.5
商品房销售面积	-0.90	-0.30	-1.60	-1.80	-1.30	-0.60	-0.1	0.1

资料来源：Wind，同策研究院整理。

如果说是房地产行业某一个指标的下行可以理解为行业调整，而产业链各个环节均持续下行，在一定程度上就可以认为行业"拐点"已经初现。一旦全行业下行趋势确立，将对市场的稳定形成负面影响。

（二）房企集中度进一步提高，需谨防形成行业"寡头"

近年来随着房地产市场调控的加强，房地产开发企业行业集中度不断升高。2018年TOP10房企的市场集中度达到26.89%，较2014年增加了9.97个百分点，TOP10~20、TOP30~50、TOP50~100的集中度均大幅提高，前100的市场集中度在2017年已经超过50%，2018年达到66.73%，房地产开发企业的头部效应越来越明显。

表3　　　　2014—2018年我国房地产开发企业销售金额集中度　　单位：%

房企梯队	2014年	2015年	2016年	2017年	2018年
TOP10	16.92	17.05	18.72	24.16	26.89
TOP10~20	5.87	6.01	6.50	8.30	11.42
TOP30~50	8.16	9.01	10.07	13.32	16.78
TOP50~100	6.84	7.98	9.65	9.73	11.63
TOP100	37.78	40.05	44.94	55.50	66.73

资料来源：Wind，同策研究院整理。

市场集中度的上升意味着中小房地产企业倒闭或者退出市场。近年来房地产行业并购规模不断增加。2019年1—9月并购案例为173例，规模为818.4亿元，2018年并购案例为312例，并购规模2557.9亿元。尽管近两年并购趋势较2017年有所下降，但是仍然保持在较高的水平。单个项目并购规模呈现出小型化趋势，一定程度上反映出小型房地产企业被并购的风险越来越大。房地产行业过度集中会造成行业"寡头"的形成，它们对于房地产行业的量价控制能力会不断提高，由于自身资金及资源的优势，它们能够适应不同情况下的宏观调控政策，在一定程度上削弱房地产调控政策的效果。

表4 房地产行业并购案例统计情况

年份	并购案例个数（例）	并购资金规模（亿元）	单个项目并购规模（亿元）
2014	268	2634	9.83
2015	358	2887.3	8.07
2016	228	3706.9	16.26
2017	362	3916.4	10.82
2018	312	2557.9	8.20
2019年1—9月	173	818.4	4.73

资料来源：Wind，同策研究院整理。

（三）房地产投资的下行会造成供给的进一步下降

截至2019年10月我国商品房和商品住宅的待售面积分别为4.93亿平方米和2.24亿平方米，均低于2014年调控开始放松时的水平（商品房和住宅库存面积分别为5.44亿平方米、3.59亿平方米）。房地产开发投资的下行在未来1.5~2年后将会导致更低的库存水平。

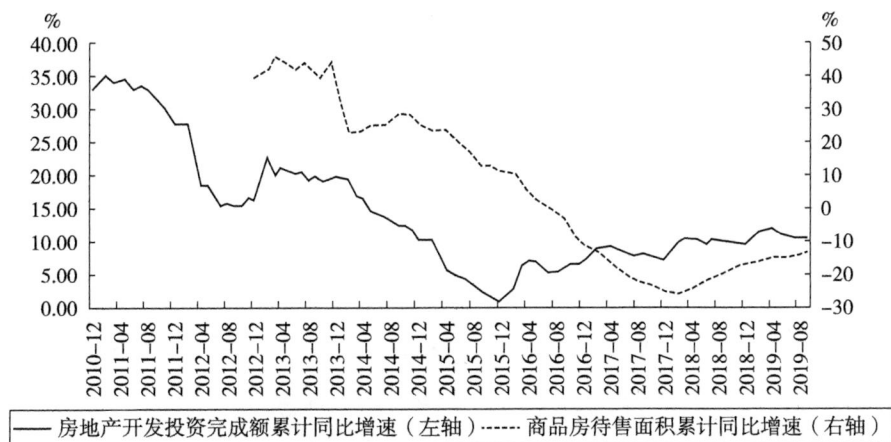

—— 房地产开发投资完成额累计同比增速（左轴）----- 商品房待售面积累计同比增速（右轴）

图1 房地产开发投资完成额与房地产库存的相关性

（数据来源：Wind，同策研究院整理）

（四）当前我国也面临居住用地供给不足的情况

长期来看（1998—2017年），我国城镇人口与建成区面积具有高度相关关系，二者相关系数达到99.6%。根据城镇化及人口发展趋势，可以推算2030

年我国建成区面积将会达到 77346.09 平方千米，较 2017 年增加 21120.71 平方千米，折算到每年建成区面积要增加 1624.67 平方千米。2008—2017 年居住用地面积占建成区的面积比例基本保持在 31% 左右的水平。按照这个比例来测算的话，未来每年要新增居住用地 503.65 平方千米。自本轮调控以来，2015—2017 年年均新增居住用地仅为 398.74 平方千米，远远低于市场的需求水平。按照以往的规律，2019—2030 年土地市场的供给整体将低于市场的需求，缺口在 24.8 亿平方米左右。

（五）供给不足将会冲击房价的稳定

从最近十几年（2005—2019 年）的情况看，70 城商品住宅价格指数与土地购置面积增速及房地产开发投资增速有较为明显的关系，与二者的相关系数分别达到 60.5% 和 40.8%（见图 2）。一般来看，土地购房面积增速较低的年份也是房地产开发投资增速下降的年份，即为土地供应相对较少的年份。从以往的规律来看，一般土地购置面积达到负增长低位谷底后 7—11 个月，70 城商品住宅的价格就会出现 10% 以上的明显上涨，可以理解为供应不足导致的价格上涨。2019 年 1—9 月土地购置面积增速为 -20.2%，处于 2017 年以来的相对低位。从供给不足导致价格上涨的规律来看，未来 4~8 个月内存在着价格上涨的压力。

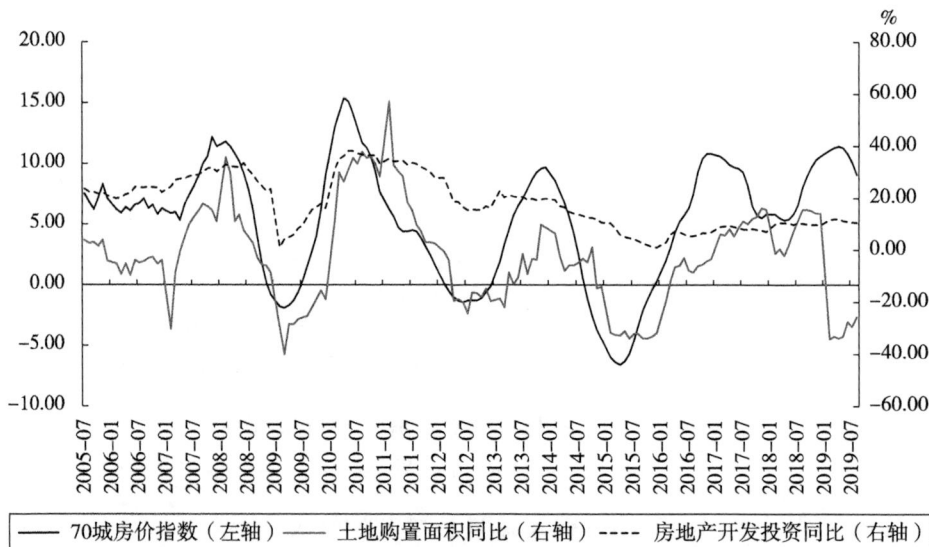

图 2　土地购置面积、房地产开发投资和 70 城房价指数间的关系

（资料来源：Wind，同策研究院整理）

四、供给端调控重点在于供给结构，"因城施策"要贯彻到具体城市

（一）房地产开发投资要注重结构性问题

我国房地产开发投资存在结构性问题。尽管房地产开发投资整体下行，但是有些区域投资增速仍然较高，尤其是与人口情况不相匹配。2019 年 1—9月，我国西部地区房地产开发投资增速累计同比为 16.2%，东部区域增速仅为 8.6%，西部房地产投资增速远高于东部区域，该现象从 2019 年 2 月一直持续到现在。从 7 月开始，中部区域房地产投资也开始超过东部区域。按照这个趋势来看，未来几个月内，中、西部地区房地产开发投资增速仍会高于东部。

从上一轮房地产调控我们也要总结一些经验和教训。2010 年房地产调控收紧后，开发企业开始转战中、西部区域，这也导致 2011—2014 年中、西部地区房地产开发投资增速均高于东部和中部地区，最终导致了中、西部地区的大量库存的产生，才有了中、西部"去库存"的措施。

从人口结构性来看，东部区域人口基数较大，2018 年达到 5.38 亿人，约占全国总人口的 38.52%；中部区域人口为 3.71 亿人，占比为 26.6%；西部区域人口为 3.80 亿人，占比为 27.2%。东部区域 2010—2018 年间常住人口增长率整体较高，并且超过全国平均水平（4.06%），中、西部区域除了部分少数民族比较集中的省份，由于基数较小，增速明显较高外，整体增速要低于东部区域。如果中、西部区域过度投资，仍然会有供应过剩的风险（见表 5）。如果东部区域投资放缓，有可能造成供应不足，形成房价上涨的压力。

表5　我国不同区域（东、中、西部）地区常住人口变动情况

区域	省/自治区/直辖市	2010 年人口（万人）	2018 年人口（万人）	8 年间人口增长率（%）	2018 年人口占比（%）
东部	北京	1962.0000	2154.2000	9.80	1.54
	天津	1299.0000	1559.6000	20.06	1.12
	河北	7194.0000	7556.3000	5.04	5.42
	上海	2303.0000	2423.7800	5.24	1.74
	江苏	7869.0000	8050.7000	2.31	5.77
	浙江	5447.0000	5737.0000	5.32	4.11
	福建	3693.0000	3941.0000	6.72	2.82

续表

区域	省/自治区/ 直辖市	2010 年人口 （万人）	2018 年人口 （万人）	8 年间人口增长率 （％）	2018 年人口占比 （％）
东部	山东	9588.0000	10047.2000	4.79	7.20
	广东	10441.0000	11346.0000	8.67	8.13
	海南	869.0000	934.3200	7.52	0.67
中部	山西	3574.0000	3718.3400	4.04	2.66
	安徽	5957.0000	6323.6000	6.15	4.53
	江西	4462.0000	4647.6000	4.16	3.33
	河南	9405.0000	9605.0000	2.13	6.88
	湖北	5728.0000	5917.0000	3.30	4.24
	湖南	6570.0000	6898.8000	5.00	4.94
西部	内蒙古	2472.0000	2534.0000	2.51	1.82
	广西	4610.0000	4926.0000	6.85	3.53
	重庆	2885.0000	3101.7900	7.51	2.22
	四川	8045.0000	8341.0000	3.68	5.98
	贵州	3479.0000	3600.0000	3.48	2.58
	云南	4602.0000	4829.5000	4.94	3.46
	西藏	301.0000	343.8200	14.23	0.25
	陕西	3735.0000	3864.4000	3.46	2.77
	甘肃	2560.0000	2637.2600	3.02	1.89
	青海	563.0000	603.2300	7.15	0.43
	宁夏	633.0000	688.1100	8.71	0.49
	新疆	2185.0000	2486.7600	13.81	1.78

资料来源：Wind，同策研究院整理。

（二）土地市场供给存在与人口情况错配的现象

通过一个城市成交的土地规划建筑面积和成交的商品住宅这两个数据，可以计算一个城市潜在住房供应量增减变化的情况。自本轮调控政策出台的2016年至今（2019年9月），土地的供需差距比例较高的前25个城市中15个城市是中、西部城市，并且也有15个城市为三、四线城市。这些城市的人口支撑也相对较弱，除了西安、郑州等因为人才落户政策促成的人口增长较为明显外，其他城市常住人口增速整体较低，甚至乌鲁木齐还出现常住人口大量减少的情况。与此形成明显对照的是一线城市和东部核心二、三线城市，土地的供需比例整体为负值，也就是意味着这些区域供给明显小于需求，尤其是常住人口增长量较大的比如深圳、广州、佛山、青岛、合肥、厦门、泉州等城市（见表6）。

表6　　　　2016年1月至2019年9月土地规划建筑面积和
成交的商品住宅供需差距比例

城市	2015—2017年人口增量（万人）	2015—2017年人口增长率（%）	供需差距比例（%）	城市	2015—2017年人口增量（万人）	2015—2017年人口增长率（%）	供需差距比例（%）
绍兴	4.2	0.85	140.20	九江	4.75	0.98	−13.89
昆明	10.6	1.59	120.14	北京	0.2	0.01	−12.97
泸州	3.2	0.75	105.09	泰安	4.43	0.79	−13.83
赣州	8.85	1.04	114.28	平顶山	4	0.81	−11.02
石家庄	17.83	1.67	106.57	芜湖	4.15	1.14	−16.97
郑州	31.2	3.26	94.60	金华	11	2.02	−19.89
遵义	5.62	0.91	80.49	呼和浩特	5.42	1.77	−20.69
宿州	11.57	2.09	77.93	包头	4.84	1.71	−21.97
常德	0.11	0.02	67.14	南宁	16.72	2.39	−21.95
淮北	4.92	2.26	94.06	哈尔滨	−6.38	−0.66	−25.16
福州	16	2.13	53.63	舟山	1.6	1.39	−23.20
岳阳	10.41	1.85	51.97	廊坊	17.77	3.89	−18.86
太原	6.1	1.41	52.88	长春	−4.92	−0.13	−24.48
南充	5.39	0.85	40.44	秦皇岛	3.76	1.22	−24.97
扬州	2.46	0.55	46.94	重庆	58.61	1.94	−26.17
乌鲁木齐	−44.22	−16.57	42.53	佛山	22.61	3.04	−28.85
南通	0.5	0.07	34.79	温州	9.8	1.07	−32.56
南京	9.91	1.20	29.82	银川	6.13	2.83	−26.31
襄阳	4	0.71	33.64	烟台	7.53	1.07	−31.84
苏州	6.8	0.64	20.08	合肥	17.55	2.25	−31.99
济南	18.92	2.65	19.89	广州	99.73	7.39	−34.34
湖州	4.5	1.53	13.12	青岛	19.35	2.13	−35.05
西安	91.11	10.47	16.25	上海	3.06	0.13	−37.58
宜昌	2.06	0.50	17.12	济宁	7.67	0.92	−38.11
蚌埠	8.53	2.59	12.85	兰州	3.65	0.99	−42.29

续表

城市	2015—2017 年人口增量（万人）	2015—2017 年人口增长率（%）	供需差距比例（%）	城市	2015—2017 年人口增量（万人）	2015—2017 年人口增长率（%）	供需差距比例（%）
肇庆	5.58	1.37	12.43	三明	4	1.58	-42.58
宁波	18	2.30	-12.31	西宁	4.42	1.91	-45.36
唐山	9.6	1.23	4.32	淮安	4.2	0.86	-44.71
南昌	16.06	3.03	7.05	成都	138.72	9.46	-37.27
杭州	45	4.99	4.68	北海	3.76	2.31	-50.88
贵阳	18.02	3.90	8.20	韶关	4.77	1.63	-52.56
衡水	2.5	0.56	4.37	无锡	4.2	0.65	-51.31
武汉	28.52	2.69	3.80	长沙	48.63	6.54	-51.33
大连	0.1	0.01	1.14	吉林	-10.89	-2.55	-57.00
安庆	5.69	1.24	-1.32	沈阳	0.3	0.04	-56.22
天津	9.92	0.64	-4.39	汕头	5.61	1.01	-59.92
徐州	9.45	1.09	-2.67	连云港	4.47	1.00	-62.65
厦门	15	3.89	-6.72	东莞	8.84	1.07	-64.55
桂林	9.59	1.93	-11.49	泉州	14	1.65	-67.27
洛阳	8	1.19	-8.15	深圳	114.96	10.10	-80.58
海口	4.91	2.21	-9.89				

注：供需差距比例 =（土地规划建筑面积 - 商品住宅成交面积）/土地规划建筑面积。人口为常住人口，其中乌鲁木齐、吉林、长春和哈尔滨为户籍人口。东莞数据为 2019 年 1—9 月数据，呼和浩特 2018 年 9 月数据缺失，利用 6 月、7 月、8 月三个月平均值推算。

资料来源：中指数据，同策研究院整理。

（三）土地市场供给存在结构性问题

从土地供应结构来看，我国的土地供应中的非住宅用地供应明显偏多，导致住宅供应相对紧张。从国际对比来看，中国一线城市的工业用地占比明显高于纽约和东京等西方主要城市。而在住宅用地和商业用地占比方面，低于西方主要一线城市。

不合理的土地供应已经给商业用房销售造成了巨大的压力，从表 7 中可以看出我国一线城市 2019 年 10 月商业用房的去化周期已经达到了 47.21 个月，上海更是超过 100 个月之久。

表 7   2019 年 10 月我国一线城市商办地产销售情况

城市	商办用房待售面积 （万平方米）	过去 6 个月平均销量 （万平方米）	去化周期 （月）
所有一线城市	2863.11	60.65	47.21
北京	413.12	9.98	41.41
上海	1906.58	18.98	100.45
深圳	214.88	10.88	19.76
广州	328.53	20.82	15.78

注：商办用房包括商业用房和写字楼两个组成部分，销量也为两者之和。

资料来源：中指数据，同策研究院整理。

    房地产调控不是压制房地产市场的发展，而是使房地产市场发展相对可控、与整体经济发展水平相适应、供给和需求相协调。长期来看，这也将促进我国经济的健康持续发展。2019 年 7 月 30 日中央政治局会议重申"房住不炒"的定位。而早在 2018 年末全国住房城乡建设工作会议上，住建部有关负责人就表示，对 2019 年房地产市场将以"稳地价、稳房价、稳预期"为目标，促进房地产市场平稳健康发展。因此，"稳"是房地产市场健康发展的重要评判标准，供给端的调控是房地产市场稳定的基础。